Zeitzeugen - Zeitdokumente

Herausgegeben von Martin Woesler

Band 8

Herrn Herbert Küster
in alter Verbundenheit

Ernst Bein
25.3.04

Ernst Beier

Vom Bergschüler

zum Bergschullehrer

2004

Europäischer Universitätsverlag

Berlin · Bochum · Dülmen · London · Paris

CIP-Einheitsaufnahme

Beier, Ernst :
Vom Bergschüler zum Bergschullehrer / Ernst Beier - Bochum :
Europäischer Univ.- vlg., 2004
 (Zeitzeugen - Zeitdokumente ; 8
 ISBN 3-932329-32-5

ISBN 3-932329-32-5

ISSN 1436-0861

EAN

© 2004 Europäischer Universitätsverlag Berlin,
Bochum, Dülmen, London, Paris

Inhalt

Einführung 8

Bergschulstudium (1950 - 1952) 9

Hochschulstudium (1952 - 1957) 32

Lehrer an der Bergschule (1957 - 1962) 58

Doktorarbeit (1957 - 1962) 86

Dozent an der Ingenieurschule für Bergwesen (1963 - 1971) 92

Professor an der Fachhochschule Bergbau (1971 - 1991) 104

Dekan des Fachbereichs Verfahrenstechnik (1972 - 1976) 111

Rektor der Fachhochschule Bergbau (1976 -1985) 118

Leiter des Instituts für Chemie der WBK (1986 - 1988) 184

Wissenschaftliche Arbeiten 191

Mitarbeit in Arbeitskreisen und Ausschüssen 200

Mitarbeit im Verein Deutscher Ingenieure VDI 206

Mitarbeit im Ring Deutscher Bergingenieure 243

Mitarbeit im Förderverein Bergbauhistorischer Stätten 249

Verleihung des Bundesverdienstkreuzes 254

Veröffentlichungen 256

Schlussbemerkungen 263

Einführung

Am 11. Januar 1927 wurde ich in Kamen in Westfalen geboren und besuchte dort die Volksschule. Obwohl meine Großväter und mein Vater Bergleute waren, wollte ich danach nicht unter Tage arbeiten. Nach einer umfangreichen Prüfung erhielt ich auf den Chemischen Werken in Bergkamen, in denen aus Kohle vor allem Benzin und Dieselöl hergestellt wurden, einen Anlernvertrag zum Chemiewerker und danach einen Lehrvertrag zum Chemielaboranten. Nach erfolgreicher Teilnahme am Reichsberufswettkampf wurde ich in das Begabtenförderungswerk des Deutschen Volkes aufgenommen. Ich absolvierte den Reichsarbeitsdienst, wurde als Flieger ausgebildet, kam jedoch als Infanterist an die Ostfront, wurde verwundet und von Neufahrwasser ausgeschifft, einige Stunden, bevor die Rote Armee den Hafen eroberte. Schließlich kam ich in Karlsbad in Böhmen in ein Lazarett, aus dem ich mich sofort nach Verkündung des Waffenstillstands auf den Weg in meine Heimatstadt machte. Meine Eltern waren total ausgebombt, der Vater meiner Mutter war bei dem Angriff ums Leben gekommen. Ich arbeitete als Hilfsarbeiter und besuchte erfolgreich die Staatliche Ingenieurschule Essen. Über diese Phase meines Lebens berichtete ich in meiner Biographie „Als das Kohleöl noch floss".

In dem hier vorliegenden Buch beschreibe ich meinen anschließenden Werdegang. „Vom Bergschüler zum Bergschullehrer" heißt das Buch, damit mein Bezug zum bergbaulichen Schulsystem deutlich wird. Ich stelle jedoch nicht nur die Entwicklung des Bergschulsystems dar, sondern auch die der Bergschule nachfolgenden Schulen: die Ingenieurschule für Bergwesen und die Fachhochschule Bergbau. Im Kapitel über meine Mitarbeit im Verein Deutscher Ingenieure kam es mir darauf an zu zeigen, welchen Umfang ehrenamtliche Tätigkeiten einnehmen können. Nicht geringen Raum nehmen die Berichte über meine persönlichen Erlebnisse ein, die nur wenig oder gar nichts mit meiner beruflichen Entwicklung zu tun hatten.

Meine Frau half mir beim Auffrischen meines Gedächtnisses und las die Korrektur. Dafür danke ich ihr herzlich.

Bergschulstudium (1950 - 1952)

Im letzten Kapitel meines Buches „Als das Kohleöl noch floss" beschrieb ich den Beginn meiner Kokereitätigkeit nach dem Abschluss meines Studiums an der Staatlichen Ingenieurschule Essen. Dieses erste Kapitel in meinem neuen Buch umfasst meine weitere Arbeit auf der Kokerei Grimberg in Bergkamen und mein parallel dazu verlaufendes Studium an der Bochumer Bergschule der Westfälischen Berggewerkschaftskasse WBK. Bei der Bezeichnung des Titels für dieses Kapitel entschied ich mich nicht für „Kokereitätigkeit", sondern für „Bergschulstudium", weil ich nach einem daran anschließenden Studium an der Rheinisch-Westfälischen Technischen Hochschule RWTH Aachen selbst als Lehrer in die Bergschule eintrat und 37 Jahre lang beim Träger der Bergschule, der Westfälischen Berggewerkschaftskasse, und deren Nachfolge-Institution, der Deutschen Montan Technologie DMT, gearbeitet habe.

Ein Jahr vor dem Besuch der Bergschule, am 26. Februar 1949, schloss ich mein Studium an der Essener Staatlichen Ingenieurschule ab und nahm in den ersten Märztagen 1949 eine Arbeit auf der Kokerei Monopol in Bergkamen auf. Da die Einstellung Hals über Kopf erfolgte, wurde ich für den Monat März nicht als Angestellter, sondern als Arbeiter angelegt. Mein Bruttolohn betrug für 22 Schichten 157,50 DM, das entspricht einem Stundenlohn von 89 Pfennig. Zu den auch heute noch üblichen Abzügen kam das Notopfer Berlin in Höhe von 1,20 DM, für das ich im März 1949 eine Stunde und zwanzig Minuten lang arbeiten musste.

Zum 1.4.1949 wurde ich als Laboratoriumstechniker mit einem Bruttogehalt von 221 DM plus einer Leistungszulage von 10 Prozent eingestellt. Die Hälfte meines Nettogehalts gab ich zu Hause für Kost und Logis ab; vom Rest musste ich alle Anschaffungen bestreiten. Und ich hatte viel anzuschaffen, denn meine wichtigste Kleidung war immer noch die umgearbeitete Uniform, in der ich 1945 aus dem Krieg zurückgekehrt war. Die beiden Anzüge und die anderen Kleidungsstücke, die ich bei meiner Einberufung zur Luftwaffe zu Hause im Schrank gelassen hatte, waren einer Bombe zum Opfer gefallen. Bis März 1952 stieg mein Grundgehalt auf 350 DM an. Obwohl ich in diesem Jahr mein Studium aufnahm, musste ich mein Einkommen voll versteuern, denn nur die Väter der Studenten, nicht aber diese selbst konnten die Ausgaben für ihr Studium vom Einkommen steuerlich absetzen. Trotz des geringen Gehalts waren die Arbeitsbedingungen damals wesentlich härter als heute. Ich musste 48 Stunden in der Woche arbeiten, als ich im Schichtdienst war gar 56 Stunden, und genoss 12 Tage Tarifurlaub, wobei die Samstage auch als Urlaubstage zählten. Außerdem enthielt der Anstellungsvertrag folgende Klausel: „Wir behalten uns vor, Sie jederzeit unter den gleichen Bedingungen nach einer anderen Zechengruppe unserer Gesellschaft zu versetzen."

Um 1950 wurde zwischen den deutschen Bergbau- und den Hüttenunternehmen ein Qualitätsabkommen geschlossen, nach dem in den Kokspreis für jede Kokslieferung deren Wasser- und Aschegehalt eingingen. Deshalb mussten mehr Proben als vorher untersucht werden. Zu diesem Zeitpunkt war ich für das Labor zuständig, denn der Leiter war entweder krank oder in Urlaub. Ich teilte dem Betriebsführer mit, dass wir für die zusätzlichen Arbeiten dringend einen Laboranten benötigten. Die Antwort war: „Was, einen Laboranten wollen Sie haben, wo noch so viele Krüppel auf dem Platz 'rumlaufen?" Unter Platz verstand man das Freigelände in den Betrieben und auch Flächen, auf denen Material gelagert wurde, beispielsweise den Holzplatz für das Grubenholz. Als Platzarbeiter wurden meist ehemalige Bergleute, die nicht mehr grubentauglich waren, und auch Kriegsversehrte, die bei der Bergwerksgesellschaft vor ihrer Einberufung zum Kriegsdienst gearbeitet hatten, nach ihrer Heimkehr für leichtere Arbeiten wieder eingestellt.

Doch zurück zum Labor: Als neuen Mitarbeiter stellte der Betriebsführer den Rechtsaußenstürmer eines Bergkamener Sportvereins ein, der keinerlei Erfahrungen in Laborarbeiten und auch keine naturwissenschaftlichen Grundkenntnisse besaß.

Ein ehemaliger Kollege, Steiger[1] auf der Kokerei Monopol (auch Grimberg genannt), schrieb mir am 15. Oktober 1953, als ich während der

---

[1] Der Name Steiger ist wohl für bestimmte Aufsichtspersonen im Untertagebergbau gewählt worden, weil diese früher im Grubengebäude zur Kontrolle der Arbeitssicherheit und des Arbeitsfortschritts auf- und abstiegen. Der heutige Steiger ist ein Ingenieur. Im Untertagebetrieb bestand häufig folgende hierarchische Gliederung:

Semesterferien auf der Kokerei Anna in Alsdorf bei Aachen arbeitete: „Ich kann mir gut vorstellen, dass Ihnen das neue Betriebsklima besser behagt als in Bergkamen auf der Kokerei Grimberg. Hier wird immer noch das Rezept der alten Welt gebraucht und die Anwendung desselben ist Ihnen wohl noch in bester Erinnerung. Von Betriebsbesprechungen hält man meines Erachtens nicht viel, wohl aber von der Wahrung einer gewissen Distanz. Ich bin der Meinung, dass man die Autorität von Vorgesetzten nach zwei Seiten beleuchten muss; einmal dieselbe durch das Gesetz bestimmt bzw. diktiert, ein andermal aber auf dem Fundament von Wissen, Können und Menschenkenntnis erbaut. Wie angenehm könnte es bei uns sein, wenn statt der langweiligen Früh-Parolen einmal im Monat eine Betriebsbesprechung abgehalten würde." Die „Früh-Parole" war eine kurze Besprechung des Betriebsführers mit dem Fahrsteiger und den Steigern über Tagesaufgaben. Sie fand vor dem Beginn der Morgenschicht, also vor 6 Uhr, auf einem kleinen zentralen Platz statt.

Als ich ein halbes Jahr auf der Kokerei gearbeitet hatte, schrieb die Bochumer Bergschule einen Kokereisteigerlehrgang[2] aus. An sich hatte

Schichtsteiger	Führer einer Betriebsschicht eines Reviers
Reviersteiger	Führer eines Reviers
Fahrsteiger	Führer einer Fahrabteilung aus höchstens 3 Revieren
Obersteiger	Führer von höchstens 3 Fahrabteilungen, Stellvertreter des Betriebsführers
Betriebsführer	Führer eines gesamten - kleineren - Betriebes oder eines Betriebsteiles, z. B. des Maschinenbetriebes
Betriebsinspektor, Betriebsdirektor und Bergwerksdirektor	sind Bezeichnungen für leitende Funktionsträger von Anlagen unterschiedlicher Größe

Die Bezeichnungen Schichtsteiger, Fahrsteiger, Obersteiger und Betriebsführer wurden im Laufe des 20. Jahrhunderts auch für Übertage-Anlagen wie die Kokereien eingeführt.

[2] Die Kokereisteigerlehrgänge und die außerdem angebotenen Lehrgänge für Aufbereitungssteiger waren Vorläufer der später an der Fachhochschule Bergbau eingeführten Studiengänge für Verfahrenstechnik.

ich schon durch mein Ingenieurstudium in Essen die Qualifikation für eine Steigertätigkeit erworben. Aber da ich für die nächsten Jahre ein Chemiestudium an einer wissenschaftlichen Hochschule anstrebte, musste ich noch eine Zeitlang arbeiten, um die dafür erforderlichen Mittel anzusparen. Wenn ich noch etwas unternähme, das mich geistig mehr forderte als die reine Kokereiarbeit, würden die Verbindungen zwischen meinen grauen Zellen gewiss leistungsfähiger bleiben. Deshalb erwog ich einen Besuch der Bergschule. Die Bergschüler besuchten damals an drei Tagen in der Woche jeweils acht Stunden lang die Bergschule und arbeiteten an den anderen drei Tagen im Betrieb. Die betrieblichen Schichten wurden voll bezahlt, die Schulschichten mit 80 % des Lohnes. Auf meine Anfrage sagte mir der Chef der Kokereien der Essener Steinkohlenbergwerke AG Hermann Schwenke zu, mir für den Fall, dass ich die Bergschule besuche, mein Gehalt voll weiter zu zahlen.

Ich war mir nicht ganz sicher, ob ich als Bergschüler angenommen würde, denn ich erfüllte nicht die Anforderungen an die Untertagepraxis. Aber nach der Überprüfung der Bewerbungsunterlagen wurde mir anstelle der mir fehlenden Bergbaupraxis meine Praxis auf den Chemischen Werken anerkannt, denn dort hatte ich mich intensiv mit der Kohlenaufbereitung und -analytik befasst. Ich wurde also zur Aufnahmeprüfung zugelassen, die in dem eindrucksvollen Bergschulgebäude an der Herner Straße stattfand. Die Eingangshalle zierte damals noch die in Bild 1 dargestellte Deckenmalerei mit dem aus der Bergwissenschaft hervorsteigenden Bergmann.

Bergschulstudium (1950 - 1952) 13

Bild 1: Deckenmalerei im Bochumer Bergschulgebäude aus dem Jahr 1899

Nach meinen vorausgegangenen Studien war die Aufnahmeprüfung für mich eine reine Formsache. Nun wurde ich doch Bergschüler, obwohl ich 1941 meinen Berufsweg nicht im Bergbau beginnen wollte. Der Kokereisteigerlehrgang fand von Ostern 1950 bis Herbst 1952 statt.

Als Lehrer wurden an der Bergschule nur Personen - zu meiner Zeit neben etwa hundert Herren eine einzige Dame - eingestellt, die einige Jahre in der Praxis gearbeitet hatten. Dementsprechend hatte der Unterricht der meisten Lehrer einen guten Praxisbezug. Die Anweisung der Direktion an die Lehrer, sich mit ihrem Titel, das war meist der Diplom-Ingenieur, anreden zu lassen, ihren Schülern die Anrede Herr jedoch zu verweigern, sagte mir jedoch nicht zu. Durch diese Anordnung sollte offenbar das Prestige der Lehrer angehoben werden. Gerade die besten Lehrer hielten sich nicht an diese Anweisung.

Für die Bergschüler gab es Vorschriften, wie sie ihre Lehrer zu grüßen hatten. Diese Vorschriften liegen mir nicht mehr vor, ich bin aber sicher, dass sie von der nachfolgenden Anordnung des Eislebener Bergamtes erheblich abwichen.

Nach J. Kuczynski „Geschichte des Alltags des deutschen Volkes", Band 3, S. 93 hat das Eislebener Bergamt am 5.6.1821 eine „Anordnung betreffend das Betragen gegenüber Vorgesetzten" erlassen, aus der folgender Text zitiert sei: „Außer der Arbeit müssen aber sämtliche Bergknappen und Jungen, so wie sie einen Bergoffizianten, den sie an seiner Uniform sehr wohl erkennen können, begegnen, oder wie derselbe an ihnen vorbei passiert, grade stehend oder gehend und denselben grade anblickend, ebenfalls mit „Glück auf" und außerdem mit Abnehmen der aufhabenden Kopfbedeckung begrüßen, sich aber aller übrigen Begrüßungszeremonien als Verbeugung. gänzlich enthalten. Der Uniforms-Schachthut wird aber nicht abgenommen, jedoch darf solcher nur zur völligen und probemäßigen Uniform getragen werden. Ein also Bekleideter muss, aber ebenfalls nur gegen den in Uniform befindlichen Offizianten, völlig militärisch Front machen und so lange stehen bleiben, bis der Offiziant vorüber ist."

Das Reglement für Bergschüler aus dem Jahre 1854 fordert: „Jeder Schüler hat sich (im Bergschullokale) pünktlich, und zwar in **Kittel** und **Leder**, einzufinden". Das Arschleder gehörte später nicht mehr zur Schülertracht, wohl aber der schwarze Bergkittel. Im Zweiten Weltkrieg und unmittelbar danach waren diese Kittel nicht mehr zu beschaffen. Erst etwa um 1950 hatte sich die wirtschaftliche Lage der Schüler so verbessert, dass wieder an eine Einführung des Kittels zu denken war. Der Bergschuldirektor Franz Leyendecker[3] ordnete zu dem Zeitpunkt in Abstimmung mit dem Direktor der Westfälischen Berggewerkschaftskasse an, dass alle Bergschüler den „Bergschülerkittel" zu tragen hätten. Nach seiner Ansicht dokumentierten die Bergschüler dadurch ihr Zusammengehörigkeitsgefühl. Leyendecker schreibt in seinen Erinnerungen „Bewußt gelebt": „Und wenn man bedenkt, dass dieser Kittel und die schwarze Hose dazu dem Bergvor- und Bergschüler etwa fünf Jahre lang für die Zeit, da er zur Schule ging, einen anderen Anzug

---

[3] E. Beier: „Franz Leyendecker - Zum 100. Geburtstag"
In: Bergbau 48 (1997) Nr. 11, S. 529- 530

ersetzte, so konnte es auch verantwortet werden, dem Bergschüler die Anschaffung und das Tragen zur Pflicht zu machen." Ich hielt die von der Bergschule beschafften schwarzen Hosen für zu teuer und kaufte mir deshalb eine andere, bereute jedoch mein Abweichlertum, denn als meine Hose bereits verschlissen war, sah man den Hosen der Kommilitonen noch keine Abnutzung an. Das Zusammengehörigkeitsgefühl der Bergschüler und die persönlichen Kontakte zwischen vielen Lehrern und Schülern wurden verstärkt durch Klassenfeste, die in allen Klassen in der Regel zu jedem Semesterende stattfanden. Nicht nur die Schüler, sondern auch die Lehrer brachten ihre Frauen mit. Mancher Schülerfrau oder auch -freundin dürfte es beim Tanz mit einem Lehrer gelungen sein, bei diesem Verständnis für bestimmte Schwierigkeiten ihres Mannes oder Freundes zu erreichen. Die Feste gehörten einfach mit zur Bergschule, und dementsprechend wurden sie von den Schülern mit großer Sorgfalt vorbereitet. Die offizielle Abschiedsfeier oder man kann auch sagen, die feierliche Übergabe der Steigerzeugnisse, fand für alle Bochumer Bergschulklassen im großen Saal des Deutschen Bergbau-Museums statt. Neben dem Direktor hielt immer ein Bergschullehrer einen Vortrag. In der Abschiedsfeier, bei der meine Klasse dabei war, sprach unser Klassenlehrer Dr. Kurt Advena über „Die Entwicklung und wirtschaftliche Bedeutung der Kokereien".

Unterricht wurde im Kokereisteigerlehrgang in folgenden Fächern erteilt:

Mathematik
Physik und Chemie
Technische Mechanik
Technisches Zeichnen
Werkstoffkunde
Kohlengeologie und Bergbaukunde
Aufbereitungskunde mit Übungen

Kokereilehre
   Koksöfen und ihr Betrieb
   Kohlenwertstoffgewinnung und -weiterverarbeitung
   Messen und Regeln
   Übungen zur Kokereilehre

Maschinenlehre
   Allgemeine Maschinenlehre
   Kokereimaschinen
   Übungen zur Maschinenlehre

Elektrotechnik mit Übungen
Betriebswirtschaftslehre und Arbeitsplanung
Gesetzeskunde, berg- und gewerbepolizeiliche Vorschriften
Erste Hilfe bei Unfällen und Rettungsdienst

Mathematik unterrichtete bei uns Studienassessor Fritz Wix, der es verstand, uns zu intensiver Mitarbeit anzuregen, selbst samstags in der ungeliebten letzten Doppelstunde, die nach der Mittagspause angesetzt war und etwa von 14 bis 16 Uhr dauerte. In der Pause tranken manche Schüler in der Gaststätte des benachbarten Industriehotels einige Bierchen, wodurch das Arbeitsvermögen in dieser oder jener Richtung beeinflusst wurde. In der ersten Hälfte der Doppelstunde leitete Fritz Wix uns mathematische Beziehungen ab, danach gab er uns eine Aufgabe, zu deren Lösung wir etwa eine halbe Stunde brauchten. Er setzte sich dann auf die breite Fensterbank des Klassenzimmers, zündete sich genussvoll eine dicke Zigarre an und las dazu die Zeitung. Früh genug vor dem Ende der Unterrichtsstunde diskutierte er mit uns die Lösung der Aufgabe. An der Nachfolgeschule der Bergschule, der Ingenieurschule für Bergwesen, setzte er sich als erster für die Anwendung der Computertechnik ein, erstellte dafür Lehrpläne und arbeitete damit. Bei Klassenfesten wurde er häufig aktiv, in dem er zu fortgeschrittener Stunde einen Reigen nach einem Marsch dirigierte, zu dem alle sangen „Wir wollen unsern alten Kaiser Wilhelm wieder ha'n". Zum Schluss des Reigens gab er im Takt der Melodie zwei Kommandos: „Zieht die Latschen aus" und „Werft die Latschen weg". Männlein und Weiblein hatten dem Kommando gemäß ihre Schuhe in die Mitte des Kreises zu werfen und mussten sich dann bemühen, ihr Schuhwerk aus dem großen Haufen herauszusuchen. Kontakt zu seinen ehemaligen Schülern hielt er bis zuletzt. So verbrachte er noch im Oktober 2003 mit seiner Tochter Barbara ein paar Tage mit der Oberklasse O1 von 1960/61 in Willingen-Usseln. Bis zu seinem Tod im November 2003 war er noch vielseitig interessiert. Auf seine alten Tage (*10.1.1914) schrieb er einen umfangreichen Bericht über seine Kriegserlebnisse, insbesondere über seine Entwicklungsarbeiten bei der Artillerie, und die Nachkriegszeit.

Physik und Chemie sowie die verfahrenstechnischen Kokereifächer unterrichtete bei uns Dr. phil. Kurt Advena. Zu der Zeit wurden auch von Lehrenden, selbst an Technischen Hochschulen, die Begriffe Masse, Gewicht und Kraft häufig durcheinandergeworfen. Advena brachte Ordnung in diese Begriffe und diskutierte mit uns darüber so lange, bis es - fast - jeder Schüler verstand. Mit seinem Bergschulkollegen Dr.-Ing. Walter Ostermann, der bei uns Technische Mechanik unterrichtete, focht er manchen Strauß darüber aus, ob die Masse oder die Kraft als

Grundgröße anzusehen sei. Damals gab es nämlich zwei Maßsysteme: das physikalische und das technische. Das physikalische System hatte die Masse als Grundgröße und das Kilogramm als dazugehöriger Einheit. Die Kraft war hingegen die Grundgröße des technischen Systems mit dem Kilopond als zugehöriger Einheit. Vom Technischen System spricht heute niemand mehr.

Selbst wenn die Bergschullehrer bei Antritt ihrer Lehrtätigkeit die Materie ihres Faches vollständig beherrschten, so konnte sich die Qualität ihres Praxisbezuges mit der Zeit doch vermindern, sei es, weil sie trotz redlichen Bemühens Änderungen in der Praxis übersehen hatten oder weil sie sich auf ihre alten Tage keiner besonderen Mühe mehr unterziehen wollten. Die meisten Lehrer ließen ihre Kenntnislücken gern von Schülern schließen, die auf Anlagen mit neuen Techniken arbeiteten. Einen derartigen Dialog hatten die Väter des Bochumer Systems mit ihrer Forderung nach umfangreicher Praxis der Schüler vor und während der Bergschulzeit auch im Auge gehabt. Wenn ich merkte, dass meine Mitschüler wichtige Dinge nicht verstanden hatten, war ich auf Grund meiner Vorbildung oft in der Lage, die Lehrer durch entsprechende Fragen zu veranlassen, die Probleme noch einmal darzustellen, möglichst unter Berücksichtigung der schwierigsten Punkte.

Unser Klassenlehrer Dr. Advena führte mit uns viele Lehrfahrten in Betriebe durch, bei denen nach Einführungsvorträgen und Besichtigungen in aller Regel lebhafte Diskussionen stattfanden und die meist mit gutem Essen - das hatte damals eine größere Bedeutung für die meisten Deutschen als heute -, Bergmannsschnaps und viel Bier in fröhlicher Runde ausklangen. Nach manchen Lehrfahrten hatten einige Kommilitonen Schwierigkeiten, auf den Genuss zusätzlicher Biere zu verzichten. Die allermeisten Kommilitonen ließen kein Bier schal werden. Sie brauchten auch nicht um ihren Führerschein zu bangen, denn aus meinem Semester kam kein einziger Mitschüler mit einem Auto zur Bergschule. So fuhr ich einmal mit einem Freund, der seinen durch den Kriegsausgang bedingten Absturz aus einer glänzenden Offizierslaufbahn nicht verarbeitet hatte, nach einer „Sauftour" im westlichen Ruhrrevier mit der Reichsbahn gen Osten. Ich stieg in Kamen aus, er wurde erst an der Zonengrenze von der Grenzkontrolle geweckt und musste in seine Heimatstadt Hamm zurückfahren.

Bild 2: Abschlusslehrfahrt der Schüler der Kokereisteigerklasse C ins Saarland 1952 (Ernst Beier ist der Vierte von links)

In das Bergschulzeugnis wurden nicht nur Fachnoten eingetragen, sondern auch Bewertungen für die körperliche Anwesenheit beim Unterricht. So gab es als mögliche Eintragung den Satz: „Nie gefehlt und nie zu spät gekommen", der in der Kurzfassung „Nie-Nie" genannt wurde. Ein Nie-Nie galt als Zeichen für die Disziplin des Absolventen und war manchem Betriebsführer bei dessen Beurteilung für eine Einstellung ebenso wichtig wie seine Fachnoten oder gar wichtiger. Wenn ein Zug Verspätung hatte und man eine Bescheinigung der Bahn dafür vorzeigen konnte, war das Nie-Nie dadurch nicht gefährdet. An einem Montag fuhr ich nach einem winterlichen Wanderwochenende - an sich zu spät - aus dem Kohlberghaus im Sauerland nach Bochum. Da es sehr kalt war und es geschneit hatte, hoffte ich auf eine Zugverspätung, damit ich eine Bescheinigung beibringen konnte. Eine Verspätung von fünf Minuten wurde mir aber erst gegen neun Uhr am Bahnhof Bochum-Langendreer bescheinigt; der Unterricht begann jedoch um acht Uhr. Mein Klassenlehrer Dr. Advena erkannte zweifellos die Wertlosigkeit der Bescheinigung, akzeptierte sie aber trotzdem als Begründung für meine Verspätung, denn er hatte durch den Schein die Möglichkeit, „Beleg lag vor" einzutragen.

Unser Lehrer in Aufbereitungskunde verlangte von uns, Fakten zu pauken, die uns nichts an Erkenntnissen brachten. Beispielsweise fragte er in Klausuren ab, wie viele Löcher dieses und jenes Sieb habe. Einfache physikalische Beziehungen, die sich beiläufig schon in den ersten Physikvorlesungen ergaben, mussten wir als von verdienten Aufbereitern erarbeitete Gesetze benennen. Ich begnügte mich damit, in seinen Klassenarbeiten knapp ausreichende Noten zu erzielen. Einmal, als es um die Zeichnung und Auswertung von Verwachsungskurven ging, schrieb ich allerdings eine Eins. Die nächstbeste Arbeit der Klasse hatte der Lehrer mit Drei minus bewertet. Bei der Rückgabe der Arbeit beschimpfte er mich: Mein sehr gutes Ergebnis bei dieser verhältnismäßig schweren Arbeit zeige eindeutig, dass ich vor den anderen Arbeiten faul gewesen sei. Faul habe ich nicht akzeptiert, aber bestätigt, dass ich in meiner Arbeit andere Schwerpunkte setzte, als er es von uns wünschte, dass es mir nämlich in erster Linie darauf ankäme, Zusammenhänge zu erfassen.

Meine Mitschüler waren sehr unterschiedlicher Herkunft. Mehrere hatten als Offiziere[4] den Krieg mitgemacht, einer sogar als Oberst. Diese Kommilitonen waren natürlich besonders verärgert darüber, dass sie, wie oben dargestellt, von den meisten Lehrern nicht mit Herr angeredet wurden, sie aber ihre Lehrer als Herr Diplom-Ingenieur oder Herr Doktor anreden sollten.

In dem folgenden kursiv gedruckten Text stelle ich zwei von mir auf der Kokerei durchgeführte Änderungen dar. Ich empfehle ihn nur den Lesern, die an kokereitechnischen Dingen interessiert sind.

Das Herz der Kokereien bilden die Koksöfen, in denen Kohlen unter Luftabschluss auf etwa 1000°C erhitzt werden. Dabei wandeln sich die Kohlen unter Abspaltung eines Gas-Dämpfe-Gemisches in Koks um. Das Rohgas genannte Gemisch wird an Wasserrohren gekühlt, und dabei kondensieren Teer, Wasser und andere Stoffe. Das Wasser, in dem viele zum großen Teil gesundheitsschädliche Stoffe gelöst sind, wird Gaswasser genannt. Dieses Gaswasser wurde früher durch Erhitzen vom darin enthaltenen Ammoniak, dessen wässrige Lösung Salmiakgeist heißt, befreit und in den Vorfluter geleitet. In Bergkamen floss

---

[4] Winfried Powollik - Leitender Bergdirektor a. D. - schreibt mir hierzu aus seiner eigenen Erfahrung: „Bestimmte Wehrmachts- und SS-Angehörige, z. B. aktive Offiziere und U-Bootfahrer, bekamen bis 1950/51 an der TH Aachen keine Zulassung und gingen m. W. so [zur Bergschule] nach Bochum".

es also letzten Endes in die Lippe. Als besonders schädliche Stoffe enthielt es Phenole, deren wichtigster Vertreter die auch dem Laien bekannte Carbolsäure ist. Da diese das Abwasser stark belasten, war in Bergkamen eine Anlage zu ihrer Entfernung aus dem Gaswasser gebaut worden: die Entphenolungsanlage. In dieser wurden die Phenole mit Benzol aus dem Gaswasser ausgewaschen, und das Benzol wurde mit Natronlauge wieder von den Phenolen befreit und erneut zum Entphenolen des Gaswassers eingesetzt. Es strömte also im Kreis. Da es mit der Zeit immer stärker durch aus dem Gaswasser stammende teerige Stoffe verunreinigt wurde, musste es gelegentlich destilliert werden. Das geschah, indem es in einen Behälter, eine sogenannte Destillationsblase, gefüllt und mit Frischdampf, der durch Rohre strömte, erhitzt wurde. Die dabei entstehenden Benzoldämpfe wurden durch Kühlung verflüssigt. Das Benzol wurde dem Kreislauf wieder zugeführt und der Rückstand dem Teer zugesetzt.

Auf der Kokerei fiel Abdampf von Turbinen an, von dem in der Regel nur ein geringer Teil zu anderen Zwecken, z.B. zur Beheizung von Gebäuden, eingesetzt wurde. Der Rest wurde in die Luft geblasen. Meines Erachtens musste die Destillation statt mit Frischdampf auch mit Abdampf möglich sein; allerdings reichte es nicht, den Abdampf durch die Heizrohre der Destillationsblase zu leiten, sondern ein Teil musste direkt in das Benzol eingeblasen werden. Berechnungen bestätigten meine Vermutung. Die technische Umstellung von Frisch- auf Abdampfbetrieb führte ich mit Günter Gießmann, einem exzellenten Schlosser, der mit mir die Bergschule besuchte, gemeinsam durch. Hilfspersonal wurde uns nicht zur Verfügung gestellt, denn die Betriebsführung hielt nichts von der Umstellung. Die Ergebnisse waren jedoch ausgezeichnet. Der Betrieb wurde wirtschaftlicher und die Sicherheit verbessert, weil nicht mehr der hochgespannte Frischdampf eingesetzt wurde. Einige Zeit nach der Umstellung unserer Anlage kam es auf einer anderen Anlage, die nach dem gleichen Prinzip arbeitete, durch ein festsitzendes Überdruckventil bei Einsatz von Frischdampf zu einer Explosion, die einem Arbeiter das Leben kostete.

Nun stelle ich ein Laborproblem der Entphenolungsanlage der Kokerei Monopol dar. Wie schon erwähnt, wurden dort die Phenole mit Benzol aus dem Gaswasser ausgewaschen, und das Benzol mit Natronlauge von den Phenolen befreit. Das geschah in drei mit Natronlauge gefüllten Stufen, die nacheinander vom Benzol durchflossen wurden. Die verschiedenen Phenole, u.a. Carbolsäure, Kresole und Xylenole, haben eine unterschiedliche Säurestärke. Wird das phenolhaltige Benzol in frische Natronlauge eingeleitet, dann werden alle Phenole ausgewaschen. Wenn aber die Natronlauge der ersten Stufe abgesättigt ist, d.h.

das gesamte Natriumhydroxid mit Phenolen reagiert hat, dann verdrängen die stärker sauren Phenole die schwächer sauren. Die schwächer sauren Phenole werden dann zunächst in der zweiten und schließlich in der dritten Stufe gebunden. Die dritte Laugestufe muss immer noch freies Natriumhydroxid enthalten, andernfalls werden die schwach sauren Phenole nicht vollständig aus dem Benzol absorbiert, und das Benzol wäscht auf seinem Kreislauf die Phenole nicht mehr hinreichend aus dem Gaswasser aus. Eingehend untersuchte ich, wie die Verdrängung der schwach sauren durch die stark sauren Phenole erfolgt. Danach kam es mir darauf an, ein analytisches Verfahren zu entwickeln, das etwas über die Zusammensetzung der Phenole in den einzelnen Stufen aussagte. Ich stellte aus verschiedenen reinen Phenolen Azofarbstoffe her, dabei zeigte es sich, dass die Farbstoffe - nicht absolut genau ausgedrückt - umso mehr Licht absorbierten, je größer ihre Moleküle waren. Dieses Verhalten nutzte ich zur Entwicklung eines analytischen Verfahrens, das viel schneller als das bisherige durchzuführen war und besser auswertbare Ergebnisse brachte.

Im Jahr 1952 nahm ich an einem Preisausschreiben der „Bergbau-Rundschau" teil, einer „Fachzeitschrift der Bergbauangestellten des Steinkohlen-, Braunkohlen-, Erz-, Erdöl-, Kalibergbaues, der sonstigen Mineralien und der Kohleveredelung". Die Aufgabe lautete: „Darstellung und kritische Betrachtung eines bestimmten Betriebsabschnittes oder Betriebsablaufes mit seiner technischen Einrichtung". Als Betriebsabschnitt nahm ich mir die Generatorenanlage vor, in der aus Koks Schwachgas zur Beheizung der Koksöfen erzeugt wurde. Von den eingesandten Arbeiten wurden in der Fachzeitschrift Bergbau-Rundschau 22 Aufsätze veröffentlicht. Für meine Arbeit erhielt ich den dritten Preis in Höhe von 200 DM. Das war nahezu ein Nettomonatsgehalt. Unmittelbar nach der Preisverleihung lernte ich meine spätere Ehefrau Gisela kennen und kaufte mit ihr eine Reiseschreibmaschine, auf der sie im Laufe der Jahre viele Veröffentlichungen für mich schrieb, u.a. meine Diplom- und meine Doktorarbeit.

Während meiner Arbeit auf der Kokerei Grimberg I/II, die zeitweilig auch Kokerei Monopol genannt wurde, erreichten die Demontagearbeiten im Ruhrgebiet ihren Höhepunkt. Die Kokerei selbst wurde davon verschont, denn die Siegermächte brauchten den dort erzeugten Koks. Die benachbarten Chemischen Werke, in denen Benzin aus Koks hergestellt werden konnte, sollten jedoch demontiert werden. Die Belegschaft setzte sich gegenüber den deutschen Demontagearbeitern zur Wehr, auch handgreiflich. Wenn die Demonteure nicht am Ort waren, entwendeten ihnen Belegschaftsmitglieder das Werkzeug, und Azetylen und Sauerstoff aus den Gasflaschen bliesen sie ab, sodass die

Demonteure keine Apparate und Rohrleitungen mehr durchbrennen konnten. Nach mehreren erfolglosen Aufforderungen der Besatzungsmacht, die Behinderungen zu unterlassen, fuhren eines Tages gepanzerte Mannschaftswagen mit kriegsmäßig bewaffneten belgischen Soldaten auf, die nicht nur die Chemischen Werke besetzten, sondern zusätzlich das gesamte Zechengelände einschließlich der Kokerei abriegelten. Unmittelbar bevor die Soldaten in die Chemischen Werke eindrangen, stellte mir ein Chemiker der Chemischen Werke einige wertvolle kleine Laborgeräte zu und bat mich, sie bis nach dem Ende der Besatzung auf der Kokerei aufzubewahren. Als ich ihm während meiner letzten Schicht auf der Kokerei die Geräte zurückbrachte, merkte ich, dass er sich nicht mehr daran erinnerte, mir die Geräte zur Aufbewahrung bis nach dem Ende der Besatzung des Werkes gegeben zu haben. Ich hätte wenigstens das darunter befindliche Spektrometer bis nach meinem Chemiestudium behalten sollen, denn dann wäre mir im Praktikum der analytischen Chemie der Nachweis der Metalle leichter gefallen. Im Jahre 1950 wurden die Demontagen endgültig eingestellt.

Die Chemischen Werke erhielten später zunächst keine Genehmigung zur Benzinsynthese nach Fischer-Tropsch, wohl aber die Erlaubnis, Kokereigas zu entgiften, also vom Kohlenmonoxid zu befreien. Hierzu wurde das Kohlenmonoxid des Kokereigases mit dem ebenfalls in ihm enthaltenen Wasserstoff ebenso wie bei der Fischer-Tropsch-Synthese[5] zu Kohlenwasserstoffen umgesetzt. Später wurde auch die normale Synthese erlaubt, und der Betrieb wurde vom Staat durch Herabsetzung der Mineralölsteuer auf den symbolischen Betrag von 1 Pfennig je Kilogramm unterstützt. Diese Förderung wurde nur bis zum 31.3.1962 gewährt, und deshalb wurde mit diesem Datum die Benzinsynthese nach Fischer-Tropsch in Deutschland endgültig eingestellt. Die Chemischen Werke in Bergkamen wurden an die Firma Schering verkauft, die nun völlig andersartige Produkte in dem Werk herstellt.[6]

---

[5] E. Beier: „Als das Kohleöl noch floss", MultiLingua Verlag, Bochum, 2. Auflage, 1999, S. 185 ff

[6] Die Kokerei Grimberg I/II existiert ebenso wie die Anlage zur Benzinsynthese nicht mehr. Der letzte Betriebsführer der Kokerei, Diplom-Chemiker Helmut Linnhoff, hat mir einen Bericht über die Historie der Kokerei geschickt, den er anlässlich der Stilllegung der Kokerei verfasst hat. Daraus geht hervor, dass die Kokerei 1906 in Betrieb genommen worden ist, wegen Kriegsschäden vom 11.9.1944 bis Juli

Während meiner Bergschulzeit war ich wie schon einige Jahre vorher im Sauerländischen Gebirgsverein SGV aktiv. Aus dieser Zeit besitze ich noch einen „Führerausweis" des Jugendherbergwerks Westfalen-Lippe. Die Führer waren verpflichtet, „ihre Gruppen nach den guten Sitten des Jugendwanderns in voller Verantwortung zu führen und bei der Benutzung der JH die einschlägigen Bestimmungen zu erfüllen." Als Wanderwart des SGV führte ich viele eintägige und einige mehrtägige Wanderungen und Radtouren.

Während meiner Kokereitätigkeit unternahm ich drei große Fahrten, zwei davon mit dem Fahrrad und eine mit Zug und Bus. Über alle drei werde ich kurz berichten.

Unmittelbar nach dem Krieg konnte ich nur kleine Touren unternehmen. Nun wollte ich aber unbedingt meinen geografischen Horizont erweitern. Eine Reise mit Bahn, Bus oder gar Auto oder Flugzeug konnte ich mir nicht leisten. Es erschien mir sehr unwahrscheinlich, ob mir das jemals möglich sein würde. Meine Eltern hatten sich das selbst bei den günstigeren Vorkriegsbedingungen nicht leisten können. Nach meinen vielen verwundungsbedingten Erkrankungen war ich 1949 endlich wieder zu größeren Radtouren kräftig genug. Einen Partner für eine große Radtour zu finden, war nicht leicht. Mein Wander- und Fahrtenfreund Werner Kamp und auch andere Freunde waren gefallen und mein Schulfreund Willi Böckmann, der gern mit mir fahren wollte, hatte eine mit ihm im selben Haus wohnende Großmutter, die bei allen Entscheidungen ein wichtiges Wort mitzureden hatte. Sie war dagegen, dass ihr Willi mit einem Jungen, der aus einer Zechensiedlung stammte, seinen Urlaub verbrachte. Unsere gemeinsame Planung drohte an dieser Großmutter zu scheitern[7]. Aber schließlich behauptete sich Willi mit Hilfe seiner Eltern doch gegen die Großmutter, und an einem Sonn-

---

1947 stilllag und dann nach und nach den Betrieb wieder voll aufnahm. Der Kohleneinsatz lag in den letzten Jahren vor ihrer Stilllegung im Jahre 1978 etwas über 1.000.000 t, die Koksproduktion etwas unter 800.000 t und die Gaserzeugung etwas unter 400.000.000 m^3. Die Belegschaftsstärke betrug in den letzten Jahren durchschnittlich 300 Angestellte und Arbeiter, davon waren nahezu ein Drittel Türken, die überwiegend im unangenehmen Ofenbetrieb eingesetzt waren.

[7] Mehr als 50 Jahre später habe ich ein Buch geschrieben, dass ich zur Erinnerung an Willis Großmutter „der kommt doch aus den Zechenhäusern" genannt habe.

tagmorgen, Anfang September 1949, konnten wir starten. Mein Urlaub betrug 12 Arbeitstage einschließlich der Samstage, sodass wir höchstens diese 12 Arbeitstage und drei Sonntage unterwegs sein konnten. Um unser Ziel, den Bodensee, zu erreichen und wieder über einen anderen Weg zurückzufahren, mussten wir lange Tagesetappen einplanen. Für diese Fahrt galt die Devise: Der Weg ist das Ziel!

Der Krieg lag zwar schon reichlich vier Jahre zurück, aber wir brauchten noch Lebensmittelmarken. Glücklicherweise zeigten sich unterwegs schon dann und wann die positiven Folgen der Währungsreform vom Juni 1948, denn manche Dorfwirte oder -wirtinnen in ländlichen Gegenden servierten uns ein Mahl, ohne nach diesen Marken zu fragen. Die Versorgung ohne Marken lief immer besser, sodass auf deren Ausgabe vom 10. Januar 1950 an in der Bundesrepublik Deutschland verzichtet wurde.

Mein Fahrrad hatten mein Vater und ich aus alten Teilen zusammengebaut. Den Luxus einer Gangschaltung konnte weder Willis noch mein Rad aufweisen. Die Schläuche waren mehrfach geflickt, und meinen Ersatzschlauch hatte ich aus zwei alten Schläuchen zusammengestückkelt. Aus dieser Beschreibung unserer Ausrüstung ist leicht zu folgern, dass wir bei unserer etwa 1400 Kilometer langen Fahrstrecke gelegentlich Pannen beheben mussten. Zum ersten Mal sind wir jedoch nicht wegen einer Panne oder eines Erholungsbedürfnisses von unseren Drahteseln gestiegen, sondern weil auf der Lennestraße kurz hinter Werdohl ein Milchbauer mit Pferd und Wagen die Hausfrauen mit Milch versorgte. Auch wir ließen uns damit versorgen, tranken die Milch aber nicht nur an Ort und Stelle, sondern füllten auch unsere Feldflaschen damit. Bei unserer nächsten Rast enthielten die Flaschen verkäsende Dickmilch, und den Käsegeruch wurden sie während der ganzen Fahrt nicht los, obwohl wir sie oft hingebungsvoll - allerdings kalt – spülten.

Früher als erwartet erreichten wir Siegen, unser erstes Etappenziel. Als wir die Burganlage besichtigt und uns etwas ausgeruht hatten, fühlten wir uns wieder frisch, fuhren weiter bis Haiger und machten dort in einem Gasthaus Quartier. Von der langen Tagestour waren wir so müde, dass wir trotz des Lärms im Haus gut einschliefen. Jedoch steigerte sich der Lärm noch im Laufe der Nacht; wir konnten nicht mehr schlafen und machten uns deshalb schon vor 5 Uhr wieder auf den Weg. In der frischen Morgenluft traten wir, um nicht zu frieren, kräftig in die Pedalen. Da die Fahrräder so gut liefen, sahen wir uns Dillenburg nur vom Fahrrad aus an und sausten durch bis Wetzlar. Viel früher als geplant erreichten wir die Jugendherberge Frankfurt, einen kalten unfreundlichen Betonbau, der wir allerdings bis zur Schlafenszeit den

Rücken kehrten, um uns die noch starke Kriegsschäden aufweisende Stadt anzusehen. Am nächsten Tag quälten wir uns über den Odenwald bis Eberbach am Neckar. Dort kauften wir uns für das Abendessen Puddingpulver. Mit diesem und von ihr zugesteuerter Milch kochte die Herbergsmutter uns, ihren einzigen Gästen, einen Pudding, der allerdings so fest war, dass er sich am besten mit Messer und Gabel essen ließ.

Zwischen Ludwigsburg und Stuttgart herrschte ein wahnsinniger Autoverkehr: Etwa alle zehn Sekunden überholte oder begegnete uns ein Auto. Richtig unangenehm wurde die Fahrt durch den Stuttgarter Talkessel. Es war schwül und der Himmel verdunkelte sich bedrohlich, bis grelle Blitze aus den schwarzen Wolken zuckten und die Wolken aufschnitten, sodass diese ihren Inhalt schlagartig auf uns ergossen. Bis Echterdingen hielten wir noch durch und stürzten uns dort, total durchnässt, in Unkosten, indem wir in einem Gasthaus ein Doppelzimmer nahmen, das uns pro Person einschließlich Frühstück drei Mark kostete. Damals stellte man in Hotels seine Schuhe noch vor die Zimmertür und fand sie dort am Morgen geputzt wieder. Unsere nassen Schuhe hatten wir nicht vor die Tür gestellt, sondern in der Küche abgegeben. Am nächsten Morgen standen sie trocken und blank vor unserer Tür, ein heute ganz unüblicher Service. Echterdingen hatten wir für die Übernachtung gewählt, weil es für uns ein historischer Ort war. Im Jahre 1908 war dort ein Luftschiff des Grafen Zeppelin explodiert. Daraufhin wurde im ganzen Reich eine Sammlung durchgeführt, deren Ergebnis es dem Grafen erlaubte, seine Arbeiten fortzusetzen.

Am nächsten Morgen ging es hinauf auf die schwäbische Alb. Wenn sich uns einer der seltener und viel langsamer als heute fahrenden Lastwagen von hinten näherte, beschleunigten wir unsere Räder, damit es uns möglich wurde, während der Lastwagen mit nur geringer Relativgeschwindigkeit an uns vorbeizog, einen Hebel vom hinteren Schüttbrett oder ein Kettchen zu ergreifen und uns die Berge hinaufziehen zu lassen.

Oft musste ich mich anstrengen, damit Willi mir nicht davonfuhr, jedoch auf der schwäbischen Alb genoss ich es, die bessere Kondition zu haben und zu sehen, dass auch Willi sich abmühen musste. Wo wir nach der Überwindung der schwäbischen Alb übernachteten, weiß ich nicht mehr. Unser Ziel, den Bodensee, erreichten wir am nächsten Tag in der Nähe von Friedrichshafen. Diese Stadt erschien uns ziemlich reizlos, aber in Meersburg mit dem Haus der Annette von Droste-Hülshoff, in Unteruhldingen mit seinen Pfahlbauten und vor allem in Konstanz mit seinem Konzilsgebäude und der in der Nähe liegenden

Insel Mainau bedauerten wir sehr, nicht die Zeit zu haben, die interessanten Gebäude und die reizvollen Anlagen in Muße auf uns einwirken zu lassen.

Den Heimweg wählten wir durch den Schwarzwald. In unserem ersten Quartier, der Jugendherberge Titisee, hörte ich zum ersten Mal das Geläut von Kuhglocken. Die französische Besatzungsmacht hatte dafür gesorgt, dass es hier legerer zuging als etwa in den westfälischen Herbergen; hier durfte man rauchen und Wein trinken. Am Abend gingen wir mit anderen jungen Männern aus, jedoch nicht ohne vorher einige Mädchen, die in einem ebenerdig liegenden Zimmer wohnten, zu bitten, ein Fenster offen zu lassen, damit wir wieder ins Haus kommen konnten, falls wir erst nach der offiziellen Schließungszeit um 22 Uhr zurückkämen. Als wir tatsächlich gegen Mitternacht nach Passage des Mädchenzimmers über den Flur zu unserem Zimmer schlichen, kam uns der Herbergsvater entgegen und wies uns ohne einen Vorwurf auszusprechen darauf hin, dass es nicht nötig gewesen sei, durch das Mädchenzimmer in das Haus einzusteigen, denn er habe unsere Abwesenheit bemerkt und deshalb die Haustür offen gelassen. Wäre ich in einer westfälischen Jugendherberge bei einem derart regelwidrigen Eintritt in die Herberge erwischt worden, hätte mich das zu der damaligen Zeit meinen JH-Führerausweis gekostet.[8]

Die Fahrt vom Schwarzwald bis Heidelberg verging uns viel zu schnell, denn zwei attraktive Mädchen hatten uns begleitet. In Heidelberg sahen wir uns die Altstadt und das Schloss an, und danach mussten Willi und ich allein weiterfahren.

Als wir am letzten Tag der Fahrt von den Höhen des Sauerlands hinabsausten, bedrückte uns die graubraune Dunstglocke, die das Ruhrgebiet vor unseren Augen versteckte. In diesen Smog fuhren wir nach den vielen Tagen in guter Luft hinein, und ich musste mich sogar am nächsten Tag wieder in eine beachtliche Quelle dieses Smogs begeben, auf die Kokerei Monopol, die in hohem Maße die Luft mit giftigen Gasen, Dämpfen und Staub schwängerte.

Trotz der Strapazen und dem Zeitdruck der Vorjahresfahrt reizte es mich auch 1950, neue Gegenden Deutschlands kennen zu lernen, zumal die Bedingungen günstiger waren als im Vorjahr, denn mit Beginn des Jahres waren die Lebensmittelkarten abgeschafft worden, mit denen wir mehr als zehn Jahre leben mussten. Willi Böckmann konnte

---

[8] Über einen völlig anders gearteten Aufenthalt in Titisee berichte ich im Kapitel „Europawanderweg E1" in Band drei meiner Erinnerungen.

Bergschulstudium (1950 - 1952) 27

aus irgendeinem Grund nicht mit mir fahren, aber Reinhard Zeuner, ein besonders aktives Mitglied des Sauerländischen Gebirgsvereins SGV, war gern dazu bereit. Als Ziel schien uns Oberammergau mit seinen Passionsspielen - Reinhards Vater war Küster - besonders interessant zu sein. Aber Oberammergau war noch weiter als der Bodensee von Kamen entfernt, und wir brauchten einen Tag für den Besuch der Festspiele. Bei meinem knappen Urlaub von 12 Tagen konnten wir nicht gut, ohne auf alle Besichtigungen zu verzichten, hin und zurück mit dem Fahrrad fahren. Wir bemühten uns deshalb darum, wenigstens ein Teilstück von irgendjemandem gratis mitgenommen zu werden. Ein Freund vermittelte uns einen Platz in einem geschlossenen Lkw, der mit Autopflegemitteln zu einem Rennen um den Großen Preis von Deutschland auf dem Nürburgring fuhr.

Im Laderaum des Lkws atmeten wir so viel Lösungsmitteldämpfe ein, dass es uns bei der Ankunft am Ring ziemlich übel war. Wohl sahen wir, wie Alberto Ascari auf Ferrari seinem Sieg entgegenfuhr, aber ob unseres schlechten Zustands waren wir nicht richtig bei der Sache.

Vom Nürburgring wollten wir zunächst nach Freiburg im Breisgau trampen, wohin wir unsere Fahrräder geschickt hatten. Wir zogen vom Nürburgring frohgemut los, jedoch verschlechterte sich nach einigen Stunden unsere Stimmung, weil niemand uns mitnahm und wir deshalb weiter als geplant wandern mussten. In einer Ortschaft, in der wir gern in einer Scheune übernachtet hätten, waren alle Höfe mit hohen Mauern umgeben, in denen sich jeweils ein verschlossenes Tor befand. Ein trockenes Plätzchen in einem Tabakfeld musste uns zum Schlafen reichen. Wir schliefen gut und unsere Stimmung besserte sich noch, als uns eine junge Bäuerin, die wir baten, uns an ihrer Pumpe waschen zu dürfen, zum Frühstück einlud.

Mit dem Trampen klappte es wiederum nicht. Um nicht zu viel Zeit zu vertun, fuhren wir bis an den Rand des Schwarzwaldes ein Stück mit dem Zug und hofften, dass die Menschen dort freundlicher wären. Tatsächlich nahm uns ein Sportwagenfahrer auf den letzten Kilometern bis Freiburg mit.

Endlich in Freiburg angekommen, holten wir unsere Fahrräder vom Bahnhof ab und strampelten voller Energie los. Nach einigen Tagen anstrengender Fahrt mit Besichtigungen der Königsschlösser Hohenschwangau, Neuschwanstein und Linderhof sowie des Klosters Ettal erreichten wir bei regnerischem Wetter Oberammergau. Da wir in Kamen keine Eintrittskarten für die Passionsspiele, die übrigens nur alle zehn Jahre stattfinden, bekommen hatten, waren wir aufs Geratewohl losgefahren. Wir hatten Glück, denn nach längeren Mühen erhielten wir in Oberammergau die Karten und außerdem Schlafplätze in einem Zelt für jugendliche Gäste. Den Spielen fehlte es in meinen Augen etwas an Spannung, aber trotzdem hat es uns nicht Leid getan, nach Oberammergau gefahren zu sein. Auch für diese Fahrt galt wie für die vorhergehende: Der Weg ist das Ziel.

Auf der Rückfahrt besuchten wir die Wieskirche. Die Königsschlösser, Klöster und Kirchen waren damals keineswegs so überfüllt wie heute. Für die uns von der Reisevorbereitung her bekannten überwiegend barocken Kirchen des deutschen Südens nahmen wir uns immer Zeit. Wenn wir Glück hatten, übte ein guter Organist in der Kirche sein nächstes Programm ein und wir konnten auf den harten Kirchenbänken zuhören. In Bad Orb im Spessart hatten wir unser vorletztes Quartier. Am Abend gerieten wir in ein Fest, auf dem wir uns zu gemeinsamen Auftritten in eine Volkstanzgruppe einordnen durften. Auch von dieser Fahrt bin ich braungebrannt und für neue Tätigkeiten gestärkt zurückgekehrt.

Bei einem Umzug anlässlich der 1000-Jahr-Feier unseres Nachbardorfes Methler stellte ich mich neben ein frisches attraktives junges Mädchen, das sich offensichtlich ebenso wie ich den Festzug ansehen wollte. Um in ein Gespräch mit ihm zu kommen, berichtete ich ihm, dass ich 1948 an der 700-Jahr-Feier unserer Heimatstadt Kamen aktiv mitgewirkt hatte. Nach dem Festzug schlug ich ihm vor, noch einen kleinen Spaziergang mit mir zu machen. Das Mädchen, es hieß Gisela, hatte sein Fahrrad bei sich und ein Geschichtsheft, mit dem es sich irgendwo niederlassen wollte, um sich für die am nächsten Tag im Gymnasium stattfindende Klausur vorzubereiten. Wir steuerten einen markanten Punkt, nämlich den Wasserturm in Lanstrop an, von dem wir einen sehr guten Überblick über unsere heimischen Gefilde genossen und ich Gisela zeigen konnte, wie gut ich mich in der Heimat auskannte. Gisela fuhr dann den weiten Weg nach Kamen nicht allein mit dem Fahrrad zurück, sondern ging mit mir zu Fuß. Ich verabschiedete mich schon eine halbe Stunde vor ihrer Wohnung von ihr, weniger damit sie sich noch auf ihre Klausur vorbereiten konnte, als wegen eines anderen Mädchens, dem ich versprochen hatte, mit ihm auszugehen. Mit Gisela verabredete ich mich aber für den nächsten Abend. Wir trafen uns planmäßig, gingen etwas spazieren und kehrten dann in das Kamener Cafe Gonnermann ein. Gisela erinnert sich noch heute, dass ich zu diesem zweiten Treffen eine kurze ziegenlederne braune Hose trug, aus der an einem Bein ein schmaler weißer Streifen hervorlugte. Ich weiß nicht, ob es an der unkorrekten Kleidung lag, jedenfalls ging Gisela keine weitere Verabredung mit mir ein. Als wir uns eine Zeitlang nicht gesehen hatten, bemühte ich mich, sie irgendwie zu treffen. Da sie schließlich meine Frau geworden ist, muss mir das auch geglückt sein. Zur Abschlussfeier meines Bergschulstudiums begleitete sie mich; allerdings missfiel ihren Eltern, dass sie erst am frühen Morgen zurückkam.

Im Herbst 1952 unternahm ich meine erste große freiwillige Fahrt mit Bahn und Bus. Sie führte mich nach Südtirol. Der Fahrt voraus ging die umständliche Beschaffung der Visa für Österreich und Italien. Ich fuhr mit dem Zug nach München und lernte ein wenig von der Stadt und meinen Reisegefährten Karlheinz Linnenkohl kennen. Am nächsten Tag fuhren wir mit dem Bus über den Brennerpass in die Dolomiten. Im Meraner Ortsteil Obermais wurde ich in ein helles luftiges Zimmer einquartiert, von dem ich einen umfassenden Blick auf die Berge hatte, der stark dazu reizte, sie zu besteigen. Wirklich große Bergtouren unternahm ich bei dieser Reise nicht, bin aber, meist mit Herrn Linnenkohl, einige Wege gegangen, die teilweise an alten hölzernen Wasserleitungen für die tiefer liegenden Orte entlang liefen und oft eine wunderbare Aussicht boten. Die Abende verbrachten wir meist in den Meraner Kolonnaden oder in Weinstuben. An einem Tage fuhr ich mit der Kamenerin Marlene Siekmann, die ihre Ferien in Terlan verbrachte, nach Venedig. Da meine Mittel nicht zu einer Gondelfahrt oder einem Besuch eines Freiluftcafes auf dem Markusplatz reichten, bemühten wir uns, per pedes einen Eindruck von der Stadt zu gewinnen. Wir fanden einige Aussichtspunkte, von denen wir einen herrlichen Blick auf den Dogenpalast, San Giorgo und viele andere eindrucksvolle Bauwerke genossen. In den Randbezirken der Stadt befürchteten wir einige Male, laut schreiende Italiener würden sich totschlagen, aber sie gingen jeweils nur bis auf Handbreite aufeinander zu und ließen dann, oft wild gestikulierend, voneinander ab. In der Nacht fuhren wir mit dem Zug zurück. Zwei Jahre später war ich mit meiner Freundin Gisela und dem Freundespaar Alfred und Christel Stock wieder in Venedig. Wir hatten in Mestre Quartier gemacht und konnten so den Tag bis spät in die Nacht hinein auf den schönen Plätzen Venedigs verbringen. Besonders in Erinnerung geblieben ist mir ein Stündchen vor einem Cafe auf dem Markusplatz, wo Fiedler mit Weisen aus der k.u.k.-Zeit für eine romantische Stimmung sorgten. Keine Spur von Romantik empfanden Gisela und ich bei meinem dritten Besuch Venedigs, als wir bei unfreundlichem nebligem Wetter mit Karl-Heinz und Ursula Kreckel durch die Lagunenstadt streiften.

Zum Begleiter meiner ersten Dolomitenfahrt, dem seit langem im Schwarzwald wohnenden Karlheinz Linnenkohl, machte ich mit meiner Familie 20 Jahre später auf der Fahrt in unseren Schweizer Urlaubsort

Engelberg einen Abstecher. Wiederum 20 Jahre später wanderte ich mit meiner Frau auf dem Europaweg E1 durch den Schwarzwald. Vorher war es uns gelungen, das Ehepaar Linnenkohl zu einem abendlichen Treffen in Bad Peterstal, dem Ausgangspunkt unserer letzten Wanderetappe, einzuladen. In einem gemütlichen Gasthaus ließen wir unsere Lebenswege Revue passieren. Herr Linnenkohl war 1952, als wir den gemeinsamen Urlaub in Meran verbrachten, als Beschaffer für eine Organisation tätig gewesen, aus der 1956 die Bundeswehr entstand. Danach stieg er in einem Unternehmen bis zum Vorstandsvorsitzenden auf und übernahm nach seinem 70. Geburtstag den Vorsitz in dessen Aufsichtsrat. Wie bei Herrn Linnenkohl war ich auch beim Wiedersehen mit etlichen anderen Bekannten aus der Kindheit und Jugendzeit erstaunt, welch hohe berufliche Ziele sie - meist trotz schlechter Ausgangsbedingungen - erreicht hatten.

Nun wieder zurück zur Bergschule! Nach bestandener Abschlussprüfung erhielt ich am 25. Oktober 1952 mein Zeugnis als Kokereisteiger. Die schlechteste Note - Befriedigend - erhielt ich im Fach „Kohlengeologie und Bergbaukunde", denn ich war nicht, wie oben dargestellt, bereit gewesen, etwas zu lernen, das ich nicht für sinnvoll hielt. Trotz der Auseinandersetzungen mit dem Lehrer dieses Faches gewährte mir die Westfälische Berggewerkschaftskasse, die Trägerin der Bergschule, als Einzigem aus allen Klassen des Jahrgangs 1952 für ein Studium an einer Technischen Hochschule eine Studienbeihilfe von monatlich 150 DM. Mein Arbeitgeber, die Harpener Bergbau-Aktien-Gesellschaft, sprach mir für das Stipendium seine Anerkennung und Glückwünsche aus und ließ mir nach meiner Kündigung ein zusätzliches Monatsgehalt zukommen.

Am Tag nach der Überreichung des Zeugnisses fuhr ich nach Aachen und erreichte eine Immatrikulation zum Studium der Chemie an der Rheinisch-Westfälischen Technischen Hochschule, obwohl die Einschreibungsfrist bereits abgelaufen war und ein numerus clausus bestand. Während der Bergschulzeit trat ich in den Ring ehemaliger Bergschüler ReB ein. Über meine Aktivitäten in diesem Verein habe ich im Kapitel „Mitarbeit im Ring Deutscher Bergingenieure" berichtet. Für meinen Bergkittel sah ich nach der Aufnahme meines Chemiestudiums an der TH Aachen keine Verwendung mehr und bat deshalb meine Freundin Gisela, ihren Nachbarn, den Volksschullehrer Wegmann, der nebenamtlich an der Bergvorschule unterrichtete, zu bitten, seinen Vorschülern meine Verkaufsabsichten mitzuteilen. Tatsächlich kam zur Zeit meines Vorexamens einer seiner Schüler und kaufte mir den Kittel für 25 DM ab. Das Geld konnte ich gut zur Ausrichtung einer kleinen Feier nach der bestandenen Vorprüfung gebrauchen. Später, als sich die Professoren der Fachhochschule Bergbau für besondere Anlässe Bergkittel zulegten, bereute ich, nicht mehr meinen alten luftigen Kittel anziehen zu können, sondern nun in einem neu erworbenen repräsentativen schweren Kittel schwitzen musste.

Hochschulstudium (1952 - 1957)

Schon am Tag nach der Aushändigung des Kokereisteigerzeugnisses fuhr ich zur Rheinisch-Westfälischen Technischen Hochschule RWTH nach Aachen und bemühte mich um einen Studienplatz für ein Chemiestudium. Im Ruhrgebiet existierte damals keine einzige Hochschule, denn Wilhelm der Zweite, Deutscher Kaiser und König von Preußen (1888 - 1918), hatte die neuen Technischen Hochschulen lieber andernorts als im größten deutschen Arbeitszentrum errichten lassen. In der Weimarer Republik (1919 - 1933) fehlten die Mittel zum Hochschulbau und im Dritten Reich (1933 - 1945) wurden die vorhandenen Mittel anders eingesetzt. Ich konnte also nicht zu Hause wohnen bleiben, was meiner Freundin Gisela und mir lieber gewesen wäre, sondern musste mich in einem weit entfernten Hochschulort einquartieren. An der RWTH Aachen, an der mir wegen ihres guten Rufes besonders gelegen war, sah es zunächst schlecht für mich aus, denn die Hochschule litt immer noch unter Kriegsschäden, was sich besonders in der geringen Kapazität der chemischen Laboratorien auswirkte. Im Hochschulsekretariat teilte mir eine Sachbearbeiterin in zwei Sätzen mit, alle Studienplätze seien bereits vergeben und außerdem hätten die Vorlesungen schon begonnen. Dekan der naturwissenschaftlichen Fakultät war Professor Dr. Walter Fuchs, der vor der Machtübernahme Hitlers Direktor des Instituts für Technische Chemie der RWTH gewesen war. Als Jude war er 1933 von seinem Lehrstuhl vertrieben worden und deshalb in die USA emigriert. 1949 berief ihn die nordrhein-westfälische Kultusministerin Christine Teusch erneut. Auf meine dringende Bitte hin gewährte mir Fuchs am selben Tag einen Termin. Nach einem längeren Gespräch über meinen Werdegang ließ er mich zum Studium zu[9].

---

[9] Als ich dieses Kapitel schon geschrieben hatte, fand meine Frau beim Umräumen wegen des Umzuges unserer Tochter Katharina nach Hongkong einen großen Karton mit Briefen, die wir uns während meines Studiums geschrieben hatten. Miteinander telefoniert haben wir nach meiner Erinnerung in dieser Zeit kein einziges Mal. Beim Lesen der Briefe holte mein Gedächtnis die schon mehr als 40 Jahre zurückliegende Studienzeit wieder hervor, und ich konnte meine Ausführungen an etlichen Stellen ergänzen, musste allerdings auch an anderen Stellen kleine Korrekturen vornehmen.

Hochschulstudium (1952 - 1957)

Bild 3: Ernst Beier am Tag seines Studienantritts an der RWTH Aachen (1952)

Am 4. November 1952 schrieb mich die RWTH Aachen gegen Entrichtung einer Aufnahmegebühr von 30 DM mit der Matrikelnummer 10624 ein. Da ich, wie sich zeigte zu Recht, der Ansicht war, dass mir in einigen Fächern nicht viel geboten werden würde, packte ich im ersten Semester mein Studienbuch voll mit Vorlesungen für 34 Wochenstunden, die ich aber keineswegs alle regelmäßig besuchte. Für das erste Semester musste ich Studiengebühren von 217,50 DM entrichten. Zum Vergleich dazu: 1949 betrug mein Anfangsgehalt als Ingenieur 221 DM brutto. Das Honnefer Modell, ein System zur Förderung von Studenten durch die Bundesrepublik, wurde erst 1957 eingeführt. Abgelöst wurde das Modell im Jahr 1971 durch das Bundes-ausbildungsförderungs-Gesetz (BAföG).

Eine Studentenbude war nicht leicht zu bekommen, denn viele Wohnungen waren durch die Bombenangriffe des Krieges noch zerstört oder beschädigt. Schließlich konnte ich mit einem Kommilitonen aus meiner Heimatstadt Kamen in eine Wohnung in Würselen einziehen. Um diese von der Hochschule aus zu erreichen, musste ich eine halbe Stunde zum Bahnhof Aachen Nord gehen, auf der Eisenbahn nach Würselen fahren und noch einmal etwa eine Viertelstunde laufen. Als ich zum ersten Mal in mein Zimmer kam, betrug die Raumtemperatur, wie ich einem alten Brief entnehme, 4°C. Bis auf die Frage der Beheizung kam ich mit meinem Kommilitonen gut zurecht. Ich wollte bereits den Kohlenofen anmachen, wenn die Temperatur auf 15 °C gesunken war, er wollte das Feuer erst anzünden bei Temperaturen unter 10 °C. Wir mussten uns einigen, denn wir kauften die Kohlen und das Anmachholz gemeinsam ein. Vielleicht war ich bezüglich der Zimmertemperatur verwöhnt, weil mein Vater Deputatkohle bekam. Gelegentlich lieh ich mir, wenn mir die Brennstoffe und das Geld ausgegangen waren, von meinen Wirtsleuten Brennholz und ein paar Braunkohlenbriketts. Übrigens war es bei sehr kaltem Wetter billiger, für 20 Pfennig ins warme Kino zu gehen, als nach der Rückkehr von der TH für drei Stunden den Ofen anzuheizen. Welche Bedeutung die Kohlen damals hatten, geht aus einer Eilmitteilung an meine Freundin Gisela vom 22. Februar 1953 hervor: „Kohlen reichen höchstens noch bis Samstagmittag. Bin deshalb Samstag, 19.49 Uhr in Kamen."

Glücklicherweise hatte nach meinem ersten Semester ein Kommilitone aus meiner Essener Ingenieurschulzeit sein Aachener Studium abgeschlossen und bot mir deshalb seine „Bude" an der Aachener Rütscherstraße an. Seine Zimmerwirtin war mit meinem Einzug einverstanden, aber nicht ganz froh darüber, denn der Kommilitone hatte nur selten im Zimmer gewohnt, und mit meiner Anwesenheit musste sie dauernd rechnen. Das Zimmer war für damalige Verhältnisse akzeptabel. Bei einem Bombardement war zwar der Putz von der Decke gefallen und noch nicht erneuert, und die Toilette und die Wasserleitung befanden sich in einem Zwischengeschoss, aber der Raum war groß und hell, und ich hatte einen weiten Blick bis auf die westlich der Stadt liegenden Hügel. Mit Zimmerwirtinnen umzugehen, verstand ich noch nicht. Wenn ich meiner Wirtin etwas mehr Zeit und ab und zu ein Schwätzchen gewidmet hätte, dann hätte ich mir mein Frühstück gewiss nicht selbst zuzubereiten brauchen.

Von einigen studentischen Verbindungen nahm ich Einladungen zu unterschiedlichen Veranstaltungen an, einmal auch zu einem Ball einer schlagenden Verbindung. Meine Wirtin war zwar damit einverstanden, dass meine Freundin Gisela nach dem Ball in ihrem Wohnzimmer schlief, war aber nicht übermäßig freundlich zu ihr. Am nächsten Tag hatte ich die Einladungskarte zu dem Ball auf dem Tisch liegen gelassen. Als ich von der Hochschule zurückkam, äußerte meine Wirtin, wenn sie gewusst hätte, dass meine Freundin zu einem Verbindungsfest gekommen war, dann hätte sie sie mit Kaffee und Kuchen empfangen.

Ich trat keiner studentischen Verbindung bei. Das Schlagen hielt ich für antiquiert, und die nicht schlagenden Verbindungen reizten mich ebenfalls nicht hinreichend, denn ich hatte die Gesellschaft von Kommilitonen gefunden, mit denen ich abends und an den Sonntagen viel gemeinsam unternahm. Vielleicht hielten mich auch meine Kriegserfahrungen und mein Alter davon ab, in eine Verbindung einzutreten.

Seit dem Beginn des Studiums bin ich mit Paul Wollenweber befreundet. Wir bereiteten uns gemeinsam auf Prüfungen vor, absolvierten gemeinsam die mündliche Prüfung in Physikalischer Chemie und gestalteten vor allem unsere Freizeit gemeinsam. Wir hielten es nicht für gut - auch nicht in Prüfungszeiten -, von morgens früh bis abends spät zu büffeln. Morgens begannen wir zwar früh mit der Arbeit, aber abends musste immer Zeit sein für einen gemeinsamen Spaziergang, häufig mit zwei oder drei anderen Kommilitonen, mit denen wir auch manchmal sonntags in der Eifel wanderten. Es war die Zeit der jungen Bundesrepublik. Nicht selten verfolgten wir am Radio die Diskussionen des Bundestages und diskutierten die dort behandelten Themen in unserem kleinen Kreis weiter. 1956, während des Aufstandes in Ungarn, hörten wir Radio, wo es überhaupt nur möglich war. Vor der Wahl zum nordrhein-westfälischen Landtag am 27. Juni 1954 hatten die drei größten Parteien CDU, SPD und FDP namhafte Politiker zum Wahlkampf an die Technische Hochschule geschickt. Wir gingen zu allen Veranstaltungen. Franz-Josef Strauß zog nach meiner Erinnerung mit Blasmusik in das Auditorium Maximum der Hochschule ein und verließ es nach seiner Wahlrede wieder, ohne den Studenten die Möglichkeit zur Diskussion zu geben. Dreißig Jahre später hatte ich anlässlich der Westdeutschen Rektorenkonferenz in der Würzburger Residenz, in die Strauß als Ministerpräsident Bayerns zu einem abendlichen Konzert mit anschließendem Empfang eingeladen hatte, doch die Möglichkeit, einige Worte mit ihm zu wechseln. Hierüber berichte ich im Kapitel „Rektor der Fachhochschule Begbau".

Wie ich einem Brief aus der Studienzeit entnehme, gefiel mir damals von den uns vorgestellten Programmen das Programm der FDP am besten, nicht aber der Wahlauftritt ihres Vorsitzendes Thomas Dehler. In der Diskussion reagierte er auf Bemerkungen von uns Kommilitonen sehr ungehalten. Nach Dehler hörte ich mir mit meinem Studienfreund Martin Klatt Fritz Erler an, der später stellvertretender Vorsitzender der SPD und Vorsitzender der Bundestagsfraktion dieser Partei wurde. In besonderer Erinnerung ist mir geblieben, dass er nichts von Schulgeld und Studiengebühren hielt. Nach seiner Ansicht sollten alle *befähigten* jungen Leute ohne Zahlung von Gebühren eine weiterführende Schule oder Hochschule besuchen können. Auch die Kinder begüterter Eltern sollten keine Gebühren zahlen, denn sonst gäbe es zwei Klassen von Studenten. Vermögende Menschen solle der Staat finanziell so in Anspruch nehmen, dass er auch bei deren Kindern auf die Erhebung von Gebühren verzichten könne. Martin Klatt und ich setzten uns nach der Rede Erlers bis um 2 Uhr nachts hin und schrieben Erler einen Brief mit unseren Ansichten zu seinen Ausführungen. Erler beantwortete diesen Brief ausführlich.

Mit Paul Wollenweber unternahm ich mit einer 250er Zündapp eine Auslandsfahrt bis zum Ligurischen Meer. Die Beschaffung der Visa und der Einreiseerlaubnis für das Motorrad war 1953 trotz des Schumanplanes[10] immer noch eine umständliche Angelegenheit. Damit wir nicht bis zum Ende der Semesterferien auf diese Papiere warten mussten, fuhren wir zu den Konsulaten oder Botschaften der Länder, durch die wir hindurchreisen wollten, nämlich durch Luxemburg, Frankreich, Italien und die Schweiz. Für jedes Land mussten wir uns vor der Reise Devisen beschaffen, wobei ziemlich niedrige Jahreshöchstbeträge nicht überschritten werden durften. Jeder Tausch wurde unter Benutzung eines großen Stempels für eine „nichtgeschäftliche" oder „private Reise" in den Pass eingetragen. Wie umständlich die Grenzformalitäten waren, geht auch daraus hervor, dass sich in meinem ersten Reisepass, der einschließlich zweimaliger Verlängerung vom 9. Mai 1952 bis zum 8. Mai 1962 galt, trotz weniger Reisen allein 94 Stempel für Ein- und Ausreisen befinden.

Gleich beim Start in Zingsheim in der Eifel stellte Paul seine Qualitäten als Fahrer unter Beweis, indem er blitzschnell einem Huhn auswich, das unsere Reise vorzeitig beenden wollte. Nach einer Fahrt durch

---

[10] Der französische Außenminister Robert Schuman schlug auf Anregung J. Monnets die Bildung einer Europäischen Gemeinschaft für Kohle und Stahl - EGKS, Montanunion - vor. Diese wurde am 18.4.1951 von Belgien, der Bundesrepublik Deutschland, Frankreich, Italien, Luxemburg und den Niederlanden beschlossen. Der Vertrag trat als erster Vertrag der Europäischen Gemeinschaften am 23.7.1952 in Kraft.

Luxemburg und Teile Lothringens machten wir in der Jugendherberge Dijon Quartier. Für mich war diese Fahrt der erste Besuch Frankreichs. In der Herberge oder in deren Nähe hielten sich derart finstere Gestalten auf, dass Paul Angst hatte um das Motorrad und wir beide uns mit einem Messer unter dem Kopfkissen, das uns im Ernstfall doch nichts genutzt hätte, schlafen legten. [Über die Stadt Dijon, die ich außerdem 1997 und 1998 besuchte, habe ich - ebenso wie über Avignon - in Teil III meiner Erinnerungen berichtet]. Von Dijon aus unternahmen wir einen Abstecher nach Hoch-Savoyen. In der Jugendherberge Chamonix übernachteten wir zweimal, fuhren mit der Seilbahn auf den Mont d'Augil und wanderten am Fuße des Mont Blanc entlang. Weiter ging unsere Fahrt über Grenoble an der Isere entlang nach Valence. An diese Stadt habe ich eine freundliche, aber keine präzise Erinnerung, ich weiß nur noch, dass ich in der Rhone geschwommen bin und wegen der Strömung Schwierigkeiten hatte, ans Ufer zurückzukommen. Der nächste Tag brachte uns nach Avignon. Immer noch habe ich das Bild der vielbesungenen Brücke vor Augen, das sich uns bot, als wir, oberhalb des Palastes der Päpste sitzend, uns so gut wir es konnten in die wechselvolle Geschichte der Stadt hineindachten. Immerhin hatten die Päpste dort, in Abhängigkeit von Frankreich, von 1309 bis 1377 residiert. Am nächsten Tag erreichten wir mittags Marseille. Da wir nicht eingeplant hatten, diese große Stadt eingehend zu erforschen, begnügten wir uns mit einer Rundfahrt auf unserem Motorrad und fuhren weiter nach La Ciotat, wo wir in einer wunderschönen Bucht schwammen, faulenzten und uns mit anderen jungen Leuten unterhielten. Die beiden nächsten größeren Städte auf unserer Fahrt, Cannes und Nizza, waren für uns Motorradler nicht zum Verweilen geeignet. In Nizza spazierten wir lediglich ein Stündchen auf der Promenade des Anglais. Wohler fühlten wir uns in Bordighera an der italienischen Blumenriviera, und auch San Remo war mehr nach unserem Geschmack. Wiederum nicht zugesagt hat uns Genua, vielleicht weil wir nur einen wenig attraktiven Bereich der Stadt in der Nähe des Hafens kennen lernten und weil wir Schwierigkeiten mit dem Motorrad hatten, in dem einige Speichen zu Bruch gegangen waren. Außerdem belästigte uns ein etwa zwölfjähriger Junge, der nicht davon abließ, uns seine Schwestern anzupreisen. Zu der weiteren Fahrt fällt mir nur noch ein, dass wir uns Mailand ansahen und die Alpen überquerten und dass Paul einige Kilometer vor dem Endpunkt unserer Reise ein Strafmandat zahlen musste, weil sein Nummernschild verdreckt war.

Einige Male unternahmen Paul und ich etwas gemeinsam mit unseren Freundinnen. Mit Margot, Pauls Freundin, und Gisela erlebten wir 1955 in der Aachener Soers beim internationalen Reitturnier, wie Hans-

Günter Winkler Weltmeister der Springreiter wurde. Einen harmonischen Nachmittag verbrachten wir vier bei Margots Eltern in der Nähe von Münstereifel. Als die Bäume uns am späten Nachmittag auf der Terrasse die wärmende Sonne nahmen, zogen wir um auf einen Balkon im Obergeschoss, auf dem es uns auch nach Sonnenuntergang nicht schnell kalt wurde, denn Margots Vater, ein Förster, hatte uns einen vorzüglichen Wein kredenzt. Paul und Margot waren 1957 eines unserer beiden Brautführerpaare. Kurz nach uns heirateten Paul und Margot. Margot schenkte drei Kindern das Leben. 1972 war für Paul ein Jahr der Verzweiflung; nach einer einfachen Unterleibsoperation erwachte Margot, die man unmittelbar nach der Operation in ihrem Krankenzimmer sich selbst überlassen hatte, nicht aus der Narkose. Nach einigen Jahren heiratete Paul Margots Freundin Ruth.

Mit meinem Kommilitonen Martin Klatt nahm ich 1955 eine Woche vor der Verlobung mit Gisela an einer Jugendtagung im Internationalen Haus Sonnenberg bei St. Andreasberg im Oberharz teil, in der besonders Jugendliche aus Großbritannien, Dänemark und der Bundesrepublik Deutschland Gelegenheit zum Gedankenaustausch bekommen sollten. Kurz vor dieser Fahrt hatte ich mir für die Fahrten zu meinen Ferienarbeitsstätten ein altes 98er Herkules Motorrad gekauft, das man auch als Fahrrad mit Hilfsmotor (Mofa) bezeichnen konnte. Es hatte einen so hohen Beifahrersitz, dass der Beifahrer, ohne sich zu recken, gut über den Fahrer hinwegsehen konnte. Um Fahrgeld zu sparen, hatte ich Martin angeboten, mit mir mit diesem Fahrzeug in den Harz zu fahren. Die Fahrt war zwar nicht luxuriös, aber wir sind gut im Harz und auch wieder gut zu Hause angekommen. An den Berghängen des Harzes musste ich allerdings einige Male den Motor mit Pedalkraft unterstützen, und einmal reichte auch das nicht aus, sodass Martin neben dem Rad hergehen musste. Von der Tagung ist mir in Erinnerung geblieben, dass wir jeden Morgen mit Melodien aus Tschaikowskis Nussknacker-Ballettsuite geweckt wurden, dass wir einerseits in fröhlichen Gruppen gewandert sind und dass andererseits Seminare von Funktionären einer staatstragenden Partei, die möglicherweise die Tagung finanziert hatte, zur Parteiwerbung missbraucht wurden. An jedem Abend, bis auf den Abschlussabend, hörten wir Vorträge, über die wir meist bis gegen Mitternacht diskutierten. [Im Jahr 2003 bin ich mit Gisela und Schülern der Grubensteigerklasse D 1960/63 wieder einmal zum Sonnenberg gewandert.]

Nach dem Studium - 1961 - nahm ich mit Martin an einer kohlenwissenschaftlichen Tagung in Le Touquet in der Normandie teil. Ich war mit Gisela über Paris mit unserem VW-Käfer angereist, Martin mit seiner Frau Christa mit seinem Auto. Etwa 100 km vor unserem Ziel flog mir von einem Lkw ein Stein vor die Windschutzscheibe. Schlagartig war ich geblendet. Die Windschutzscheibe bestand aus abgeschrecktem, also vorgespanntem Glas, in dem durch den Schlag tausend Risse auftraten, das aber seine Gesamtform beibehielt. Da ich gegen die Sonne fuhr, reflektierten die Rissflächen derart stark, dass ich durch die zentrale kleine Kreisfläche, die entsprechend dem Konstruktionsprinzip der Scheibe nicht zersprungen war, zu wenig sehen konnte. Ich schlug deshalb die Scheibe ganz hinaus. In der VW-Werkstatt am Ort gab es keine passende Ersatzscheibe, aber in einem 50 km entfernten Lager sei eine zu haben. Der Mechaniker schrieb mir auf, welches Modell ich brauchte, und Martin war sofort bereit, mit mir mit seinem Wagen die Scheibe abzuholen. Als wir nach einigen Stunden zurückkamen, passte die Scheibe nicht. Wir banden sie deshalb etwa dort fest, wo sie hingehörte. Erst bei der Heimfahrt ließ ich mir in Arras eine neue Scheibe einbauen. Martin und seine Frau Christa besuchte ich danach einmal in Brüssel, wo Martin bei der Firma Solvay tätig war. Zuletzt sah ich die beiden bei der Beerdigung der Ehefrau unseres gemeinsamen Kommilitonen Paul Wollenweber im Jahre 1972.

Die ACHEMA, die **A**usstellungstagung für **Chem**isches **A**pparatewesen, ist für Chemiker, die in verfahrenstechnischen Betrieben arbeiten, sehr wichtig. Da ich während meiner Kokereitätigkeit keinen einzigen Tag für einen Besuch der Frankfurter ACHEMA freigestellt wurde, nahm ich 1950 an einem Samstag einen Urlaubstag von meinen damals insgesamt zwölf Tarifurlaubstagen und fuhr am Wochenende auf eigene Kosten zur Messe. 1953 nahm ich als Student an der ACHEMA teil. In einer Nacht ich nach einem Besuch Sachsenhausens auf der Fahrt zu meinem Quartier allein mit einem Herrn in der Straßenbahn. Wir kamen in ein Gespräch, und es stellte sich heraus, dass der Herr der Betriebsführer Brunne der Alsdorfer Kokerei Anna war und wie ich die ACHEMA und Äppelwoilokale in Sachsenhausen besucht hatte. Als ich ihm etwas über meinen beruflichen Werdegang erzählt hatte, berichtete er mir einiges über ein Problem auf seiner Kokerei, mit dem ich mich, wenn ich wolle, in den nächsten Semesterferien beschäftigen könne. Er müsse im Sommer bei warmem Wetter etwa ab zehn Uhr unmittelbar an den Koksöfen Rohgas abfackeln. Das bedeutet nicht nur einen wirtschaftlichen Verlust, sondern auch eine ganz erhebliche Umweltbelastung. Wenn ich mich recht erinnere, fand dieses Straßenbahngespräch kurz vor der Aufnahme meines Hochschulstudiums statt. Jedenfalls schrieb ich in einem Brief an meine Freundin vom 30. Januar 1953, dass ich den Betriebsführer auf der Kokerei Anna in Alsdorf besucht und er mir eine sehr gut dotierte Stelle angeboten habe. Da jedoch ein Abbruch des Studiums für mich nicht in Frage kam, hatten wir uns darauf geeinigt, dass ich mich in den Semesterferien seiner Probleme annehmen würde. Für die Ferienarbeit konnte er mir allerdings nur den Handwerkerlohn anbieten. Gleich zu Beginn der 1953er Sommerferien zog ich nach Alsdorf in ein gutes und preiswertes Privatquartier, das mir Herr Brunne bei seinem Mitarbeiter Becker vermittelt hatte.

Das von mir zu bearbeitende Problem schildere ich kurz, allerdings in kleinem Kursivdruck, damit nicht sonderlich an technischen Dingen interessierte Leser leicht erkennen können, wo dieser Bericht endet.

In den Koksöfen einer Kokerei werden Steinkohlen erhitzt. Dabei wandeln sich die Kohlen um unter Bildung von Koks und großen Mengen eines gelbgrünen Gemisches aus Gasen und Dämpfen, in das sogenannte Rohgas. Über jedem Ofen befindet sich ein Rohr, ein Steigerohr, in dem das Rohgas aufsteigt. Von den Steigerohren strömt das Rohgas jeweils durch ein Kniestück in ein waagerecht liegendes an beiden Enden verschlossenes Rohr, die sogenannte Vorlage. In der Regel ist etwa in der Mitte der Vorlage eine Leitung angesetzt, durch die das Rohgas und flüssige Produkte abströmen können. Diese Leitung wird Gas-Wasser-Leitung genannt. Das Rohgas hat in den mit feuerfesten Steinen ausgemauerten Steigerohren eine Temperatur von etwa 800°C. Würde es nicht gekühlt, würde der Stahl der Vorlage und der Gas-Wasser-Leitung weich, und vor allem würde sich im Leitungssystem Pech absetzen, das schließlich das gesamte System verstopfen würde. Damit die Temperatur des Rohgases sinkt und sich nicht nur zähes Pech abscheidet, sondern auch leichtflüssigere ölige Produkte kondensieren, in denen sich das Pech auflöst, wird in die Kniestücke der Steigerohre Umlaufwasser eingespritzt.

Auf der Kokerei Anna musste damals bei warmem Wetter häufig Rohgas abgefackelt werden. Unter Abfackeln von brennbaren Gasen versteht man, dass man diese einfach in die Atmosphäre austreten lässt und entzündet. Dieser Übelstand war darauf zurückzuführen, dass bei den bestehenden Bedingungen nicht das gesamte Rohgas durch die Gas-Wasser-Leitung abgeführt werden konnte. Ich nahm zunächst an, dass die Temperatur des Rohgases zu hoch und deshalb sein Volumen zu groß sei. Zur Überprüfung dieser Annahme maß ich an vielen Stellen die Temperatur. Dabei war ich Temperaturen von meist über 50°C und den aus Undichtigkeiten austretenden Gasen ausgesetzt. Außerdem wiesen mich einige Steiger und Koksmeister häufig auf die Sinnlosigkeit meiner Bemühungen hin, denn sie hätten alles schon versucht. Tatsächlich lag die Rohgastemperatur, wie ich vermutet hatte, am Eingang in einige Gas-Wasser-Leitungen über 200°C. Vergeblich ver-

suchte ich, durch ein weiteres Aufdrehen der Wasserventile an denjenigen Kniestücken, durch die das Rohgas über die Vorlage in die zu heißen Leitungen strömte, die Temperatur zu senken. Dieser Misserfolg schien dadurch bedingt zu sein, dass die Umlaufwasserleitung einfach nicht mehr Wasser hergab. Deshalb drosselte ich die Wasserzufuhr an den Stellen, an denen das ohne Temperaturanstieg möglich war. In die zu heißen Kniestücke spritzte dadurch mehr Wasser, die Rohgastemperatur fiel dadurch ab und das Gasvolumen verringerte sich. Aber es musste immer noch Rohgas abgefackelt werden, wenn auch nicht mehr so viel wie vorher. An einem Konstruktionsfehler konnte dieses Ärgernis nicht liegen, denn einige Jahre vorher waren bei gleichem Durchsatz gleichartiger Kohle nie Schwierigkeiten aufgetreten.

Die Leitung, die ich als Gas-Wasser-Leitung bezeichnete, wird häufig auch Rohgasleitung oder Gassammelleitung genannt. Wenn man eine der beiden letztgenannten Benennungen gebraucht, denkt man oft nicht daran, dass durch diese Leitung auch Flüssigkeiten fließen. Normalerweise ist der Anteil gering, den der Flüssigkeitsstrom am Gesamtquerschnitt der Leitung einnimmt. Durch Messungen ermittelte ich, dass dies auf der Kokerei Anna nicht der Fall war. Wenn es mir also gelänge, den Flüssigkeitsanteil zu verringern, dann bestünde die Hoffnung, dass nicht mehr gefackelt zu werden brauchte. Deshalb minimierte ich die Wassereinspritzung, so weit wie es ohne Anstieg der Rohgastemperatur möglich war. Da dies keinen eindeutigen Effekt brachte, nahm ich mir die Kopfspülung der Vorlagen vor. Wie schon dargelegt, sind die Vorlagen an beiden Enden verschlossene Rohre, in die das Rohgas aus den Koksöfen strömt. In den Vorlagen kann es zu Teerabscheidungen kommen, durch die sich der freie Querschnitt in der Vorlage vermindert. Um solche Abscheidungen zu beseitigen oder von vornherein zu verhindern, besteht die Möglichkeit der Kopfspülung, d.h. an beiden Enden jeder Vorlage befindet sich ein Ventil, durch das Umlaufwasser mit kräftigem Druck auf den Boden der Vorlage gespritzt werden kann. Es zeigte sich, dass die meisten Kopfspülungen zu stark eingestellt worden waren, weil man geglaubt hatte, die Vorlagen säßen weitgehend zu. Durch Drosselung dieser Spülungen wurde in der Gas-Wasser-Leitung wieder ein größerer Querschnitt für den Gastransport frei, und es brauchte kein Gas mehr abgefackelt zu werden. Später wurden die Kopfspülungen sogar ganz abgesetzt, ohne dass innerhalb der 14 Tage, die ich noch auf der Kokerei war, in den Vorlagen erkennbare Teeransätze auftraten.

Diese Umstellung brachte auch andere Vorteile. Da weniger Umlaufwasser umgepumpt wurde, war weniger Pumpenleistung erforderlich, und deshalb konnte eine Pumpe stillgelegt werden. Diese stellte nun eine vorher nicht vorhandene Reserve dar. Die monatlichen Einsparungen an Stromkosten lagen bei 3 000 DM, das war so viel, wie ich vier Jahre später brutto in einem Vierteljahr verdiente.

Bild 4: Blick über die Kokerei Anna, etwa 1953

Dem Betriebsführer war es nicht recht, dass er mir für meine erfolgreiche, jedoch sehr unangenehme Arbeit neben dem Handwerkerlohn nur eine Prämie von 2 DM je Schicht geben konnte. Er bot mir deshalb an, im ganzen folgenden Wintersemester bei ihm auf Mittagschicht zu arbeiten, um seine Akten zu ordnen und kleine betriebliche Aufträge zu übernehmen. Dieses für mich ideale Angebot nahm ich an. Morgens absolvierte ich an der TH meine Praktika und hörte die eine oder andere Vorlesung, und danach fuhr ich mit der Straßenbahn zur Mittagschicht nach Alsdorf. Meine Studentenbude an der Rütscherstraße kündigte ich, denn ich durfte nun günstig im Alsdorfer Casino des Eschweiler BergwerksVereins wohnen. Im Casino kegelte ich abends häufig mit Zechenangestellten, zu denen auch Dr. Wunderlich gehörte. Dieser hatte auf der Kokerei etwa die Funktion eines Inspektors. Mit ihm besprach ich ebenso oft wie mit dem Betriebsführer Brunne kokereitechnische Fragen.

Auf den Toiletten der Kokerei hingen anstelle besonderen Toilettenpapiers Zeitungen oder Zeitschriften aus. Im Heft vom Juli 1953 las ich in der schon im Kapitel Bergschulstudium angeführten Bergbau-Rundschau, dass diese wieder zu einem Preisausschreiben über „[...] eine Darstellung und kritische Betrachtung eines Betriebsablaufes [...]" aufgerufen hatte. Einreichungstermin war der 1. Oktober des Jahres, und der Kalender zeigte schon den 30. September. Ich kümmerte mich um nichts anderes mehr und schrieb so schnell wie möglich drei Aufsätze:

- Erkennung der vollständigen Absättigung von Phenolatlaugen durch ein kolorimetrisches Verfahren
- Umstellung einer Destillationsanlage von Frischdampf- auf Abdampfbetrieb
- Vorlagenspülung

Die beiden ersten Aufsätze befassten sich mit Arbeiten, die ich auf der Kokerei Monopol durchgeführt hatte. Um den dritten Aufsatz einreichen zu können, brauchte ich die Genehmigung des Betriebsführers, die mir dieser nach meinem Hinweis auf den Termin auch sofort erteilte. Im Dezember 1953 erhielt ich von dem insgesamt vergebenen Preisgeld in Höhe von 500 DM einen Anteil von 300 DM, und außerdem erschienen alle drei Aufsätze in der Dezembernummer der Zeitschrift. Auf der Kokerei bekam ich danach allerdings einigen Ärger mit den technischen Angestellten, die in der Hierarchie unterhalb des Betriebsführers angesiedelt waren. Ich hatte nämlich mit Blick auf diejenigen Angestellten, die meine Arbeit durch unfreundliche Kommentare erschwert hatten, geschrieben, dass die guten Ergebnisse entgegen den Voraussagen einiger Mitarbeiter, die „alles schon versucht" hatten, erzielt worden seien. Nun ja, dies war eine meiner Jugendsünden. Der Maschinendirektor des Eschweiler BergwerksVereins, Dr. Albrecht Haake, ist in einem Dankschreiben vom 28. Oktober 1954 nicht auf diese eingegangen.

Zu Beginn meiner Tätigkeit auf der Kokerei Anna nahm der französische Student Stanislas Gasiorowski dort eine Tätigkeit als Praktikant auf. Sein Vater war Chef des größten französischen Düngemittelkonzerns, und der Sohn sollte u.a. erfahren, wie das damals sehr wichtige Düngemittel Ammonsulfat hergestellt wurde. Stany und ich freundeten uns an. Stany lernte durch mich die Kohleverkokung kennen und ich durch ihn Shampoo und Rasiercreme. Außerdem sah ich beim gemeinsamen Umziehen in der Waschkaue erstmals einen Mann in seidener Unterwäsche. Stany begleitete mich gelegentlich während der Dienstzeit bei der Durchführung meiner Untersuchungen, meist trafen wir uns jedoch erst nach Feierabend.

1954 lud er mich für 14 Tage in sein Elternhaus nach Paris ein. Da hier er derjenige war, der arbeiten musste, unternahm ich meine Erkundungstouren durch die Stadt hauptsächlich allein. Am französischen Nationalfeiertag, dem 14. Juli, stand ich allerdings gemeinsam mit ihm und einigen seiner Freunde auf dem Balkon des Büros seines Vaters an den Champs-Élysées und sah mir die eindrucksvolle Militärparade an. Mit ihm fuhr ich auch an einem Sonntag zu einem Pferderennen in Longchamp im Bois de Boulogne. Von diesem Rennen habe ich neben dem festlich-fröhlichen Rahmen einen Unfall in Erinnerung, der mir auf den Magen schlug. Ein Pferd hatte sich bei einem Sprung über ein Hindernis so verletzt, dass ein Unterschenkel eines Vorderbeines bei angezogenem Oberschenkel wie nur noch angebunden herunterhing und das Pferd auf drei Beinen weiterlief. Durch Einladungen von Stanys Freunden bekam ich einen guten Einblick in das Leben französischer Familien. Einige Wanderungen unternahmen Stany und ich mit Michelle, mit der er bald Goldene Hochzeit feiern wird. Ich hätte meinen Pariser Aufenthalt noch mehr genossen, wenn ich in der Lage gewesen wäre, mich auf Französisch zu verständigen.

Von Paris aus fuhr ich mit Stany in einem Citroen in das Landhaus seines Vaters nach Nordfrankreich. Glücklicherweise sprach der Vater, dessen Vorfahren wohl aus Polen stammten, ein sehr gutes Deutsch. Unser Hauptthema war die Entwicklung guter deutsch-französischer Beziehungen.

Stanys Vater ließ mich nach meinem Aufenthalt in der Normandie von seinem Fahrer nach St. Quentin bringen. Dort stieg ich in ein Zugabteil ein, in dem allein eine junge Französin saß. Da sie Deutsch sprach, konnte ich mich gut mit ihr unterhalten. In München-Gladbach - jetzt Mönchen-Gladbach - musste sie aussteigen, kannte sich dort aber gar nicht aus. Deshalb stieg ich mit ihr aus und brachte sie zu einem Bus oder einer Straßenbahn. Als ich wieder zum Bahnsteig gehen wollte, musste ich, wie damals in ganz Deutschland üblich, an der Eingangssperre meine Fahrkarte vorzeigen. Das tat ich, und da ich noch eine zweite Karte hatte, die ich für „abgefahren" hielt, warf ich diese in einen an der Sperre befindlichen Papierkorb. Zwischen Essen und Bochum sah sich ein Zugkontrolleur meine Karte an, machte einen Strich auf die Rückseite und gab sie mir zurück. Zufällig blickte ich auf die Karte und sah, dass es sich um die nicht mehr gültige Karte von Paris nach Aachen handelte. Die gültige Studenten-Rückfahrkarte von Aachen nach Kamen hatte ich versehentlich in München-Gladbach statt der abgefahrenen Karte in den Papierkorb geworfen. Ich rief den Kontrolleur zurück und stellte ihm die Situation dar. Er erwiderte darauf, er habe mich ohne gültigen Fahrausweis angetroffen und werde mich in Dortmund bei der Bahnpolizei abliefern. Den Bahnpolizisten legte ich dar, dass an der Sperre in München-Gladbach und von dem Kontrolleur die Fahrkarte für gültig befunden worden sei, und der Kontrolleur erst nach meinem Hinweis auf mein Versehen festgestellt habe, dass die Fahrkarte nicht gilt. Ein Bahnpolizist rief daraufhin am Kamener Bahnhof an und forderte den Aufsichtsbeamten auf, mich als Schwarzfahrer in Empfang zu nehmen. Immerhin durfte ich ohne Polizeibewachung nach Kamen fahren. Dort hatte ich den Eindruck, dass man mir glaubte. Der Aufsichtsbeamte rief in München-Gladbach an und erhielt nach zwei Minuten die Meldung, dass sich die Fahrkarte in dem angegebenen Papierkorb befunden habe und man sie auf dem Bahnwege nach Kamen schicken werde. Ich hatte mich überhaupt nur bei dem Kontrolleur gemeldet, weil ich mit der Fahrkarte aus dem Papierkorb noch von Kamen zurück nach Aachen fahren wollte.

1961 sah ich mit Gisela Stany und Michelle wieder, als wir auf der schon erwähnten Fahrt nach Le Touquet auf ihre Einladung in Paris Zwischenstation machten. Beide waren nun verheiratet. Aus irgendeinem Grund rief Stany während unseres Besuches in der Pariser Wohnung seiner Eltern an, wo sich die mir bekannte Haushälterin meldete. Auf meinen Wunsch grüßte Stany sie von mir. Um mich sicher einordnen zu können, fragte sie Stany, ob ich derjenige sei, der mittags schon immer so viel Rotwein getrunken habe.

1980 - neunzehn Jahre danach - nahm ich mit meinem Beitrag „Ausbildung von Ingenieuren für den Bergbau" an einer Tagung der „SOCIETE EUROPEENNE POUR LA FORMATION DES INGENIEURS" (SEFI) in Paris teil. Gisela und ich wohnten in einem Studentenheim. Wir hatten aber einige Male Gelegenheit, uns mit Stany und Michelle zu treffen. Danach besuchten wir Gasiorowskis 1990 anlässlich einer Pariser Umwelttagung, die vom japanischen Nomura-Zentrum organisiert und von der UNESCO unterstützt worden war. Für Stanys und Michelles Gastfreundschaft konnten wir uns kaum revanchieren. Stany war lediglich einmal im Rahmen seiner beruflichen Tätigkeit bei uns, und seinen Sohn Stefan vertraute er uns in dessen Ferien für 14 Tage an. In diese Zeit fiel eine Konferenz der Rektoren der Fachhochschulen in Berlin. Wir nahmen Stefan mit, und so hatte er noch die Möglichkeit, die traurigen Verhältnisse im geteilten Deutschland kennen zu lernen.

Stany hatte große berufliche Erfolge. Seinem Vater folgte er auf den Präsidentenstuhl des Düngemittelkonzerns, dann übernahm er die

Präsidentschaft des größten französischen Papierkonzerns, der auch Fabriken in Deutschland besitzt. Mit seiner Gesundheit war es zeitweilig sehr schlecht bestellt. Mehrmals musste er sich am Herzen operieren lassen. 2002 waren Gisela und ich wieder in Paris. Da wir nur sehr wenig Zeit hatten, luden wir ihn und Michelle zu einem Abendessen in ein Restaurant ein und hatten dabei Gelegenheit, einander zu berichten, was uns in den letzten zwölf Jahren widerfahren war.

Zur selben Zeit wie Stany lernte ich während meines Studiums einen Kommilitonen mit dem Namen Ali Khan kennen. Auf seinen Wunsch bildete ich mit ihm im physikalisch-chemischen Praktikum eine der üblichen Zweiergruppen. Pro forma führten wir alle Versuche gemeinsam durch, tatsächlich machte ich alles, und er übernahm nur meine Ausarbeitungen. Ich half ihm auch in anderen Dingen und ging öfter mit ihm aus. Aber schließlich entfremdeten wir uns doch, vor allem, weil ich seine dauernde Nörgelei über die Verhältnisse in Deutschland nicht mehr hören mochte.

Als ich 1952 in Aachen mein Studium aufnahm, waren die Einrichtungen der TH kriegsbedingt noch sehr unvollständig. Ich konnte zwar alle möglichen Vorlesungen hören, aber erhielt zunächst keinen Laborplatz für die erforderlichen Praktika. Aus meinem mir noch vorliegenden Praktikumsbuch geht hervor, dass ich zur Durchführung der anorganischen Analysen erst zum Ende des zweiten Semesters einen Arbeitsplatz bekam. Das Warten auf den Arbeitsplatz, aber auch die Durchführung der Analysen bedeuteten für mich z.T. vertane Zeit, denn die meisten Analysen hatte ich schon während meiner Laborantenlehre oder meiner Ausbildung an der Essener Ingenieurschule durchgeführt. Diese Analysen wurden jedoch an der Aachener TH nicht anerkannt. Wertvolle Zeit haben mich auch Fehler von Assistenten, die die zu analysierenden Proben mischen mussten, gekostet, z.B. wenn ein richtiges Analysenergebnis als falsch zurückgewiesen wurde. Man konnte das Ergebnis einmal korrigieren; wenn es dann immer noch falsch war, bekam man eine andere Probe. Nach tagelangen Bemühungen fand ich in einem Fall bei einem zurückgewiesenen Analysenergebnis nichts anderes als vorher. Der Assistent teilte mir mit, die Probe habe Aluminium enthalten, und ich hätte dieses nicht gefunden. Aber auch nach dieser Eröffnung konnte ich kein Aluminium finden, der Assistent übrigens auch nicht. Die Analyse erkannte er an, aber ich hatte eine Woche verloren. Ein anderes Mal hat mir ein Assistent eine Mischung organischer Stoffe zu analysieren gegeben. Als er merkte, dass ich die Stoffe, die er gemischt hatte, trotz intensiver Untersuchung nicht fand, kam er zu mir, und nach eingehender Diskussion waren wir der Ansicht, dass ich sie möglicherweise gar nicht mehr finden konnte, weil sie wahrscheinlich in dem Probengefäß miteinander reagiert hatten. Ob er mir die Analyse anerkannt hat, weiß ich nicht mehr. In Folge der beengten Arbeitsverhältnisse kam es auch vor, dass noch nicht ganz fertige Präparate durch eigene Unachtsamkeiten oder solche von Kommilitonen verunreinigt wurden. Als ich zum Beispiel ein Literaturpräparat, an dem ich einige Wochen gearbeitet hatte, nur noch aus einer Lösung auskristallisieren musste, explodierte meinem Tischnachbarn ein Gefäß, und in meinen in einer offenen Schale stehenden Ansatz spritzten seine Produkte. Es gelang mir zwar, mein Präparat von den explosionsbedingten Verunreinigungen zu befreien, jedoch auf Kosten der Ausbeute, das heißt, die Ausbeute war in Folge der beim Reinigen auftretenden Verluste so gering, dass der Versuch nicht anerkannt wurde. In der Woche nach meiner Verlobung arbeitete ich erfolglos, weil mir die Hilfskraft Benzol anstelle des erforderlichen Ausgangsproduktes Toluol gegeben hatte. Das bemerkte ich erst, als mein Endprodukt nicht die erwarteten Eigenschaften aufwies. Für diese Versuche brauchte man nicht nur viel Zeit, sondern auch viel Geld, denn wir Studenten mussten alle Ausgangsprodukte und sehr häufig auch die erforderlichen Geräte selbst kaufen. Diese Kosten waren nicht in den vorher genannten Studiengebühren enthalten. Mit entsprechendem Abschlag konnten man die Geräte allerdings oft an seine Nachfolger im Praktikum veräußern.

Die oben gebrauchte Bezeichnung „Literaturpräparate" ist für solche Präparate üblich, für deren Herstellung man in den „Kochbüchern" - das sind im Studium gebräuchliche Bücher, in denen Verfahren zur Herstellung der gängigen Präparate beschrieben sind - keine Arbeitsanweisung findet. Man muss sich deshalb aus der Literatur geeignete Verfahren heraussuchen. Das ist heute mit dem Computer unvergleichlich viel einfacher als es früher war. Damals musste man sich unter Umständen, vor allem wenn die Herstellung der Präparate über mehrere Zwischenstufen verlief, erst einmal aus der Fernleihe der Hochschule entsprechende Bücher beschaffen, und die Beschaffung konnte lange dauern.

Die Arbeitsplätze in den Praktika standen uns meist nur zu bestimmten Zeiten zur Verfügung. Wenn in der Zwischenzeit keine uns interessierende Vorlesungen gehalten wurden, hatten wir Zeit für anderes. Ich absolvierte deshalb zwei zusätzliche Praktika, die eigentlich für Bergleute angeboten wurden, nämlich in Mikroskopie und in Kohlenpetrographie. In einem Kohlenpetrographischen Arbeitskreis war ich bis zur Jahrtausendwende tätig.

Viel Zeit brauchte ich auch für die Bahnfahrt von Kamen nach Aachen und zurück. Nicht selten musste ich in Dortmund, Duisburg und München-Gladbach umsteigen und war dann, abgesehen von den zusätzlichen Fußwegen, bis zu sechs Stunden unterwegs. Häufig waren wegen Zugverspätungen die Anschlusszüge weg. Meine Freundin Gisela und ich sahen uns nur etwa alle drei Wochen. Neben der langen Fahrzeit waren auch die Fahrtkosten nicht bedeutungslos. Wir schrieben uns sehr häufig, eine Zeitlang in Englisch, das ich im Gegensatz zu Gisela nicht in der Schule gelernt hatte, aber brauchte. Telefoniert haben wir niemals miteinander, denn ein Telefon stand weder Gisela noch mir zur Verfügung.

Zu der Zeit wurde, wie ich im Kapitel „Bergschulstudium" dargestellt habe, nicht nur vom Lohn ein „Notopfer Berlin" abgezogen, sondern auf jeden Brief war eine 2-Pfennig-Notopfermarke zu kleben. Ich bekam einmal einen Brief mit folgendem Aufkleber zurück: „An Absender zurück. Notopfermarke fehlt. Bitte Marke aufkleben." Ich klebte zwar auf diesen Brief eine Notopfermarke, aber verzichtete weiterhin auf dieses Opfer und auch auf die Angabe des Absenders. Die Briefe kamen dennoch an; der Adressat wurde nicht zur Kasse gebeten.

Dass ich mit meinem Geld sparsam umgehen musste, entnehme ich einem Brief vom 29. September 1953 an meine Freundin Gisela, in dem ich sie scherzhaft um Genehmigung meines Etats für den Monat Oktober bitte:

Miete	32 DM	im Casino Anna
Mittagessen	32 DM	im Ledigenheim der Zeche
Abendessen	66 DM	im Casino Anna, einschl. 1 Glas Bier
Frühstück	30 DM	einschl. Butterbrote für die Arbeit
Zigaretten	18 DM	das entsprach etwa 6 Zigaretten je Tag
Kegeln	12 DM	alle 2 Wochen im Casino mit Kollegen
Post	4 DM	Briefporto 20 Pfennig
Sonstiges	6 DM	
Summe	200 DM	

Ziemlich bald nach der Aufnahme meines Studiums bemühte ich mich um einen Führerschein der Klasse drei, also für Pkws. Die Fahrschulen waren zu der Zeit in Aachen überlaufen, nicht zuletzt, weil sie für Studenten besonders günstige Tarife anboten. Für meinen Führerschein musste ich insgesamt 80 DM berappen, hatte allerdings nur vier Fahrstunden zu je 20 Minuten. Nicht weil ich etwa ein besonders begabter Autofahrer war, musste ich mich mit der kurzen Zeit begnügen, sondern weil der Fahrlehrer nicht mehr Zeit bei seinem Festpreis kalkuliert hatte. Dass ich noch nicht richtig fahren konnte, bemerkte ich fünf Jahre später, als Gisela und ich unser erstes Auto, einen Käfer, kauften. Vor der Pkw-Anmeldestelle in Unna lag ein Parkplatz mit Parkstreifen, die ich jetzt als ungewöhnlich breit bezeichnen würde. Aber ich musste fünfmal zurücksetzen, bevor ich den Käfer ordentlich eingeparkt hatte. Den Führerschein erhielt ich übrigens an Giselas 18. Geburtstag, den 10. März 1953.

Nach dem Erhalt des Führerscheins hätte ich mir zwar ein gebrauchtes Auto kaufen können, aber dann hätte ich keine finanziellen Reserven mehr gehabt. Um Gisela und meine Familie zu besuchen, nahm ich die für eine Fahrt von Kamen nach Aachen erforderliche Zeit von knapp sechs Stunden in Kauf. Wenn ich mich Giselas Wohnung näherte, meldete ich mich durch Pfeifen des Walzermotivs aus Tschaikowskys italienischem Capriccio an. Als wir uns später einen Plattenspieler angeschafft hatten, erstanden wir als eine der ersten Platten eine Aufnahme dieser Komposition. Gisela, die auf dem Kamener Bergwerk Monopol als Sekretärin eines Bergwerksdirektors arbeitete, musste mehr als vier Jahre lang während der Vorlesungszeit, abgesehen von den kurzen dreiwöchentlichen Besuchen, auf ihren Freund und späteren Verlobten verzichten. Das dürfte ihr besonders schwergefallen sein, wenn sie an lauschigen Frühlingsabenden andere junge Pärchen durch die Kamener Fluren spazieren sah.

In den Semesterferien suchte ich mir immer einen Arbeitsplatz, auf dem ich besonders viel lernen konnte. Das Einkommen in den Ferien war zwar nicht unwichtig für mich, aber weniger bedeutend als die Möglichkeit, Erfahrungen zu sammeln. Da auf der Kokerei der Zeche Königsborn III/IV in Bönen, etwa zehn Kilometer östlich von Kamen, einige Anlagen installiert waren, die ich nicht kannte, arbeitete ich einmal dort. Um Fahrzeit zu sparen, kaufte ich mir ein Moped der Firma Zündapp, das mein Bruder nach den Semesterferien verabredungsgemäß übernahm. Mit diesem Moped war ich mit Gisela einige Male unterwegs, u.a. besuchten wir ihre Verwandten in Detmold. Einer von uns beiden konnte mit dem Moped, der andere musste mit dem Fahrrad fahren. Da Gisela keine Erfahrungen mit Motoren hatte, kam für sie nur das Fahrrad in Frage. Damals konnte man noch viele kaum befahrene Wege finden, und solche Wege suchten wir uns für unsere Fahrten aus. Wenn immer möglich, nahm ich, auf dem Moped fahrend, Gisela an die Hand und zog sie mit.

1953, als ich während der Semesterferien auf der Kokerei Anna arbeitete, war Gisela mit mir für eine etwas längere Zeit mit nach Alsdorf gekommen. Ich erinnere mich daran, dass wir die Fahrt in Düsseldorf unterbrochen hatten, um uns die Stadt anzusehen. Weil der Anschluss von Düsseldorf ungünstig war, hatten wir am späten Abend viel Zeit, am Rheinufer spazieren zu gehen.[11] Am nächsten Morgen kamen wir in Alsdorf an. Gisela quartierte sich bei denselben Wirtsleuten wie ich ein. Wir fühlten uns dort sehr wohl, aber ich war wohl etwas verklemmt, denn als die Wirtin mich bat, meine Braut, die Bezeichnung gebrauchte sie bei der Gelegenheit zum ersten Mal, mit auf mein Zimmer zu nehmen, weil sie in Giselas Zimmer einen katholischen Geistlichen aufnehmen wollte, stimmte ich nicht zu. Die Zeiten haben sich geändert.

1954 unternahm ich mit Gisela eine mehrtägige Wanderung durch das Sauerland, über die ich im Kapitel „Gisela" meiner Familienchronik berichtet habe. Nach dieser Wanderung stieg ich in das Vorexamen ein. Für das Vorexamen mussten wir Studenten uns um Termine bemühen, die alle in einem Zeitraum von 14 Tagen liegen sollten. Heute ist das Vorexamen *entzerrt*, das heißt, dass sich die Prüfungen zur Entlastung der Studenten auf einen längeren Studienabschnitt verteilen.

Dies war mein mit den Professoren abgesprochener Plan::

Freitag,	15.10.1954	Anorganische Chemie
Montag,	18.10.1954	Physik
Samstag,	23.10.1954	Mineralogie, Klausur
Montag,	25.10.1954	Mineralogie, mündlich
Mittwoch,	27.10.1954	Verfahrenstechnik
Freitag,	29.10.1954	Organische Chemie

In einigen Fächern, z.B. in Mathematik, waren wir schon vorher geprüft worden.

Für die Prüfung in Physikalischer Chemie, deren Termin sich nicht in meiner Liste befindet, hatten Paul Wollenweber und ich uns gemeinsam angemeldet. Als wir in das Institut kamen, sagte uns der Assistent, Professor Jenckel sei aus bestimmten Gründen indisponiert, und er würde es begrüßen, wenn wir uns einen neuen Termin geben ließen. Wir wollten aber nicht unseren gesamten Prüfungsplan über den Haufen werfen lassen - bei einem neuen Termin wäre er möglicherweise auch wieder indisponiert gewesen - und baten ihn deshalb, uns zu empfangen. Er wollte uns gewiss nichts Übles, aber einige seiner Fragen kamen so unkonzentriert, dass wir zunächst gar nicht wussten,

---

[11] 1995 sind wir etwa die gleichen Wege mit unserer Tochter Katharina gegangen, die in einer Düsseldorfer Anwaltskanzlei arbeitete und in Kaiserswerth wohnte.

was er meinte. Aber wir bestanden die Prüfung. Vor der Prüfung in Organischer Chemie bei der mütterlichen Professorin Frau Dr. Maria Lipp hätte ich mich besser nach ihrer Art zu prüfen erkundigen sollen, als mich intensiv auf das Fach vorzubereiten. Sie schnitt mein ureigenstes Gebiet an, die Fischer-Tropsch-Synthese. Aber sie stellte hierzu kaum eine Frage, sondern beschrieb das Verfahren so intensiv, als sei sie der Kandidat und ich der Prüfer. Ich hätte ihr ins Wort fallen müssen, um zu zeigen, dass ich mich auch auskannte. Beim Hauptexamen kannte ich sie und reagierte entsprechend.

Mit meinem alten 98er Herkules-Motorrad fuhr ich in den 1954er Sommersemesterferien von Kamen nach Wanne-Eickel und im Winter nach Dortmund zur Arbeit. Das ehemalige Stickstoffwerk in Wanne-Eickel hatte ich mir ausgesucht, weil dort eine Anlage zur Herstellung von Polyäthylen nach dem Ziegler-Verfahren errichtet wurde, das im Gegensatz zu dem damals üblichen Verfahren die Polymerisation des Ethylens (neue Schreibweise) nicht bei Hochdruck, sondern bei Niederdruck durchführte. Ich bekam zwar im Labor eine interessante Arbeit, aber keine Möglichkeit, einen Einblick in die neue Anlage zu nehmen. Deshalb verdingte ich mich als Isolierer und umwickelte in der neuen Anlage Rohrleitungen mit Asbest- und Glaswolle. Der Bau der Anlage war aber noch nicht so weit fortgeschritten, als dass ich wesentliche verfahrenstechnische Prinzipien hätte erkennen können. In Dortmund arbeitete ich, wie schon während des Studiums an der Essener Ingenieurschule, durch Vermittlung meines väterlichen Freundes Georg von der Dunck in der Westfalenhütte. In einer Nacht kam ich nach der Mittagschicht in ein furchtbares Schneegestöber. In Methler-Breiten war in der Gaststätte Stoltefuß, die mir als Stammlokal des Sauerländischen Gebirgsvereins SGV bekannt war, noch Licht. Ich stellte mein Motorrad ab, ging in die Gaststätte und wurde zu meiner Freude von meinem Bruder und anderen Freunden aus dem SGV begrüßt. Einige Stunden später fuhr ich bei besseren Wetterbedingungen nach Hause.

Ein paar Worte möchte ich noch über meine Aachener „Studentenbuden" und „Speisehäuser" schreiben. Wie schon erwähnt, wohnte ich zunächst einige Monate in Würselen und dann, für etwa drei Semester, bei Frau Lauprecht in der Rütscherstraße. Als ich für ein Semester die freie Wohnung im Casino des Eschweiler BergwerksVereins in Alsdorf bekam, kündigte ich in der Rütscherstraße. Nach dem Alsdorfer Semester erhielt ich ein Zimmer bei der Familie Balda an der Krefelder Straße mit Toilette und Wasserhahn auf einer Zwischenetage. Morgens ging ich in der Regel noch im Schlafanzug auf diese Etage und brachte mir Wasser zum Kaffeekochen, Waschen und Rasieren mit. Der Weg zur TH war noch weiter als von der Rütscherstraße, aber die neue Wirtin im Alter meiner Mutter erwartete im Gegensatz zu Frau Lauprecht nicht, dass ich mich oft mit ihr unterhielt. Aber tatsächlich unterhielt ich mich gern mit ihr. Sie besaß ein umfassendes Wissen, den meinen entsprechende Ansichten und war außerdem sehr fürsorglich. Ebenso wie an der Rütscherstraße hatte das Zimmer noch Kriegsschäden, vor allem sehr undichte Fenster, die es mir im Winter erschwerten, eine einigermaßen angenehme Temperatur zu erreichen. Morgens heizte ich, bevor ich zur TH ging, um teure Kohle zu sparen den Ofen nicht an. An besonders kalten Tagen sorgte Frau Balda dafür, dass ich bei der Rückkehr von der TH in ein warmes Zimmer kam.

In den ersten drei Studienjahren ging ich samstags in das Städtische Badehaus im Stadtzentrum. Für 30 Pfennig konnte ich dort in einer Zelle mit etwa zehn Litern Wasser aus einem Hochbehälter duschen. Schon zu Beginn des Studiums hatte ich mich um einen Platz in einem Studentenheim beworben. Im siebten Semester erhielt ich ein Zimmer in dem Heim auf der Hörn, die an der Alten Maastrichter Straße liegt. Dort lebte ich recht komfortabel mit Waschbecken im Zimmer, Toiletten und Duschräumen sowie einer Gemeinschaftsküche auf der Etage. Für Wochenendgäste fand ich in der Regel leicht ein Zimmer, und zwar von dem einen oder anderen Kommilitonen, der zum Wochenende nach Hause gefahren war. Als mich einmal Gisela, mein Bruder Willi und seine Braut Ingrid gemeinsam besuchten, hatte ich die Zimmer mit großen Sträußen von Goldruten geschmückt, die am Studentenheim hinter einer Hecke wuchsen. Deren Duft wurde in der Nacht so unerträglich, dass ich sie hinauswerfen musste.

Nicht selten, vor allem, wenn ich Gäste hatte, kochte ich selbst, allerdings meist Spaghetti bolognese oder, nachdem ich einem indischen Kommilitonen seine Kochkünste abgesehen hatte, indische Eintopfgerichte. Zu Beginn des Studiums aß ich meist für 65 Pfennig in der Mensa. Um Freitischmarken für ein kostenloses Essen in der Mensa zu bekommen, konnte man sich einer Fleißprüfung unterziehen, die sich kaum von einer Examensprüfung unterschied. Wenn ich mich richtig erinnere, erhielt ich je Fleißprüfung 50 Marken.[12] In einem späteren

---

[12] Zum Vergleich: In den 80er Jahren konnten studierende Kinder von finanziell minderbemittelten Eltern vier Semester lang eine nicht rückzahlbare Unterstützung nach dem Bundesausbildungsförderungs-Gesetz BAföG in Höhe von einigen hundert Mark monatlich erhalten, ohne durch eine einzige Prüfung ihren Leistungs- oder Wissensstand nachweisen zu müssen. Außerdem brauchen die Studenten seit etwa

Stadium des Studiums stärkte ich mich seltener in der Mensa, sondern ging meist mit Paul Wollenweber und manchmal auch mit anderen Kommilitonen in eine Gaststätte. Degraa am Ring war bei Studenten recht beliebt. Besonders preiswert war der Limburger Hof gegenüber dem Hauptgebäude der Technischen Hochschule. Dort verzehrten wir insbesondere montags die Ochsenbrust, aus der am Sonntag eine kräftige Brühe gekocht worden war. Als ich gegen Ende des Studiums ein halbes Assistentengehalt bezog, kehrte ich mit meinen Kommilitonen ganz überwiegend in der Gaststätte Drei Türmchen ein, wo in der Regel für 2,50 DM ein wohlschmeckendes Essen serviert wurde.[13]

1956 forderten mich Kommilitonen unmittelbar nach meinem Einzug in das Studentenheim auf, für das Studentenparlament zu kandidieren. Ich tat es, wurde gewählt und nahm das Mandat wahr.[14] An einer „Kontinuitätstagung" des Studentenparlaments, die am 12./13. Mai 1956 im Schloss Kronenburg in der Eifel mit hochrangigen Politikern stattfand, konnte ich leider nicht teilnehmen, da ich eine andere ansprechende Veranstaltung auf dem Programm stehen hatte: Gisela und ich waren Brautführerpaar bei der Hochzeit von Giselas Vetter Erwin Borchert. Die Trauung fand statt in der Soester Petrikirche, die Feier in einem großen Festzelt in dem südlich von Soest liegenden Deiringsen, dem Heimatort der Braut.

Nachdem ich ein Semester lang im Studentendorf gewohnt hatte, wurde ich von den Sprechern mehrerer Häuser gebeten, für das Amt des Bürgermeisters dieses Dorfes zu kandidieren. Ich hätte es auch gern getan, hatte zu dem Zeitpunkt jedoch noch vor, nach Möglichkeit meine Diplomarbeit bei Professor Ziegler am Max-Planck-Institut für Kohlen-

---

30 Jahren im Gegensatz zur Zeit davor keine Studiengebühren zu entrichten und die Chemikalien für Präparate und bestimmte Laborgeräte nicht zu bezahlen.

[13] Mehr als 30 Jahre nach meinem Studium wollte ich anlässlich des in Aachen stattfindenden Deutschen Ingenieurtages einige meiner alten Lokale aufsuchen. Es gab sie nicht mehr oder sie waren in ausländischen Händen.

[14] Zu dem Zeitpunkt hätte ich nicht gedacht, dass ich später über viele Jahre an der Fachhochschule Bergbau drei parlamentarischen Gremien vorstehen würde, nämlich einem Fachbereichsrat, dem Senat und dem Konvent.

forschung - dem früheren Kaiser-Wilhelm-Institut - in Mühlheim an der Ruhr durchzuführen, und dann hätte ich schon nach einigen Monaten das Studentendorf verlassen müssen. Ich kandidierte also nicht.

Während des Studiums besserte ich meine finanzielle Lage durch Veröffentlichungen in Fachzeitschriften etwas auf. Einige Aufsätze befassten sich mit meinen eigenen Arbeiten, die meisten stellten jedoch technische Trends, wie z.B. die Entwicklung der Atomenergie dar. Alle Aufsätze schrieb Gisela auf der Maschine, die wir uns von dem Preisgeld eines technischen Wettbewerbs gekauft hatten. Ich zähle die Aufsätze hier nicht auf, weil sie dem Schriftenverzeichnis am Ende dieser Erinnerungen entnommen werden können.

Ein wenig Geld verdiente ich auch mit der Vorbereitung von Gutachten, allerdings erst in meinen letzten Aachener Monaten, als ich im Institut für Brennstoffchemie bei Professor Kröger arbeitete. Dazu führte ich die erforderlichen Analysen durch und entwarf die Gutachten. Professor Kröger besprach danach mit mir meinen Text und formulierte das endgültige Gutachten. Dabei ging es meist um Beschwerden von Privatpersonen über Umweltbelastungen durch Betriebe. Wie schwierig Gutachten oft zu erstellen sind und welche Folgen sie haben können, ist mir erst richtig bewusst geworden, als ich selbst welche entwerfen musste. Aus den Ergebnissen der chemischen Analysen ließen sich oft keine Belästigungen der klagenden Bürger ableiten, aber dennoch klagten diese oft nicht ohne Grund, denn sie hatten ihnen unangenehme und vielleicht sogar gesundheitlich bedenkliche Stoffe wahrgenommen. Inzwischen ist die Analytik überaus stark verfeinert worden. Die Gehalte von Luft und Wasser an Verunreinigungen können heute in vielen Fällen in Konzentrationsbereichen bestimmt werden, die nur ein Tausendstel der damals gerade noch erfassbaren Konzentrationen ausmachen. Auf die Verunsicherungen, die bei Laien durch die Angabe extrem geringer Konzentrationen auftreten können, werde ich eingehen, wenn ich über meine Tätigkeit als Leiter eines Umweltinstituts berichten werde.

Zu einem technischen Studium gehört die Durchführung einer Diplomarbeit. In welchem Maße vor der Aufnahme der Diplomarbeit die einzelnen Fachprüfungen bestanden sein müssen, ist an den verschiedenen Hochschulen unterschiedlich geregelt. Ich entschloss mich 1956, erst alle Fachprüfungen zu absolvieren und dann unbelastet von Prüfungsvorbereitungen die Diplomarbeit in Angriff zu nehmen. Prüfungsfächer waren

Anorganische Chemie
Organische Chemie
Chemische Technologie
Physikalische Chemie und Elektrochemie
Brennstoffchemie (Wahlfach)

Die Anzahl der Prüfungsfächer sagt wenig über den zu prüfenden Stoffumfang aus. So ließe sich z.b. das Fach Chemische Technologie leicht in mehrere Prüfungsfächer zerlegen, in denen jeweils besondere Fachprüfungen zu absolvieren wären. An die Fachprüfungen habe ich keine besonderen Erinnerungen mehr, abgesehen davon, dass es mir in der Chemischen Technologie gelang, den Professor bei bestimmten Fragen durch nicht ganz eindeutige Antworten genau in ein Gebiet zu locken, in dem ich mich besonders gut auskannte, und das war, wie der Leser schon erfahren hat, die Fischer-Tropsch-Synthese. Eine Fachprüfung fällt mir doch noch ein. Im Fach Brennstofftechnik stellte mir Professor Kröger eine Frage im Zusammenhang mit der Klassifikation der Steinkohlen, die ich nicht beantworten konnte. Daraufhin fragte er mich, ob ich denn seine Vorlesung nicht gehört hätte. Natürlich hatte ich sie gehört! Auf die Frage „wann?" gab ich einen ziemlich weit zurückliegenden Termin an, denn offensichtlich konnte er sich nicht an mein „Hörergesicht" erinnern. Er erwiderte darauf, zu der Zeit habe er noch in Clausthal gelesen. Meine Fehldatierung verübelte er mir aber nicht, denn er nahm mich als Diplomanden und später auch als Doktoranden an.

Professor Kröger organisierte gemeinsam mit dem Direktor des Instituts für Chemische Technologie Walter Fuchs und Professor D. W. van Krevelen von den niederländischen Staatsmijnen in Valkenburg kohlenwissenschaftliche Tagungen, an denen ich einige Male, auch noch nach meinem Eintritt in die Bergschule, als Hörer teilnahm. Aus diesen Valkenburger Tagungen entwickelten sich die Internationalen Kohlenwissenschaftlichen Tagungen (s.o. Le Touquet), die in den 60er Jahren eingestellt, aber 1981 wieder aufgenommen wurden. Auf einigen dieser Tagungen hielt ich Vorträge.

Im Laufe meiner Diplomandenzeit bekam ich eine halbe Assistentenstelle, ich musste mir also ein Assistentengehalt mit einem Kommilitonen teilen. Das halbe Gehalt betrug etwa 250 DM. Dafür übernahm ich die Aufgabe, Studenten in den Praktika des Brennstoffchemischen Instituts zu betreuen und Entwürfe für Gutachten zu erstellen.

Am 15. Februar 1957 wurde mir die Urkunde als Diplom-Chemiker mit dem bestmöglichen Prädikat ausgehändigt, ein Grund, wieder einmal im Institut zu feiern. Am Abend kam Gisela mit der Bahn von Kamen angereist. Damit ich sie schon beim Aussteigen aus dem Zug empfangen konnte, brauchte ich eine Bahnsteigkarte. Um eine solche zu erhalten, warf ich einen Groschen in einen Automaten. Paul Wollenweber und ich warteten vergeblich auf die Karte, bis Paul sagte, dass ich mich auf die kleine etwas erhöht stehende Fläche am Fuße des Automaten stellen müsse. Das tat ich auch, und prompt warf der Automat eine Karte aus: 75 kg.

Gefeiert haben wir im Institut nicht nur nach Diplomierungen und Promotionen, sondern auch bei anderen Gelegenheiten, besonders zur Karnevalszeit. Um Kosten zu sparen, produzierten wir die Getränke meist selbst.

Wie ich schon beschrieb, ist das Schnapsbrennen aus Kohlehydraten wie Kartoffeln oder Getreide eine mühselige Arbeit. Wir konnten den Alkohol glücklicherweise leichter erhalten. Alkohol, genauer Ethylalkohol, der nicht versteuert wird, wird vergällt. Das kann mit Galle, daher die Bezeichnung, dem giftigen Methylalkohol, Pyridin, Phenol und anderen Stoffen geschehen. Wir überzeugten die Zöllner, dass für unsere Versuche nur mit Phenol vergällter Alkohol in Betracht käme. Der Zöllner ließ reinen unvergällten Alkohol, meist in einer 50-Liter-Korbflasche ins Labor bringen, kramte aus seiner Aktentasche einen dicken Brokken Phenol und ließ ihn in die Korbflasche fallen, damit er sich darin löse. Wir bemühten uns, den Zöllner möglichst schnell in einen anderen Raum zu locken. War uns das gelungen, gossen wir den Alkohol von dem sich nur sehr langsam auflösenden Phenol ab. Mit dem geringen Phenolgehalt konnten wir den Alkohol ziemlich leicht reinigen, indem wir ihm etwas Natronlauge zur Bindung des Phenols zufügten und destillierten. Die höchsten Kosten für unsere Spirituosen verursachten die Essenzen, mit deren Hilfe wir Getränke vom harten Gin bis zum feinen Cognac produzierten, allerdings alles nur für den eigenen Gebrauch. Einige Essenzen stellte ich durch Auslaugung von Pflanzen oder durch Synthese auch selbst dar. Der Zöllner kam manchmal in den Raum, in dem unsere Destille lief. Man konnte kaum auf den Gedanken kommen, dass darin Alkohol brodelte, denn wir hatten ihn so eingefärbt, dass er wie Schmieröl aussah. Nach der Verkostung lobte der Zöllner meist die Qualität unserer Erzeugnisse, einmal fragte er uns sogar nach der Bezugsquelle.

Unseren Bedarf an Produkten, die in den Niederlanden billiger waren als in Aachen, vor allem an Zigaretten, deckten wir zollfrei in Vals, gleich hinter der niederländischen Grenze. In der Regel machten uns die Zöllner keine Schwierigkeiten. Einmal hatte mein Kommilitone Karl so viele Zigaretten gekauft und in die Hosenbeine seines Knickerbockers rutschen lassen, dass die Zöllner sie kaum übersehen konnten. Ein Zöllner ertastete sie und fragte Karl, weshalb er versucht habe, sie in der Hose zu verstecken. Als Karl antwortete, er pflege seine Zigaretten immer in den Hosenbeinen mit sich zu tragen, hielt der Zöllner die Antwort für arrogant und ließ Karl das auf eine für ihn unangenehme Art merken.

Als ich Professor Kröger um eine Diplomarbeit bat, befand sich sein Brennstoffchemisches Institut noch im Wesentlichen in den halbzerstörten Kellerräumen eines alten Gebäudes. Ein neues großzügig geplantes Institutsgebäude an der Turmstraße stand kurz vor der Fertigstellung. Der sehr hilfsbereite und liebenswürdige Ober-ingenieur Dr. Rolf Bockmann riet mir dringend davon ab, im alten Institutsgebäude noch mit meiner Diplomarbeit zu beginnen. Ich befolgte seinen Rat nicht und brachte meine Arbeit sogar im alten Gebäude noch zum Abschluss.

Prof. Kröger war bereit, mein Doktorvater zu werden. Ich sollte aus verschiedenen Kohlenflözen Streifenarten isolieren und deren Eigenschaften untersuchen. Mein eigentliches Arbeitszimmer lag im zweiten Obergeschoss des neuern Instituts. Durch ein großes Fenster bot sich mir ein Blick über große Bereiche der Stadt. Das Zimmer teilte ich mit Rolf Jansen, der später meine Arbeit fortsetzte und, wenn ich nicht irre, nach seiner Promotion als Bibliothekar einer wissenschaftlichen Bibliothek nach Frankfurt ging. Die Hauptarbeit hatte ich aber zunächst in Kellerräumen zu verrichten, in denen die Geräte für die Auftrennung der Kohlen in Streifenarten installiert waren. Dabei arbeitete ich mit Lösungsmitteln, vor deren Emissionen ich mich schützen musste. Diese Arbeiten führte ich aber nur wenige Wochen lang durch, denn ich bekam ein Angebot der Bochumer Westfälischen Berggewerkschaftskasse, an der Bergschule - nach einer Lehrprobe mit befriedigendem Verlauf - als Bergschullehrer eingestellt zu werden.

Lehrer an der Bergschule (1957 - 1963)

Am 7. März 1957 bat ich schriftlich den Direktor der Bochumer Bergschule, Herrn Dipl.-Ing. Franz Leyendecker[15], ihn besuchen zu dürfen, um ihm mein Chemikerdiplom vorzulegen und mit ihm über meine Zukunftspläne zu sprechen. Als für mich günstigen Termin nannte ich ihm den 4. April, weil ich dann wegen eines Treffens meiner ehemaligen Kokereisteigerklasse C ohnehin in Bochum sein würde. Er wollte jedoch aus Gründen, die ich erst später erfuhr, nicht so lange auf mich warten und lud mich schon vorher ein. Nachdem ich ihm den Verlauf meines Studiums und die Zielsetzung meiner bereits in Angriff genommenen Doktorarbeit dargelegt hatte, bot er mir zu meiner Überraschung eine Stelle als Bergschullehrer an. Voraussetzung für eine Einstellung sei allerdings eine erfolgreiche Lehrprobe. Da mir während meines Chemiestudiums nicht in den Sinn gekommen war, Lehrer zu werden, hatte ich keine einzige pädagogische Vorlesung gehört. Vielmehr hatte ich eine leitende Position in einem Betrieb angestrebt, die mich in die Lage versetzt haben würde, eigene verfahrenstechnische Vorstellungen auf ihre betriebliche Brauchbarkeit hin zu überprüfen. Zur Vorbereitung einer solchen Tätigkeit wäre es für mich zweckmäßig gewesen, zunächst einige Jahre lang in einem Team mitzuarbeiten, das neue Anlagen einzufahren hatte. Weil ich dafür in der Sowjetunion ziemlich gute Chancen sah, hatte ich mit drei Kommilitonen bei einem alten russischen Emigranten Unterricht in der russischen Sprache genommen. Das unerwartete Angebot von Herrn Leyendecker – das darauf zurückzuführen war, dass die Bergschule schon für das nächste Semester einen Lehrer für die naturwissenschaftlichen Fächer suchte - reizte mich jedoch ebenfalls, denn vorzutragen hatte mir schon als Berufsschüler, als Flieger bei der Luftwaffe und als Assistent an der RWTH Aachen Freude gemacht. Die Stelle reizte mich weiterhin, weil die Arbeitsplätze im Bergbau, zu dem die Bergschule gehörte, als besonders zukunftssicher galten. Es hieß: „Kohle wird immer gebraucht", und tatsächlich war die Kohlenförderung seit dem Kriegsende ununterbrochen angestiegen.[16] Nach Versicherungen von Herrn Leyendecker stünde

---

[15] An den Bergschuldirektor Franz Leyendecker habe ich anlässlich seines hundertsten Geburtstages in der Zeitschrift „bergbau" 11/1997 erinnert.

[16] Leider zeigte sich bald, dass die Kohlenförderung zu diesem Zeitpunkt ihren Höchstwert erreicht hatte. In den nächsten zwanzig Jahren ver-

meinem beruflichen Wunsch, an verfahrenstechnischen Entwicklungen teilzuhaben, bei einer Anstellung als Bergschullehrer nichts entgegen, denn betriebliche Aktivitäten unterstütze die Bergschulleitung. Außerdem eröffnete Herr Leyendecker mir die Möglichkeit, neben meiner Lehrtätigkeit im Chemischen Laboratorium der Westfälischen Berggewerkschaftskasse, der Trägerin der Bergschule, eine Dissertation zu erarbeiten. Wenigstens in den ersten zwei Jahren würde ich höchstens die Hälfte der üblichen Stunden zu unterrichten haben. Er wies mich andererseits darauf hin, dass ich als Nichtbergmann an der Bergschule keine Karrieremöglichkeiten haben würde. Die wenigen Stellen für Bergschuldirektoren würden wohl immer an Bergleute vergeben. Ich bat mir eine Bedenkzeit von wenigen Tagen aus, sagte Herrn Leyendecker allerdings, wahrscheinlich nähme ich das Angebot an. Falls ich mich offiziell bewürbe, würde ich die Lehrprobe gern an dem schon vorher von mir genannten 4. April halten. Am 30. März schickte ich meine Bewerbung ab, am 4. April stand ich bereits vor einer Bergschulklasse und musste zeigen, ob ich in der Lage war, den Bergschülern die Grundlagen der Naturwissenschaften beizubringen.

Schon vor der Einreichung der schriftlichen Bewerbung hatte ich mit Herrn Leyendecker, dem Klassenlehrer und dem Fachlehrer Herrn Dr. Karl Drekopf besprochen, welches Gebiet meine Lehrprobe gegebenenfalls umfassen solle. Der Fachlehrer forderte, meine Unterrichtsdoppelstunde müsse genau in seinen Lehrplan passen. Um den Anschluss an sein Pensum zu finden, sollte ich in seiner vorhergehenden Stunde hospitieren. Das tat ich gern, weil ich dabei auch erfuhr, wie der Kollege vorging. Er hatte mir schon vorab gesagt, dass ich wahrscheinlich den Begriff der Umwandlungswärme einführen und über die Bedeutung der verschiedenen Umwandlungswärmen sprechen müsse. Ich bereitete deshalb „auf Verdacht" ein bestimmtes Pensum vor. Drei Studienkollegen hatten sich bereit erklärt, sich meinen „Probeunterricht" anzuhören und mit mir bei einem Glas Bier zu diskutieren. Die Resonanz der Kommilitonen befriedigte mich, sodass ich guten Mutes von Aachen zur Lehrprobe nach Bochum fuhr. Dort musste ich noch mit den Hilfskräften, die ich aus meiner Bergschülerzeit kannte, die Experi-

---

minderte sich die Anzahl der nordrhein-westfälischen Bergwerke von 173 auf 42. Im Jahr 2002 förderten in Deutschland nur noch 10 Steinkohlenbergwerke – 7 an der Ruhr, 2 an der Saar und 1 in Ibbenbüren. Die Anzahl der Bergleute ging von 560.000 im Jahr 1958 auf 163.000 im Jahr 1985 zurück. Zum Jahresende 2002 arbeiteten im Steinkohlenbergbau nur noch 48.673 Belegschaftsmitglieder.

mente für den Unterricht vorbereiten. Da ich gute Unterstützung fand, war ich ziemlich sicher, dass die Experimente gelingen würden.

Als ich den Tisch mit den Versuchsgeräten aus dem Vorbereitungsraum in den Klassenraum schob, sagte mir der für naturkundlichen Unterricht zuständige spätere Kollege Herr Dr. Heinrich Baule: „Der Unterricht ist für Sie überhaupt kein Problem. Denken Sie einfach, Sie wollten Ihrer Freundin die Umwandlungswärmen erklären!" Den Probeunterricht hielt ich in dem Klassenraum, in dem ich gut vier Jahre vorher selbst noch als Schüler gesessen hatte. Den größten Teil des Klassenraumes füllten die vorn in ihren schwarzen Bergkitteln sitzenden Schüler aus; dahinter saß das aus Bergschullehrern, dem Direktor der Bergschule, dem Direktor der Westfälischen Berggewerkschaftskasse WBK, dem Sprecher des Lehrerkollegiums und Vertretern der Bergwerksunternehmen bestehende Gremium, das meinen Unterricht bewerten sollte. An den Gesichtern der Schüler konnte ich erkennen, dass sie mir gegenüber freundlich eingestellt waren, vielleicht, weil sie mich als einen der ihren betrachteten.

An eine Einzelheit meines Unterrichts erinnere ich mich noch nach 47 Jahren: an die Ermittlung der Verdampfungswärme des Wassers. Ich machte dabei nichts selbst, sondern bat einige Schüler, die mir bei meiner Hospitation vor meiner Lehrprobe als besonders geschickte Experimentatoren aufgefallen waren, an den Experimentiertisch und forderte sie auf, die Apparatur nach meinen Anweisungen zusammenzubauen und die erforderlichen Messungen vorzunehmen. Der Versuch lief folgendermaßen: In eine gewogene Wassermasse von gemessener Ausgangstemperatur wurde an Ort und Stelle mit Hilfe einer Gasflamme erzeugter Wasserdampf eingeblasen, bis die Wassertemperatur um etwa 20 Grad, angestiegen war. Durch erneute Wägung des Wassers ließ sich ermitteln, wie viel Dampf sich kondensiert hatte, und aus dessen Masse und dem Temperaturanstieg des Wassers ließ sich die Verdampfungswärme des Wassers berechnen. Den Versuch ließ ich zum Ende der Unterrichtsstunde durchführen, in der ich „mit Unterstützung durch die Schüler" die erforderlichen physikalischen Größen abgeleitet hatte. Die Schüler experimentierten nicht nur weitestgehend selbstständig, sondern berechneten auch die Verdampfungswärme mit Hilfe ihrer Messergebnisse allein an der Tafel. Das Ganze ist mir wohl nur deshalb in Erinnerung geblieben, weil die Schüler den theoretischen Wert gefunden hatten, nämlich eine Verdampfungswärme von 539 kcal/kg.

Bei diesem Ergebnis - könnte man sagen mit Jobses[17] -
„geschah allgemeines Schütteln des Kopfes".

Es war kaum zu begreifen, dass die Schüler dieses überaus genaue Ergebnis erzielt hatten. Tatsächlich geht bei dem Versuch nämlich durch Strahlung und Konvektion etwas Wärme verloren, und das hätte eine negative Abweichung vom theoretischen Wert zur Folge haben müssen. Da ich bis zum Ende der planmäßig hundert Minuten dauernden Veranstaltung noch fünf Minuten Zeit hatte und eine gute Übereinstimmung der vorgegebenen Zeit mit dem bewältigten Pensum als Kriterium für die Qualität des Unterrichts galt, diskutierte ich dieses überraschende Ergebnis noch mit den Schülern. Wir einigten uns darauf, dass die mit Sicherheit durch Abstrahlung und andere physikalische Vorgänge aufgetretenen Wärmeverluste kompensiert worden waren durch unbeabsichtigter Weise aus der Gasflamme an das kalte Wasser übertragene Wärme.

Die Bergschüler hatten hervorragend mitgearbeitet und dadurch ganz wesentlich zum Erfolg meines Probeunterrichts beigetragen. Die Präzision ihrer Arbeit war vor allem deshalb beachtenswert, weil die meisten von ihnen lediglich eine achtklassige Volksschule und die Bergvorschule besucht hatten, auf die ich später noch zu sprechen kommen werde.

Nach der Lehrprobe zog sich der „Berufungsausschuss" zurück, und eine Stunde später wurde ich zu einem Gespräch mit dem Bergschuldirektor Franz Leyendecker und dem Direktor der WBK Oberbergrat Karlheinz Otto gebeten. Sie teilten mir mit, abgesehen davon, dass ich eine Schraubenfeder als Spiralfeder bezeichnet habe, sei mein Unterricht bei allen Teilnehmern sehr gut angekommen. Sie seien deshalb bereit, mich als Bergschullehrer einzustellen.[18] Dann sprachen wir über

---

[17] Carl Arnold Kortum: Die Jobsiade. Kortum wurde am 5.7.1745 in Mülheim/Ruhr geboren. 1770 ließ er sich als Arzt in Bochum nieder. Dort gab er die „Nachricht vom ehemaligen und jetzigen Zustand der Stadt Bochum" heraus, die heute die Rekonstruktion des alten Bochums ermöglichte. 1792 wurde er vom Oberbergamt Wetter mit der Aufsicht über die Bergchirurgen und der hygienischen Betreuung der Bergleute beauftragt.

[18] Erst viel später erfuhr ich von meinem älteren Kollegen Bernhard Braukmann, dass die Stelle nur noch frei war, weil der später in der

meinen künftigen Einsatz. Mir war daran gelegen, nicht zwischen den verschiedenen Bergschulen, die es im Ruhrgebiet gab, pendeln zu müssen, denn ich besaß noch kein Auto und wollte meine Doktorarbeit im Gebäude der Bochumer Bergschule durchführen. Ich hatte schon genug Fahrerei, weil ich in Kamen wohnte. Als mich Herr Otto fragte, weshalb ich denn nicht nach Bochum zöge, sagte ich ihm, dass ich das später tun, aber zunächst noch in Kamen wohnen bleiben wolle, weil meine Braut dort beschäftigt sei. Herr Otto erwiderte darauf, ich könne doch alles viel einfacher haben, denn einige meiner neuen Kollegen hätten wunderschöne Töchter, die darauf warteten, gefreit zu werden. Ein unmittelbar nach mir eingestellter Kollege hat dann auch den Vorschlag Herrn Ottos beherzigt und die Tochter eines der älteren Kollegen, des stellvertretenden Bergschuldirektors, geheiratet und ist mit ihr glücklich geworden. Die Bergschüler nannten meinen jungen Kollegen unter sich den Schwiegersohn.

Zum Schluss unseres Gespräches fragten mich die beiden Direktoren nach meinen Gehaltsvorstellungen. Frisch gebackene Diplomchemiker konnten damals in der chemischen Industrie mit einem Monatsgehalt von etwa 800 DM rechnen. Da ich schon eine umfangreiche berufliche Praxis aufweisen konnte, die übrigens Voraussetzung für eine Anstellung als Bergschullehrer war, nannte ich 1.000 DM. Die beiden Herren sahen sich an und einer von beiden sagte mir, ein Gehalt von 1.000 DM hätten sie in keiner der in Betracht kommenden Gehaltsstaffeln stehen, aber sie könnten mir 1040 DM anbieten. Dazu kämen nach der Hochzeit 100 DM Wohnungsgeld und nach der Geburt von Kindern je Kind 20 DM betriebliches Kindergeld. Natürlich war ich damit einverstanden. Erst etwa 20 Jahre später, als ich in meiner Funktion als Rektor der Fachhochschule Bergbau bei der Vorbereitung der Ehrung von Kollegen in deren Personalakten blickte, merkte ich, dass ich mit Sicherheit ein um mindestens ein Viertel höheres Gehalt hätte aushandeln können. Als Einstellungstermin legten wir den 15. April 1957 fest. Zwischen der offiziellen Bewerbung und der Aufnahme der Arbeit lag also nur ein Zeitraum von zwei Wochen, und von der Lehrprobe bis zur Einstellung vergingen nur elf Tage. Heute ist der Berufungsvorgang an den Hochschulen so kompliziert, dass im Schnitt mit einer Dauer von etwa einem Jahr zu rechnen ist.

---

ganzen Welt als erster Empfänger von Satellitensignalen bekannt gewordene Heinz Kaminski vom Auswahlgremium nicht akzeptiert worden war. Damit hatte die WBK die Gelegenheit verpasst, weltweit noch bekannter zu werden.

Den 4. April hatte ich für die Lehrprobe gewählt, weil ich am Nachmittag an einem Treffen meiner ehemaligen Kokereisteigerklasse C teilnehmen wollte. Das tat ich auch und feierte mit meinen ehemaligen Mitschülern gleichzeitig mein Aachener Examen und meine Anstellung als Bergschullehrer.

Gefeiert haben wir natürlich auch in Kamen. Aber vor allem konnten meine Braut Gisela und ich nun endlich planen zu heiraten, denn immerhin kannten wir uns schon fünf Jahre lang und waren seit zwei Jahren verlobt. In den fünf Jahren waren wir wegen meines Studiums, und auch weil ich in den Semesterferien auswärts arbeitete, meist voneinander getrennt gewesen. Wir nahmen uns vor, im Juli zu heiraten und uns sofort um eine Wohnung in Bochum zu bemühen. Da Wohnungen sehr knapp waren, mussten wir damit rechnen, lange warten zu müssen. In diesem Fall wollten wir nach unserer Hochzeit in ein Zimmer in Giselas Elternhaus ziehen.

In Aachen löste ich meinen „Haushalt" auf und feierte mit meinen Kommilitonen Abschied. Auch von meiner letzten Zimmerwirtin, bei der ich bis zu meinem Einzug in das Studentendorf gewohnt hatte, verabschiedete ich mich. Meine in Aachen begonnene Doktorarbeit konnte ich in Bochum nicht fortsetzen, weil dort die erforderliche Ausrüstung nicht vorhanden war. Jedoch war Professor Kröger bereit, auch eine Dissertation zu betreuen, für die mir in Bochum die erforderlichen Geräte zur Verfügung standen.

Die Arbeit an der Bergschule ließ sich gut an. Da mir für das erste Semester nur vier Wochenstunden zugeteilt worden waren, hatte ich genügend Zeit, mich um meine Doktorarbeit zu kümmern. Als Ort für die Durchführung kam in erster Linie das Chemische Laboratorium der WBK in Betracht, für das ich übrigens 30 Jahre später selbst zuständig war. Mit dem Leiter des Labors, Dr. phil. Karl Drekopf, überlegte ich, welche Themen im Augenblick für den Steinkohlenbergbau von Interesse seien und welches davon ich in seinem Labor bearbeiten könne. Er sagte mir, im Labor stünden Geräte, mit denen sich die Gehalte von Gasen an Kohlenoxiden viel genauer als bisher messen ließen. Es müsse also möglich sein, schnell zu Aussagen über die Oxidationsgeschwindigkeit verschiedener Kohlen zu kommen, die für die Gefahr der Selbstentzündung von Kohlen und auch für Voraussagen über Änderungen der Kohlenqualität wichtig seien. Ich griff seine Bemerkung auf und schlug Professor Kröger in Aachen vor, über die Abhängigkeit der Oxidation der Steinkohlen von verschiedenen Faktoren - wie der Art der Kohle, der Temperatur, der Luftfeuchtigkeit und dem Sauerstoffgehalt der Atmosphäre - zu promovieren. Professor Kröger war mit diesem

Thema einverstanden. Über die Doktorarbeit selbst berichte ich im nächsten Kapitel.

Zu unterrichten hatte ich zunächst im Fach Physik und Chemie. Für die Chemie war im Stoffplan nur ein sehr geringer Anteil der Unterrichtszeit vorgesehen, und zwar erst nach der Abhandlung der Physik. Einige Kollegen betrachteten die Chemie als ziemlich unwichtiges Anhängsel an die Physik und „kamen nicht mehr dazu", in ihrem Unterricht den Bergschülern die einfachsten Grundlagen der Chemie zu vermitteln. Die Schüler meiner Klassen - ich unterrichtete im Laufe der Zeit an allen Bergschulen des Ruhrgebiets - waren zunächst nicht davon angetan, dass gerade sie sich auch noch mit der Chemie abplagen mussten.

Nach meiner zweiten Unterrichtsstunde in einer Grubensteigerklasse bat mich der Klassensprecher, ein ehemaliger U-Boot-Kommandant, um ein Gespräch. Er sagte mir, bei der Wiederholung des Stoffes aus der Vorstunde habe er bemerkt, dass nicht alle seine Kollegen den Stoff hinreichend verstanden hätten, er selbst übrigens auch nicht. Er wäre mir dankbar, wenn ich mich bemühte, bei der Erarbeitung des Stoffes insbesondere die schwächeren Kandidaten, die ich mit der Zeit gewiss kennen lernen würde, stärker mit heranzuziehen. Ich sagte ihm das zu und erklärte mich bereit, jederzeit mit ihm über Schwierigkeiten zu sprechen. Aus diesem Grund ist er aber nicht mehr zu mir gekommen. Auch andere Klassen- oder Semestersprecher haben mich deshalb nicht aufgesucht.

Am 4. oder 5. Oktober 1957 hörte ich beim Frühstück in den Nachrichten, dass die Sowjets einen Satelliten in eine Umlaufbahn um die Erde geschossen hatten. Die Sowjets hatten damit die Amerikaner, bei denen die deutschen Raketenstars arbeiteten, überflügelt. Sie nannten den Flugkörper russisch „Sputnik", zu deutsch „Weggenosse". An der Bergschule sprach ich in der Physik zu dem Zeitpunkt über die Erdanziehung. Während der Bahnfahrt von Kamen nach Bochum überlegte ich mir, wie ich das aktuelle Ereignis in den Unterricht einbauen könne. In der Klasse fragte ich zunächst, ob jemand die Nachrichten gehört habe. Die Nachrichtensendung hatten zwar nur wenige gehört, aber die Nachricht vom Start des Sputniks war inzwischen allen bekannt. Ein Schüler konnte sogar auf meine Frage die durchschnittliche Flughöhe des Sputniks angeben. Ich ließ daraufhin von den Schülern, die bis dahin erst die einfachsten Grundlagen der Mechanik erarbeitet hatten, an der Tafel die Umlaufgeschwindigkeit berechnen. Die Schüler waren so engagiert bei der Sache, dass sie nach einigen Irrwegen die Aufgabe ohne meine Hilfe lösten. Und ich hatte meinen Spitznamen weg:

Sputnik. Weltweit hat ein Bochumer Funkamateur, der Chemie-Ingenieur Heinz Kaminski, als erster Sputniksignale empfangen.

Bild 5: Mit Bergschülern des Grubensteigerlehrgangs B (1957/60) auf Lehrfahrt zu Bayer-Leverkusen (Ernst Beier in der Mitte)

Nach meiner Pensionierung bin ich ein Weggenosse meiner Schüler geblieben, nicht zuletzt, weil einige von ihnen selbst nach ihrer eigenen Pensionierung noch sehr anhänglich sind. Von diesen Herren hebe ich Karl Keil hervor, der immer noch davon überzeugt ist, meinem Unterricht viel zu verdanken. Eines Tages fragte er mich beiläufig aus über das Bergwerk, auf dem ich meine erste Zechenschicht verfahren habe. Später erfuhr ich, dass er sich um Abbildungen dieser Zeche bemüht und eine davon in feiner Arbeit mit Tusche auf ein Arschleder gezeichnet hat. Dieses Leder schenkte er mir mehr als 30 Jahre nach seiner Bergschulzeit zum Abschied aus meinem Berufsleben. Zu meinem 70. Geburtstag machte er mir noch einmal eine große Freude, diesmal mit einem mit dem Emblem der Fachhochschule Bergbau gezierten Leder. Das Emblem war aus einem von mir aufgenommenen Foto eines inzwischen entfernten Deckengemäldes im Bergschulgebäude entwickelt worden. Inzwischen zieren sogar drei Arbeiten Karl Keils unsere Wohnung: zusätzlich zu den beiden Ledern ein hölzerner Schwibbogen.

Bild 6: Mit ehemaligen Bergschülern des Grubensteigerlehrgangs D (1960/63) und ihren Gattinnen während einer mehrtägigen Harzwanderung zu Besuch in der TU Clausthal (2003). (Ernst Beier rechts außen, daneben Prof. W. Bischoff)

Gelehrt wurde an der Bergschule nicht in Vorlesungen, sondern im Arbeitsunterricht, in dem der Lehrer die Schüler durch Experimente oder Rückgriff auf ihre Erfahrungen zur Ermittlung von Gesetzen bringen sollte. Zur fachlichen und pädagogischen Fortbildung der Lehrer fanden jährlich unter der Leitung des Bergschuldirektors Franz Leyendecker „Bergschulfachleutetagungen" statt, an denen nicht nur die Lehrer der Bergschulen für den Steinkohlenbergbau, sondern Lehrer aller deutschen Bergschulen und auch ausländische Bergschullehrer teilnahmen. Bei diesen Tagungen bestand Einmütigkeit darüber, dass die Lehrer sich möglichst an folgendes bewährte Schema einer Unterrichtsstunde halten sollten: zu Beginn der Stunde Wiederholung des Stoffes der vorhergegangenen Stunde durch einen oder mehrere Schüler, danach Erarbeitung des Stoffpensums der Stunde unter starker Heranziehung der Schüler und zum Schluss Zusammenfassung des Stoffes, wobei einige Sätze diktiert werden konnten. Aber nicht nur derart konkrete Hinweise zur Durchführung des Unterrichts wurden uns jungen Lehrern gegeben, sondern unsere pädagogischen Aufgaben wurden auch von höherer Warte aus dargestellt. Die Forderung von Johann Amos Comenius[19], das ganze Menschenleben der Erziehung zu widmen, wurde von verschiedenen Seiten beleuchtet. Der Philosoph und Pädagoge Theodor Litt hielt kurz nach meinem Dienstantritt in der Bochumer „Harmonie" einen Vortrag über die Notwendigkeit, die Probleme der Arbeitswelt in den Bildungsraum einzugliedern. Den Professor Litt kann ich mir nicht mehr vorstellen; ich weiß nur noch, dass ich seine Ausführungen nicht hinreichend würdigte, denn - hinter einem Pfeiler sitzend - hatte ich große Schwierigkeiten, mein Schlafbedürfnis zu überwinden.

Große gesellschaftliche Ereignisse für die außertariflich Angestellten der WBK waren die Barbarafeste. Die im Saal Ankommenden begrüßten die bereits in einer Reihe aufgestellten Anwesenden und verlängerten dann die Reihe, an der die nun Folgenden vorbeidefilieren mussten. Auf diese Weise begrüßte jeder jeden und die Neuen lernten die alten und jungen Kollegen und deren Damen kennen. Höhepunkt des Balles war meist eine Damenrede, die einer der jüngsten Mitarbeiter halten durfte. Für die Vorbereitung dieser Feste, aber auch noch für vieles andere, waren die vom Kollegium gewählten „Lehrersprecher" zuständig. Im Laufe meiner 37 WBK-Dienstjahre waren es der Reihe nach - wenn ich nicht irre - die Kollegen Fröhling, Braukmann, Schulte, Teichert und Schmolke.

An der geringen Anzahl von vier Wochenstunden Unterricht konnte ich mich nur 14 Tage lang erfreuen. Wegen einer Erkrankung eines Kollegen wurde danach mein Pensum für das ganze Semester auf 16 Wochenstunden heraufgesetzt. Neben der Erhöhung der Unterrichtsstundenzahl wirkte sich ungünstig auf den Fortgang meiner Doktorarbeit aus, dass ich nicht nur in Bochum, sondern auch an der Bergschule Recklinghausen zu unterrichten hatte. Die Recklinghäuser Schule war zwar ein zweckmäßiger ansprechender Bau mit gepflegtem Schulhof und kooperativen Kollegen, aber ich brauchte viel Zeit für die erforderlichen Fahrten, weil ich noch kein Auto besaß. Rückblickend muss ich sagen, dass ich den mir von Herrn Leyendecker angebotenen Vorschuss für ein Auto hätte annehmen sollen, aber abgesehen von einem Wohnhaus wollte ich mir nur das kaufen, was ich auch bar bezahlen konnte. Von Kamen aus war Recklinghausen mit der Bundesbahn schlecht zu erreichen; in aller Regel musste ich mit langen Übergangszeiten zweimal umsteigen. Für eine gewisse Erleichterung sorgte mein

---

[19] Amos Comenius wurde 1632 Bischof der Böhmischen Brüder und Leiter ihres Schulwesens.

Kollege und Schwippschwager Heinrich Quadfasel, der in Dortmund wohnte und zu dieser Zeit ausschließlich in Recklinghausen unterrichtete. Er fuhr meinetwegen mit dem Auto über die Bahnstation Dortmund-Flughafen, die jetzt Dortmund-Scharnhorst heißt, und lud mich dort ein. Aber immerhin musste ich schon vor sechs Uhr aus dem Haus gehen, eine knappe halbe Stunde bis zum Kamener Bahnhof laufen und mit der Bahn nach Scharnhorst fahren. Nach Unterrichtsschluss in Recklinghausen fuhr ich eine knappe Stunde lang mit der Straßenbahn nach Bochum und unterrichtete auch dort noch oder arbeitete an meiner Dissertation. Von montags bis freitags war ich täglich immer länger als zwölf Stunden unterwegs; da ich samstags in der Regel nicht im Labor arbeitete, hing die Länge dieses Arbeitstages davon ab, wie meine Unterrichtsstunden lagen. Auch samstags hatten die Bergschüler eine Achtstundenschicht. Im Bergbau wurde am 1. Mai 1959 die Fünftagewoche eingeführt, die jedoch zunächst noch nicht für die Bergschule galt.

Als ich später ein Auto besaß, verabschiedeten mich einmal bei meiner Abfahrt die Recklinghäuser Schüler mit besonders kräftigem Winken, worüber ich mich sehr freute. Aber im Wagen vermisste ich plötzlich meine Aktentasche, die ich auf den Beifahrersitz zu legen pflegte. Da dämmerte mir der Grund für das heftige Winken der Schüler: Ich hatte meine Tasche auf das Autodach gelegt und war damit losgefahren. Glücklicherweise hatte der Wagen ein raues Schiebedach, auf dem die Reibung bei der langsamen Fahrt innerhalb der Stadt ein Hinabrutschen der Tasche verhinderte.

Mit dem Wagen erreichte ich von Kamen aus Recklinghausen schneller als Bochum, denn nach Recklinghausen konnte ich über die Autobahn A2 fahren. Die Autofahrt von Kamen nach Bochum war ziemlich zeitraubend, weil der neue Ruhrschnellweg - heute A 40 - nicht nur noch nicht fertig war, sondern der alte Ruhrschellweg wegen des Baues der neuen Straße über große Strecken nicht mehr zur Verfügung stand und der Verkehr „über die Dörfer" geleitet wurde. Für die Fahrt von Recklinghausen nach Bochum brauchte ich ebenfalls bedeutend weniger Zeit als mit der Straßenbahn, aber so schnell wie jetzt fuhr es sich noch nicht, denn die Autobahn A 43 befand sich erst in der Planung.

Am 23. Juli 1958 erhielt ich vom Rektor der RWTH Aachen ein Schreiben, u.a. des Inhalts: „Rektor und Senat der Rheinisch-Westfälischen Technischen Hochschule Aachen haben in ihrer Sitzung am 17. Juli 1958 auf Antrag der Fakultät für Allgemeine Wissenschaften beschlossen, Ihnen als Anerkennung für die „Mit Auszeichnung" bestandene Diplomhauptprüfung die

Lehrer an der Bergschule (1957 - 1963)

„S p r i n g o r u m - D e n k m ü n z e"
zu verleihen. Es ist beabsichtigt, Ihnen die „Springorum-Denkmünze" im Rahmen der Feier der Rektoratsübergabe am 11. November 1958 auszuhändigen."

Für mich gab es nicht die Frage, ob ich an der Feier teilnehmen oder mir die Medaille zuschicken lassen sollte. Ich fuhr mit Gisela einen Tag vor der Verleihung nach Aachen und kam einen Tag danach zurück. Gisela saß auf der Balustrade, als ich durch den Mittelgang des Auditorium maximum schritt, um die Denkmünze in Empfang zu nehmen. Aber ich kann mir nicht verzeihen, dass ich nicht daran gedacht habe, auch meine Mutter zu dem Festakt mitzunehmen. Am Abend durfte ich beim Rektor auf der Freitreppe des Aachener Rathauses stehen, als die Studenten ihn mit einem Fackelzug ehrten.

Während meiner Tätigkeit als Bergschullehrer beschäftigte ich mich, wie auch in den folgenden dreißig Berufsjahren und sogar noch danach, mit der Verwitterung von Steinkohlen und anderen Stoffen beim Lagern an Luft. Wegen dieser Arbeiten wurde ich zu kohlenwissenschaftlichen Tagungen eingeladen: während meiner Bergschullehrerzeit 1958 nach Karlsbad und 1961 nach Le Touquet. Über die Tagung in Le Touquet berichtete ich im chronologischen Vorgriff in den Kapiteln Bergschul- und Hochschulstudium. Für den Leser dürften meine privaten Erlebnisse im Lande interessanter sein als die während der Tagung gehaltenen Vorträge.

Mit unserem ersten Auto, einem gebrauchten Volkswagen mit Schiebedach, den ich einige Wochen vorher von meinem Kollegen Dr. Bernard Braukmann erworben hatte, machten meine Frau und ich uns auf den Weg. In unsere Visa war als Grenzübergang Rozvadov [früher Roßhaupt] eingetragen worden. Am Abend des 5. Mai kamen wir an dem weiter nördlich liegenden Grenzübergang Schirnding/Eger an. Zu unserer Überraschung durften wir diesen nicht in unseren Pass eingetragenen Übergang passieren. Als wir losfuhren, stieg ein Mann in einen DKW und fuhr hinter uns her. Die Straßen waren schlecht, und im Dunkeln knallten wir häufig in tiefe Schlaglöcher. Die Wegeschilder waren so hoch angebracht, dass unsere Scheinwerfer sie nicht erreichten, wir deshalb oft anhalten mussten, um uns zu orientieren. Der DKW hinter uns fuhr dann so langsam, dass er uns nicht zu überholen brauchte. Endlich in Karlsbad angekommen, hielten wir vor unserem Hotel an und ich stieg aus, um an der Rezeption über unser Zimmer zu verhandeln. Wir hatten nämlich in Deutschland zu dem für uns sehr schlechten offiziellen Kurs das billigste Zimmer im guten „Hotel Lenin" gebucht.

Mein Plan, zu dem viel günstigeren Touristenkurs in ein besseres Zimmer umzubuchen, gelang ohne Schwierigkeiten. Unterdessen war meine Frau im Auto geblieben und hatte Gelegenheit zur Schadenfreude. Unser „Verfolger" hatte nämlich, um nicht als scheinbar grundlos im Auto Sitzenbleibender aufzufallen, seinen DKW so lange rangiert, bis er sich an einem Laternenmast seine hintere Stoßstange eindrückte. Von diesem Fahrer bemerkten wir am ersten Abend nichts mehr. Wir wurden jedoch, wie ich noch darstellen werde, öfter beobachtet. Im Hotel Lenin wohnten wir nun zu einem für uns außerordentlich günstigen Preis im großen verschwenderisch mit rotem Plüsch ausgestatteten Fürstenzimmer. Zum guten Abendessen unterhielt uns im Speiseraum ein Fiedler dezent mit Weisen aus der k.u.k. Zeit. Dennoch waren wir nicht ganz frohgemut, denn die Luft war abgestanden und wir waren die einzigen Gäste.

Bei den Sitzungen bemühte ich mich, Kontakte zu Kollegen aus der Ostzone, so sagte man damals noch in Westdeutschland, aufzunehmen. Das glückte mir leider nur vereinzelt, denn die Kollegen traten meist in Pulks auf, in die man nur als Rammjäger hätte eindringen können. An einem Abend waren alle Tagungsteilnehmer in das weltbekannte Hotel Moskwa (vorher Pupp, danach Moskwa-Pupp und heute wieder Pupp) zum Bankett eingeladen. Überraschenderweise wurden gegen 23 Uhr immer noch Fachvorträge gehalten. Wenn es meiner Frau und mir nicht darum gegangen wäre, mit Menschen aus der DDR zu sprechen, hätten wir längst das Bankett verlassen. Noch länger auf die Folter gespannt wurden wir, weil ein Mitglied der sowjetischen Delegation kurz vor Mitternacht bekannt gab, dass die Sowjetunion ihre zweite Weltraumrakete erfolgreich gestartet hatte. Sofort stellte das Präsidium der Tagung eine Liste auf mit der Reihenfolge, in der die anwesenden Delegationen der Sowjetunion vom Podium aus ihre Glückwünsche aussprechen durften oder sollten. Das geschah dann auch spontan und dauerte länger als eine Stunde. Mir mangelte es an der erforderlichen Spontaneität. Nach den Lobreden wurden endlich inzwischen weich gewordene Brötchen gereicht. Ein ungarischer Kollege hielt dazu einen Vortrag über die Abfallverwertung in Zuchthäusern, meinte aber damit Gewächshäuser. Als Schluss war, bekam man in keinem Kretscham mehr ein Glas Bier.

Der nächste Abend war angenehmer, denn die Stadt hatte eingeladen zu einem Konzert, das mit Smetanas „Moldau" endete.[20]

---

[20] Am 8. Mai 1995, zum 50. Jubiläum des Waffenstillstandstages, erinnerten meine Frau und ich uns daran, als wir in Karlsbad unverhofft auf

An einem der folgenden Tage standen Gisela und ich wie viele Tschechen an der Straße und wollten mit erleben, wie die Rennradler der „Friedensfahrt Warschau-Berlin-Prag" in Karlsbad einfuhren. Nach einiger Zeit fragte ich zwei Tschechen, die neben uns standen und sich unterhielten, nach der vermutlichen Ankunftszeit. „Die Fahrer sind schon längst hier, sie werden gleich auf Lkws vorbeikommen, die sie ins Pupp bringen werden", war die Antwort. Die beiden Herren, die sehr gut Deutsch sprachen, waren offensichtlich ebenso wie wir an einem Gespräch interessiert. Einer der beiden leitete den Automobilexport von Skoda in die kapitalistischen Länder; der andere war Zahnarzt. Sie waren Freunde, die sich etwa fünf Jahre nicht gesehen hatten. Nach einer Viertelstunde sagte der Zahnarzt: „Weshalb stehen wir hier so unbequem?, meine Wohnung ist nur zwei Minuten entfernt". Wir gingen zu seinem Haus, und vor dem Aufzug stehend bat der Zahnarzt seinen Freund, er möge schon in die Wohnung hinauffahren, denn der Lift trüge nur drei Personen. Während der Autohändler aufwärts entschwand, sagte uns der Zahnarzt ganz schnell, sein *Freund* sei ein Opportunist. Wir möchten in Anwesenheit seiner, des Zahnarztes, Frau zurückhaltend diskutieren, denn sie sei soeben aus einer halbjährigen Haft wegen Kontakten zu Ausländern entlassen worden. Wir aßen in der Wohnung gemeinsam zu Abend, während dessen wir die Thesen des Autohändlers über die Entwicklung in der Bundesrepublik nicht unwidersprochen stehen lassen konnten. Nachdem der Händler sich verabschiedet hatte, konnten wir mit dem Zahnarztpaar für den nächsten Tag eine damals für uns unerlaubte Fahrt nach Marienbad vereinbaren.

Meine Frau und ich waren planmäßig mit unserem Käfer, das war übrigens damals in der Tschechoslowakei ein auffallendes Auto, an der verabredeten Stelle. Nur der Mann war da und stieg blitzschnell in unseren Wagen. Er dirigierte uns zu einer unübersichtlichen Stelle, an der seine Frau aus einem Busch sprang und ebenfalls schnell einstieg. Die beiden erläuterten uns ihre Vorsichtsmaßnahmen und die Frau fragte uns, ob wir Lust hätten, nach einem Bummel durch Marienbad mit ihnen zum dortigen Golfplatz zu fahren. Der Mann wies uns darauf hin, dass seine Frau tschechische Golfmeisterin sei und jede Gelegenheit wahrnähme, diesen kapitalistischen Sport auszuüben. Auf dem Golfplatz unterhielten wir uns sehr gut und freundschaftlich auch mit anderen Herrschaften, die allesamt der deutschen Sprache mächtig waren.

---

einen Konzertsaal stießen, in dem Dvorak seine Symphonie „Aus der Neuen Welt" uraufgeführt hat.

Als wir uns trennten, verabschiedeten sie sich mit Bedauern in der Stimme mit „Leben Sie wohl!"[21]

Eines Abends waren wir bei unseren neuen tschechischen Bekannten zum Essen eingeladen. Nachdem wir uns eine Zeitlang unterhalten hatten, ging die Frau wegen des Essens in die Küche, kam aber gleich aufgeregt zurück, bat uns in das nicht beleuchtete Schlafzimmer und zeigte uns einen unter ihrem Fenster stehenden Tatra-Wagen. Sie war in Beschattungen erfahren und versicherte uns, ein solcher Tatra-Wagen habe noch nie an ihrer Straße gestanden und sie sei überzeugt, dass Agenten uns beim Verlassen des Hauses folgen würden. Sie schlug uns deshalb vor, nicht über die Straße, sondern über Treppen in die Altstadt zurückzugehen. Wir befolgten den Vorschlag, doch als wir unten im Zentrum ankamen, bemerkten wir einen sich uns langsam nähernden Tatra. Wir gingen in einen Kretscham und setzten uns zu anderen Tagungsteilnehmern. Aber kaum saßen wir, ließen sich zwei Herren an einem freien Nachbartisch nieder, offensichtlich, um unsere Gespräche zu belauschen. Da wir einiges getrunken hatten, befürchteten wir, unsere Gastgeber durch unüberlegte Bemerkungen zu gefährden, und verließen deshalb das Lokal bald wieder.

Der tschechische Zahnarzt hatte ein Verfahren entwickelt, nachdem er kranke Zähne zog, sie behandelte und wieder einsetzte. Er sagte uns damals, dass er eine Praxis in Prag anstrebe, weil er dort Verbindungen zur Universität sähe, an der er sein Verfahren vorstellen wolle.[22]

Obwohl es uns nicht erlaubt war, unternahmen wir von Karlsbad einen Abstecher nach Prag. Ich war zwar schon während des Krieges mit der Bahn durch die Goldene Stadt gefahren und hatte auf dem Bahnsteig *Verpflegung gefasst*, aber einen Eindruck von der Stadt gewann ich erst bei diesem Besuch. Wir hatten soeben unseren Käfer abgestellt, da erblickten wir einen älteren Herrn. Als wir ihn nach dem schönsten Weg zum Hradschin fragten, bot er sich an, uns zu begleiten. In diesem

---

[21] Bei einer Wanderung durch Böhmen haben Gisela und ich am 8.9.1998 - genau 40 Jahre später - Marienbad noch einmal besucht.

[22] 1995 wanderte ich mit meiner Frau von Bochum nach Karlsbad. In der alten Wohnung wohnte das Ehepaar nicht mehr. Wir nahmen an, dass es schon vor langer Zeit nach Prag gezogen sei. Erst kurz vor unserer Abfahrt mit der Bahn erfuhren wir - zu spät für einen Besuch -, dass der Arzt und seine Frau sich getrennt hatten und der Arzt noch an einer anderen Stelle in Karlsbad wohnte.

Herrn hatten wir einen ausgezeichneten Führer, der uns nicht nur einen Einblick in die Geschichte etlicher Schlösser, Palais, Kirchen und Brücken gab, sondern sehr daran interessiert war, sich mit uns über die aktuelle Situation seines Landes und die Entwicklung in Deutschland zu unterhalten. Mit Wehmut dachte er an die Donaumonarchie zurück. Er meinte, diese wäre wohl nicht auseinander gefallen, wenn der Kaiser den Tschechen etwas mehr Selbstständigkeit gegeben hätte, etwa wie den Ungarn. Ich bin heute der Ansicht, dass die Tschechen zunächst einmal einen völlig unabhängigen Staat haben wollten, bevor sie nach dessen Verwirklichung bereit gewesen wären, ihre Autonomie aufzugeben und sich in ein Gebilde aus mehreren Völkern wie der Europa-Union einzuordnen. Der vor 1938 bestehende Wunsch der Sudetendeutschen, ihre Heimat dem Deutschen Reich anzuschließen, wäre gewiss nicht so ausgeprägt gewesen, wenn der Staatspräsident der Tschechoslowakei Edward Benesch sein Wort gehalten hätte und seinem Land einen den Regelungen in der Schweiz entsprechenden Status bezüglich der ethnischen Zugehörigkeit seiner Bürger gegeben hätte.

Bei der Wiedereinreise nach Deutschland trugen wir dazu bei, einem tschechischen Grenzbeamten die Zeit zu verkürzen. Mit uns als den einzigen Passanten wollte er sich offensichtlich gern unterhalten. Immer wenn die Unterhaltung einzuschlafen drohte, forderte er uns auf, ein zusätzliches Gepäckstück zu öffnen. Aber ehe er es kontrolliert hatte, fiel ihm wieder eine neue Frage ein. Nach etwa einer Stunde kam ein weiterer Passant, und wir durften abfahren.

Die Rückfahrt unterbrachen wir für einige Tage im Bayerischen Wald. Neben erholsamen Wanderungen blieben mir riesige Mengen gelbgrünen Blütenstaubes in Erinnerung, die aus den Fichten hinausgeweht wurden und aus der Ferne aussahen wie Rohgaswolken, die früher nicht selten bei Betriebsstörungen den Koksöfen der Kokereien entströmten. An diese Tage im bayerischen Wald haben mich noch lange meine vom Blütenstaub gefärbten Socken erinnert.

Nach meiner Rückkehr forderte mich der Bergschuldirektor Franz Leyendecker auf, vor dem Kollegium einen Vortrag über die Ergebnisse der Tagung zu halten. Ich berichtete kurz über die mir wichtig erscheinenden Referate und ging danach ausführlich auf meine Erlebnisse am Rande der Tagung ein. Da es damals wenig Einblicke in das Leben in den Ostblockländern gab, fanden meine Erzählungen über die oben geschilderten Begebenheiten ein größeres Interesse als meine fachlichen Ausführungen.

Der Bergschuldirektor Franz Leyendecker veranstaltete mit seinem Kollegium von etwa hundert Bergschullehrern in jedem Jahr in der letzten Woche der Sommerferien eine Studienfahrt. Damit wollte er erreichen, dass sich die Kollegen durch Anschauung und Diskussion mit Fachleuten auch außerhalb des Ruhrreviers fachlich weiterbildeten, bedeutende Kulturdenkmäler zu sehen bekamen und sich untereinander besser kennen lernten. Insbesondere Letzteres hielt er für wichtig, weil sich dadurch eine gute Arbeitsatmosphäre entwickeln konnte und die kollegiale Abstimmung der Unterrichtsgebiete erleichtert wurde.

In den Bergschulgebäuden der Westfälischen Berggewerkschaftskasse trafen sich die Kollegen sehr oft, wenn nicht zu anderen Zeiten, dann wenigstens in den großen Pausen zwischen der ersten und der zweiten Doppelstunde gegen zehn Uhr. Es war für die Lehrer geradezu Pflicht, diese Pause im Lehrerzimmer zu verbringen. Herr Leyendecker kam häufig zu dieser Zeit dorthin, um uns Neuigkeiten mitzuteilen und Fragen zu besprechen.[23]

Von den Studienfahrten mit Herrn Leyendecker blieb mir in Erinnerung, dass sie vorzüglich organisiert, sehr informativ und meist sehr anstrengend waren, weil Herr Leyendecker und sein Planungsteam die Tage von morgens früh bis abends spät mit Besichtigungen, Vorträgen und Diskussionen ausgefüllt hatten. Ich will versuchen, aus meiner Erinnerung kurz über die Fahrten zu berichten.

1958 besuchten wir die Weltausstellung in Brüssel. Schlafen konnten wir in allen Nächten in einem neuen Wohnheim der katholischen Universität Löwen, denn die Studenten waren wegen der Semesterferien ausgeflogen. Der Rektor, ein Weihbischof, verbrachte mit uns einen feuchtfröhlichen Abend in einem traditionellen Löwener Haus. Ich erinnere mich noch daran, dass dieser mit dem Lied „Lebe wohl mein flandrisch Mädchen" ausklang. Bei einer Grubenfahrt während dieser Exkursion wäre ich beinahe zermalmt worden. Wir drückten uns an den Ausbau einer Strecke, um einen sehr langsam fahrenden Zug vorbeizulassen. Auf einmal sprang ein Wagen aus den Schienen und schlug un-

---

[23] Ein Zeichen für das Zusammengehörigkeitsgefühl der ehemaligen Bergschullehrer, von denen keiner länger als zehn Jahre an der Bergschule unterrichtet hat, ist ein Stammtisch, an dem sich – noch 40 Jahre nach dem Auslaufen der Bergschule – alle 14 Tage bis zu 20 Herren treffen. Von den Kollegen, die erst nach der Einstellung des Bergschulbetriebes in die bergbaulichen Schulen eingetreten sind, haben nur wenige zum Stammtisch gefunden.

mittelbar vor mir in die Wand und schrammte noch etwas daran entlang, kam aber glücklicherweise nachdem er die Elastizität meiner Rippen geprüft hatte, zum Stehen.

1959 fuhren wir mit der Bundesbahn nach Berlin. Die Fahrt dauerte damals mehr als doppelt so lange wie heute, nicht zuletzt, weil am Grenzübergang umfangreiche Kontrollen durchgeführt wurden. Wie üblich besichtigten wir Werke, aber eine besondere Bedeutung hatten Vorträge von Politikern über die Lage der „Frontstadt". Die Blockade der Sowjetunion hatte die Stadt längst überstanden, aber die Mauer stand noch nicht.

1960 brachten uns Busse nach Bremen, wo uns zunächst der Senat großzügig empfing. Wir besichtigten unter anderem die Firma Borgward, die zu der Zeit die „Isabella" produzierte. Eine Erdölfirma, von der Herr Leyendecker maßgebliche Herren kannte, spendierte uns nach der Besichtigung ihrer Anlagen eine Fahrt nach Helgoland, die nicht allen Kollegen gut bekam.

1961 bestand das Kollegium aus mehr als hundert Herren und einer Frau - Dr. Dora Wolansky. Da wir nicht alle in ein einziges Bergwerk einfahren konnten, hatte Herr Leyendecker, der im Lothringer Bergbau durch seine vormalige Tätigkeit als Direktor der Bergschule Diedenhofen bekannt war, die Genehmigung bekommen, das Kollegium auf mehrere Bergwerke aufzuteilen. Die überaus üppige Bewirtung in dem als Casino der Bergwerksgesellschaft dienenden Schlösschen Niederhomberg war für mich ein neues Erlebnis.

1962 fuhren wir nach Süddeutschland. Ich erinnere mich noch an eine Schiffsfahrt durch den Donaudurchbruch bei Kelheim mit einer Besichtigung des Benediktinerklosters Weltenburg und der Befreiungshalle. Unsere „Kulturfahrhauer" Dr. Niemann und Dr. Sichelschmidt, die uns zu allen Kulturdenkmälern Erläuterungen gaben, hatten auf dieser Studienfahrt besonders viel zu tun.

1963 hat Herr Leyendecker noch eine Studienfahrt nach Kassel und in den nahe liegenden Salzbergbau organisiert. Erst während der Fahrt erfuhr das Kollegium zu seiner Überraschung und seinem Bedauern, ihm sei nahegelegt worden, nicht mitzufahren, denn er sei seit Ostern in Pension. Mit der Umwandlung der Bergschule in die Ingenieurschule für Bergwesen kamen die Studienfahrten des Kollegiums zum Erliegen. Erst 1976 habe ich sie als Rektor der Fachhochschule Bergbau wieder eingeführt.

Sofort nach meinem Eintritt in die Dienste der Westfälischen Berggewerkschaftskasse WBK bemühte ich mich um eine Mietwohnung oder ein Haus in Bochum. Obwohl der Krieg schon zwölf Jahre zurücklag, war der Wohnraum immer noch sehr knapp. Als ich erfuhr, dass die WBK ein Grundstück erworben hatte, auf das für ihre Belegschaftsmitglieder von der Wohnungsbaugesellschaft *Bochumer Heimstätte* Zweifamilienhäuser gebaut werden sollten, interessierte ich mich sofort dafür. Aber alle Parzellen waren vergeben! Ich arbeitete zu der Zeit neben der Lehre im Chemischen Labor der WBK an meiner Dissertation. Ein Mitarbeiter des Labors, Dr. Winzen, hatte ein Grundstück erhascht. Da er mein Interesse an einem halben Haus kannte, kam er eines Tages zu mir und teilte mir mit, dass sich ein Bewerber zurückgezogen habe. Ich eilte sofort zum für die Abwicklung zuständigen Betriebsrat, und dieser trug mich in die Liste der Berechtigten ein. Das Grundstück war noch Ackerland, aber der Name der anzulegenden Straße lag schon fest. Da sie vor einem Wald zu liegen kam, sollte sie Vormholzstraße heißen.

Die neunzehn Berechtigten führten eine Unzahl von Besprechungen durch, bei denen jeder besser als der andere wusste, wie die Bochumer Heimstätte die Häuser bauen sollte. Tatsächlich verhielt sich der Bauträger außerordentlich stur. Er war nicht bereit, die Hanglage der Grundstücke zu nutzen. Da in den Plänen in jeder Wohnung einige sehr schmale Zimmer vorgesehen waren, hätte sich außer der Nutzung der Hanglage eine geringfügige Verbreiterung der Häuser sehr positiv auf deren Wohnwert ausgewirkt. Dass die Häuser gleichartige Schrägdächer erhalten sollten, war einzusehen. Allerdings waren die Bewohner sehr verärgert, als der für das Projekt zuständige Herr der Bochumer Heimstätte am Ende der Vormholzstraße für sich ein Haus mit Flachdach errichten ließ. Angeblich auf Wunsch eines „Bauherrn" ließ die Bochumer Heimstätte für jede Wohnung statt zweier Kamine drei Kamine einbauen. Die Bewohner sollten die Möglichkeit haben, in der Küche Kohlen oder Abfälle zu verbrennen. Eine Witwe verbrannte in ihrem Herd Jahre lang Kunststoffabfälle; deshalb entströmten ihrem dritten Kamin gelegentlich sehr üble Gase und Dämpfe. Natürlich hat der dritte Kamin Geld gekostet. In meinem Haus verunstaltet er darüber hinaus vier Räume - einen als Spielzimmer hergerichteten Kellerraum, die Küche, ein Kinderzimmer im Obergeschoss und mein Arbeitszimmer auf dem Dachboden – und verkleinert den nutzbaren Raum. Nach 35 Jahren sickerte Wasser an der Stelle durch, an der der Kamin durch das Dach geführt war. Ich ließ deshalb seinen das Dach überragenden Teil abreißen und das Dach in dem Bereich neu decken. Den Kamin hatte ich kein einziges Mal gebraucht.

Im Heizungskeller, für den eine Ölheizung fest eingeplant war, ließ die Bochumer Heimstätte mit Doppel-T-Trägern eine stabile Wand errichten, hinter der der Koks für eine nicht vorgesehene Koksheizung gelagert werden sollte. Ich hatte mit meinem Vater nach meinem Einzug mehr als einen Tag zu tun, um die Mauer abzureißen, den Schutt fortzuschaffen und den Estrichboden wieder halbwegs in Ordnung zu bringen.

Doch zurück zur Planung und dem Bau des Hauses! Die Baubeschreibung erhielt ich am 27. März 1958. Vom dritten Kamin und der Koksmauer stand nichts darin. Ich konnte nur selten am Bau sein, weil ich viel anderes zu tun hatte. Ursprünglich hatten wir einen Finanzierungsplan für unser Haus, richtiger unsere Haushälfte, erhalten, der Kosten von 44 000 DM vorsah. Allerdings war der Plan abgestellt auf Dielenfußböden, Blendläden an den Fenstern und ein Bad ohne Duschkabine. Wir erbaten als Sonderwünsche Parkettfußboden, Rollos und statt der vorgesehenen Besenkammer eine Duschkabine. Nach Berücksichtigung unserer Sonderwünsche erhielten wir im Juni 1959 einen neuen Finanzierungsplan. Dieser sah nun Gesamtkosten von 53.300 DM vor. Der nächste Plan vom 16. Dezember 1959 belief sich, ohne dass von uns weitere Sonderwünsche genannt worden wären, auf 64.000 DM und die Schlussabrechnung vom 30. April 1963 auf 93.112 DM. Die Verteuerung war nicht zuletzt auf eine schlechte Bauaufsicht zurückzuführen. Die Fertigstellung der Häuser hatte sich in einer Zeit mit hohen Teuerungsraten außerordentlich verzögert. Proteste bei der Bochumer Heimstätte nutzten nichts. Es hieß: Wenn Sie zurücktreten wollen, machen wir Ihnen keine Schwierigkeiten. Tatsächlich wäre ein Rücktritt wohl auch zweckmäßiger gewesen, aber schon zu einem viel früheren Zeitpunkt. Wir hätten dann mit den Mitteln, die wir für dieses verteuerte Haus einsetzen mussten, ein größeres Haus bauen können. Ursprünglich hatten wir das Projekt Vormholzstraße gern aufgegriffen, weil wir nach meinem Studium noch keine nennenswerten Eigenmittel angesammelt hatten und der erforderliche Eigenkapitalbedarf nach dem ersten Finanzierungsplan gering war.

Wegen der enormen Verzögerungen beim Bau des Hauses wurde der Rohbau erst am 18. Januar 1960 vom Bauordnungsamt der Stadt Bochum abgenommen. Gisela ging zu der Zeit mit unserem ersten Kind schwanger. Wir hatten noch die Hoffnung, das Kind würde in Bochum geboren. Aber unser Sohn Frank kam - etwas zu früh - schon am 13. März an, und einziehen konnten wir erst am 26. Juli.

Als Gisela mich eines Nachts wegen ziehender Schmerzen weckte, ergriff ich zunächst schlaftrunken statt des Buches für Schwangere, mit dessen Hilfe sich Gisela darüber informieren wollte, ob ihre Schmerzen wohl schon Wehen darstellten, ein Kochbuch. Es waren Wehen! Kaum hatte ich Gisela ins Krankenhaus gebracht, da machte sich das Kind schon auf den Weg aus seiner sicheren warmen Unterkunft. Als ich Gisela am nächsten Tag im Krankenhaus besuchte, enttäuschte ich sie sehr, als ich des Sohnes Stirn etwas flach fand. Getauft wurde der Sohn mit dem Namen Frank noch in Kamen von Pastor Donsbach, der schon Gisela getauft, uns beide konfirmiert und getraut hatte. Mit meinem Namenswunsch Florian konnte ich mich gegenüber Gisela nicht durchsetzen, denn der Name Frank war „in". Als wir ein Vierteljahr später in die Vormholzstraße zogen, riefen drei Mütter ihre etwa gleich alten Söhne mit diesem Namen.

Schon vor dem Umzug, aber auch noch danach, half mir mein Vater ganz wesentlich. U.a. fertigte er eine Gartenlaterne, eine Teppichstange, vier einsteckbare Wäschepfähle, einen Gartentisch und drei dazu passende einsteckbare Hocker an und baute alles ein. Für den Tankschacht für das Heizöl entwickelte er eine besondere Belüftungsvorrichtung und baute auch diese ein. Für den Tankdeckel und zur Verschönerung der Garage goss er in Beton große Blumentöpfe. Außerdem verputzte er alle Kellerräume. Um bei der letzten Arbeit zu helfen, war an einem Sonntag mein Schwiegervater mit meinem Vater von Kamen nach Bochum gekommen. Er hatte es übernommen, in einer runden hohen Tonne Kalk zu löschen. Weil sich der Branntkalk in dieser Tonne nicht so gut wie in einer Speispfanne verteilen ließ, legte mein Vater ihm nahe, den Kalk sehr vorsichtig unter intensivem Rühren in das Wasser einzubringen, denn sonst könne es zu unangenehmen Überhitzungen kommen. Es kam zu diesen Überhitzungen. Ich arbeitete auf dem Dachboden, und auf einmal schoss eine weiße Staubsäule durch das noch treppenlose Treppenhaus zu mir herauf. Glücklicherweise hat der ätzende Kalkstaub niemanden verletzt.

Da man am Bau kaum einen Fortschritt sah, entschlossen sich Gisela und ich, mit Frank an unserem Hochzeitstag in das noch unfertige Haus zu ziehen. Wir erhofften uns dadurch die Möglichkeit, mehr Einfluss auf die Handwerker nehmen zu können. Mein Vater hatte einen Lkw beschafft, und mit diesem konnten wir fast unser gesamtes Hab und Gut mit einer einzigen Fahrt nach Querenburg schaffen. Vieles musste zu dem Zeitpunkt noch gestrichen werden; die Heizkörper, Fensterbänke und Rollläden waren noch nicht angebracht, die Garage stand noch nicht und die Terrasse war noch nicht angelegt. Mit den Anstreicherarbeiten war von der Bochumer Heimstätte eine fremde Firma *betraut* worden. Deren Leute schliefen in einem Wohnwagen. Mehrere *Eigenheimer* waren an einem schnellen Abschluss der Innenarbeiten interessiert, und so versuchte einer dem anderen die Handwerker wegzulokken. Wir versuchten es mit mehreren Einladungen eines Anstreichers zu abendlichem Skatspiel. Das war aber ein schlecht durchdachtes Verfahren, denn der Mann spielte sehr gern Skat, und er befürchtete, nach Abschluss seiner Arbeiten nicht mehr eingeladen zu werden. Als er schließlich fertig war, wurden die Heizkörper angeschlossen und wir nahmen die Heizung zur Probe in Betrieb. Einige Heizkörper wurden gar nicht warm, andere nicht richtig. Der herbeigerufene Installateur nahm alle möglichen Einstellungen des Systems vor, aber mit geringem Erfolg. Schließlich nahm er die Heizkörper ab, und da zeigte sich, dass bei deren Einbau die Papierstopfen, die der Anstreicher in die Rohre hineingesteckt hatte, damit keine Farbe hineinlief, in den Anschlussstücken verblieben waren. Schlimmer war es, dass eines Tages der Putz von der Decke eines Kinderzimmers fiel, das glücklicherweise noch nicht benutzt wurde. Mein Vater, der selbst als Stuckateur tätig gewesen war, stieß daraufhin leicht mit dem Besenstiel unter die Zimmerdecken, wodurch von fast allen Decken der Putz herabfiel, auch von der Decke des Zimmers unseres vierteljährigen Sohnes. Welchen Ärger wir dadurch hatten, brauche ich nicht zu schildern. Außerdem war bei der Betonierung der Wohnzimmerdecke das eingelegte Rohr für die Stromleitung so zusammengedrückt worden, dass sich keine Leitung mehr hindurchschieben ließ. Die Decke wurde deshalb aufgeschlagen, und sie ist trotz der Bemühungen mehrerer Putzer und Anstreicher nie wieder richtig eben geworden. Unsere Treppenstufen im Hause waren so stark beschädigt, dass wir sie sofort nach Abschluss der Handwerkerarbeiten mit Teppich beziehen ließen.

Der von „Fachleuten" berechnete Ölbrenner unserer Heizung war mit einer Leistung von 100 kW extrem überdimensioniert. Ich habe heute einen Gasbrenner mit einer Leistung von 18,6 kW, der außerdem noch seine Leistung reduziert, wenn die eingestellte Höchsttemperatur des Umlaufwassers nahezu erreicht ist. Die auf dem ersten Brenner angegebene Leistung wurde aber zunächst nicht wirksam, denn der Brenner war auf einen Luftüberschuss von mehreren hundert Prozent eingestellt worden. Der Kohlendioxidgehalt der Abgase lag zwischen 2,5 und 3 Volumenprozent bei einer Abgastemperatur von mehr als 300°C. Wenn ich mich richtig erinnere, lag der Feuerungswirkungsgrad unterhalb 40 Prozent. Zu der Zeit befasste ich mich in der Lehre mit Heizungen, außerdem auch außerberuflich mit meiner eigenen. Ich reinigte sie häufig und stellte sie soweit wie möglich auf akzeptable Werte ein. Während man bei meinem jetzigen Heizungsofen wegen guter Isolierung an dessen Wandtemperatur kaum merkt, dass die Flamme brennt, strahlte uns im Winter die Tür des alten Ofens schon rot entgegen, wenn wir den dunklen Kellerraum betraten. Einmal konnte ich zur Inspektion des Ofens die Schrauben an der Tür nicht mehr mit einem Schraubenschlüssel lösen. Ich nahm deshalb Hammer und Meißel. Beim ersten Schlag flog die erste Schraubenmutter schon weg; offensichtlich war sie weich gebrannt. Mit der Schraube ist auch der Meißel weggerutscht und der Hammer traf meinen linken Daumen so, dass der Nagel nie wieder richtig gewachsen ist.

Der Leser dieser Zeilen wird sagen, weshalb hat er sich denn alles gefallen lassen? Das hing damit zusammen, dass wir bis zur Übertragung des Eigenheimes durch die Bochumer Heimstätte nicht Eigentümer des Hauses waren, und die Bochumer Heimstätte alle Beschwerden überaus schleppend, wenn überhaupt, behandelte. Der „Kaufvertrag zur Übertragung eines Kaufeigenheimes" wurde vom Amtsgericht Bochum erst am 19. Mai 1965 ausgefertigt.

Alles, was ich über das Haus berichtet habe, waren Anfangsschwierigkeiten. Seit 44 Jahren wohne ich nun mit meiner Frau in diesem Haus und fühle mich wohl. Alle drei Kinder, die in diesem Haus aufgewachsen sind, haben sich offensichtlich trotz ihrer sehr kleinen Zimmer auch wohl gefühlt, denn sonst hätten sie nicht immer protestiert, wenn meine Frau und ich die Anschaffung eines größeren Hauses in Erwägung zogen. 1989 ließen wir das Haus verklinkern, weil im Putz immer wieder neue Risse auftraten. Entgegen den Auskünften der früheren Bergwerksgesellschaft VEBA waren die Risse doch wohl bergbaubedingt.[24] Im Jahr 2002 ließen wir von unserer Terrasse und vom Weg von dieser zur Garagentür die Kunststeine abtragen und durch Natursteine ersetzen. Außerdem ließen wir am Ende dieses Weges unter unserer großen Zeder ein kleines Rondell anlegen, auf dem wir zwei Liegestühle aufstellen können. Die Zeder schützt uns vor unerwünschten Sonnenstrahlen und vor Regen, so lange dieser nicht zu intensiv ist oder zu lange vom Himmel fällt.

An sich gehörte das Anlegen des Gartens zu den Aufgaben der Bochumer Heimstätte. Damit wir uns des Gartens nicht erst in ferner Zukunft erfreuen konnten, legte ich ihn unmittelbar nach unserem Einzug selbst an und pflanzte im Spätherbst drei Sauerkirsch-, drei Apfel- und zwei Birnbäume. Die Kirschbäume beglückten uns im Frühling mit ihren Blüten und die Vögel im Spätsommer mit ihren Kirschen. Die Birnen wurden nie richtig reif, weil Wespen sie annagten, sodass sie noch

---

[24] Siehe E. Beier: Bergbaurundweg „Ruhr-Uni", S. 33 – 35, Ponte Press Verlags GmbH, Bochum 2003

unreif herabfielen. Die Apfelbäume bescherten uns immer gute Ernten. Frank fällte nach etwa 30 Jahren alle Kirsch- und Birnbäume sowie zwei Apfelbäume, die inzwischen altersschwach geworden waren. Den letzten Apfelbaum, einen Ontario-Apfel, ernten wir in der Regel erst Anfang November ab und haben dann bis spät in den Frühling eigene Äpfel, die ich noch nie gespritzt habe, im Keller. Neu gepflanzt haben wir wieder einen Apfel-, einen Birn- und einen Pflaumenbaum. Alle drei trugen bereits einzelne Früchte.

An der Bergschule begann 1963 der letzte Steigerlehrgang und gleichzeitig der erste Lehrgang an der Nachfolgeschule der Bergschule, der Ingenieurschule für Bergwesen IfB. Da es sich zeigte, dass nach der Einstellung der Bergschulausbildung zwischen den Ebenen der Meister und der Ingenieure eine Lücke klaffte, wurde ein Jahr nach der Gründung der Ingenieurschule zusätzlich eine Technikerschule, die Bergfachschule, eingerichtet. Zum Abschluss dieses Kapitels sei kurz die Geschichte der Bergschule dargestellt.

Die Bergschule wurde 1816 mit der Aufgabe gegründet, Steiger auszubilden. Die Steiger sollten die preußischen Beamten, denen nach dem damals geltenden Direktionsprinzip die Führung der Betriebe oblag, bei ihrer Arbeit unterstützen. Die Beamten hatten in der Regel an Bergakademien, z.B. in Clausthal, studiert. Die Bergschüler haben in der gesamten 150-jährigen Geschichte immer abwechselnd im Betrieb gearbeitet und die Schule besucht. In den ersten Jahren der Bergschule mussten die Schüler am Tage, auch samstags, ihre vollen Schichten verfahren und danach zur Schule gehen, oft viele Kilometer weit. Später wurde die betriebliche Arbeitszeit der Schüler vermindert, aber keineswegs um die gesamte Stundenzahl, die sie in der Bergschule zu verbringen hatten. Eine derartige Reduzierung erfolgte erst mit der Einführung des Neuen Bochumer Systems im Jahre 1950. Die Schüler arbeiteten von diesem Zeitpunkt an in der Woche an drei aufeinanderfolgenden Tagen im Betrieb und besuchten an den anderen drei Wochentagen die Schule. Während der Schulferien arbeiteten sie im Betrieb und mussten in dieser Zeit ihren Tarifurlaub nehmen, der unter Einschluss der Samstage zwölf Tage betrug. In den letzten Jahren des Bestehens der Bergschule wechselten die Schüler wöchentlich zwischen Betrieb und Schule.

Die Summe aus betrieblichen Arbeitsstunden und schulischen Unterrichtsstunden, die bis 1963 Pflichtstunden waren, entwickelte sich seit 1918 folgendermaßen:

vor 1918: mehr als 72 Wochenstunden
1918: 72 Wochenstunden
1937: 60 Wochenstunden
1948: 48 Wochenstunden, davon 24 Wochenstunden im Betrieb
1963: 40 Wochenstunden, nur Schulstunden
1971: 27 Wochenstunden, nur Schulstunden, zusätzlich freiwillige Wahlfächer

1851 gab der preußische Staat das Direktionsprinzip auf, das ihm die gesamte Leitung der Bergwerke zugestanden hatte, d.h. von dem Zeitpunkt an konnten die Bergwerksunternehmer die Leitung ihrer Betriebe selbst übernehmen. Die sicherheitliche Aufsicht verblieb allerdings bei den Bergämtern des Staates. Die Unternehmer bemühten sich, dem Staat Bergbeamte, die bis dahin die Betriebe geleitet hatten, abzuwerben und als nun ihnen verantwortliche Betriebsführer einzusetzen. Sie konnten aber auf diese Art nicht genügend Leitende Angestellte finden und richteten deshalb an der von ihnen getragenen Bergschule Betriebsführerklassen (Oberklassen) ein, in die nur solche Absolventen der bisherigen Klassen aufgenommen wurden, die wenigstens einen Bergschulabschluss mit der Note Gut erreicht und eine Zeitlang als Steiger im Betrieb gearbeitet hatten. Die bisherigen Klassen wurden danach als Steiger- oder Unterklassen bezeichnet und, mit vielen Änderungen, bis 1966 weitergeführt.

Die französischen Reparationszahlungen nach dem Deutsch-Französischen Krieg 1870/71 hatten im gerade gegründeten Zweiten Deutschen Reich zu einem Boom geführt, der eine enorme Steigerung des Bedarfs an Kohlen zur Folge hatte. Da sich dieser nur mit mehr und besser ausgebildetem technischen Personal befriedigen ließ, richtete der Bergbau 1872 Bergvorschulen ein, die hauptsächlich für Absolventen der achtklassigen Volksschulen gedacht waren. Nach dem Besuch der Bergvorschule, in der insbesondere Rechnen und Schreiben geübt wurden, traten die Schüler mit besseren Voraussetzungen in die Bergschule ein und konnten dort weitergehender ausgebildet werden.

Als die Bergschule 1816 gegründet worden war, befanden sich nur wenige primitive Maschinen im Einsatz. Für das Aufsichtspersonal reichte also eine bergtechnische Ausbildung ohne Vermittlung maschinentechnischer Grundlagen. Die „Maschinisierung" verstärkte sich jedoch in der zweiten Hälfte des 19. Jahrhunderts, sodass die Bergschule sich gezwungen sah, ihre Schüler durch Einführung maschinentechnischer Fächer auf den Umgang mit den neuen Maschinen vorzubereiten. Da diese Maßnahme nicht ausreichte, wurde 1890 neben dem bereits bestehenden Klassentyp für Grubensteiger eine Klasse zur Ausbildung von Maschinensteigern eingerichtet. 1920 wurde die Zahl der Studiengänge durch die Einführung von Klassen für Elektrosteiger auf drei erweitert. In der folgenden Tabelle sind die drei genannten und die später als Unterklassen eingerichteten Studiengänge aufgeführt:

1816 Grubensteiger
1890 Maschinensteiger
1920 Elektrosteiger
1926 Vermessungssteiger
1934 Maschinensteiger unter Tage
　　　Maschinensteiger über Tage
1948 Aufbereitungssteiger
1950 Kokereisteiger

In den Oberklassen war die Entwicklung ähnlich:
1851 Grubenbetriebsführer
1922 Maschinenbetriebsführer
1938 Elektrobetriebsführer
1955 Maschinenbetriebsführer unter Tage
　　　Maschinenbetriebsführer über Tage

Die Anzahl der Fächer war in der Grubensteigerklasse von vier im Jahre 1816 auf 22 im Jahre 1963 angestiegen. Das bergbauliche Schulsystem wurde später noch erweitert durch Bergberufsschulen, Aufbauklassen und ein Weiterbildungsinstitut für Absolventen der Betriebsführerklassen und wissenschaftlicher Hochschulen, die in leitenden Positionen schon Erfahrungen gesammelt hatten. Die folgende Aufstellung zeigt die Gründungsjahre und die Schülerzahlen der einzelnen Schultypen im Jahre 1955, wobei im Normalfall die einzelnen Stufen von unten nach oben durchlaufen wurden.

Gründungsjahr	Schultyp	Schülerzahl
1854	Betriebsführerklassen	117
1816	Steigerklassen	2 056
1872	Bergvorschulen	1 860
1930	Aufbauklassen	1 809
1921	Bergberufsschulen	38 013

Die Bergschullehrer nahmen bei Besichtigungen von Betrieben deren technische Probleme zur Kenntnis, wurden aber auch während des Unterrichts durch ihre Schüler auf solche hingewiesen. Manche Lehrer nahmen sich dieser Probleme an und verschafften sich dadurch neben der Lehre eine zweite Tätigkeit. Im Idealfall führten diese Tätigkeiten zur Gründung von Instituten. Auf die Institute der Westfälischen Berggewerkschaftskasse werde ich im Kapitel „Leiter des Instituts für Chemie" eingehen.

Mit dem Ende meiner Bergschullehrertätigkeit sind meine Beziehungen zu meinen ehemaligen Schülern nicht erloschen. Intensiv lebten sie im Mai 1998 wieder auf. Das war 35 Jahre, nachdem die Bergschule ihre letzten Schüler aufgenommen hatte und sieben Jahre nach meiner Pensionierung. Ausnahmsweise seien die Kontakte des Pensionärs mit seinen ehemaligen Schülern für einen Monat dargestellt:

Am 9. Mai 1998 nahm ich als Ehrengast am Delegiertentag des Ringes Deutscher Bergingenieure, des ehemaligen Ringes ehemaliger Bergschüler, teil und traf dabei viele meiner Schüler und etliche Kollegen.

Vom 10. bis 13. Mai wanderte ich mit ehemaligen Bergschülern im Bayrischen Wald.

Vom 14. bis 17. Mai trafen meine Frau und ich uns mit Bergschülern und ihren Gattinnen im historischen Winkler Bräustüberl in Lengenfeld bei Nürnberg, unternahmen einige Ausflüge, u. a. zum Donaudurchbruch bei Kelheim und nach Regensburg.

Am 18. Mai fuhr ich mit meiner Frau von Lengenfeld aus in den Bayrischen Wald, weil wir unsere Wanderung über den Europawanderweg 6 fortsetzen wollten. Als wir in Haidmühle die Autotür öffneten, standen unverhofft und zufällig einige Kameraden des Ringes Deutscher Bergingenieure mit ihren Gattinnen vor uns, mit denen wir anschließend einige gesellige Stunden verbrachten.

Am 21. Mai verabschiedeten wir uns von den RDB-Kameraden und fuhren zu einer bis zum 24. Mai stattfindenden Tagung nach Bad Wiessee. Dort trafen wir meinen Kollegen von der Bergschule Wolfgang Höhne, der mein Vorgänger im Amt des Rektors der Fachhochschule Bergbau war.

Und schließlich berichtete ich am 25. Mai am Stammtisch der ehemaligen Bergschullehrer über die genannten Treffen.

Der aufmerksame Leser konnte wahrnehmen, dass ich 35 Jahre nach dem Ende der Bergschule an 16 aufeinander folgenden Tagen Kontakte zu Personen aus meiner Bergschulzeit hatte, und zwar zu sechs verschiedenen Gruppen.

Im Jahr 2003 wanderte in ich mit meiner Frau eine Woche lang mit Schülern der Grubensteigerklasse D (1960/63) und deren Damen im Harz und einige Tage mit Oberklassenschülern des Jahrgangs 1960/61 im Upland. Während des letztgenannten Treffens hörten wir „Weckrufe" von den Bergen Willingens und von Jagdhornbläsern aus dem Hotelgarten schon am Frühstückstisch. Sie veranlassten Gisela und mich, zu einer ökomenischen Alphornmesse am Gipfelkreuz des Willinger Ettelsberges zu wandern. Einige tausend Menschen hatten sich dort versammelt, nicht nur, um die aufeinander abgestimmten Predigten der beiden Geistlichen zu hören, sondern vor allem wegen der aus acht in- und ausländischen Orten stammenden Alphornbläser, drei Jagdhornbläserchören, einigen Posaunenchören und Gesangvereinen. Besonders beeindruckte uns ein Wechselspiel zwischen einem Trompeter auf dem Turm des Ettelsberges und den Alphornbläsern unten auf dem Gipfelrücken. Bei den vielen Menschen ließ es sich nicht vermeiden, dass viele vollreife Blaubeeren auf dem Gipfel zertreten wurden. Bittere Armut wird in der Umgebung kaum herrschen, denn dann wären die Beeren vorher geerntet worden.

Ein Treffen mit ehemaligen Schülern ist für mich immer erfreulich, denn bei Gesprächen zeigt sich, dass diese anscheinend nur meine angenehmen Seiten in ihrer Erinnerung behalten haben.

Doktorarbeit (1957 - 1962)

Bereits vor meiner Diplomprüfung hatte ich an der RWTH Aachen eine Doktorarbeit in Angriff genommen, in der ich verschiedene Streifenarten von Steinkohlen isolieren, identifizieren und deren unterschiedliches Verhalten unter festgelegen Bedingungen untersuchen sollte. Schon als sich meine Anstellung bei der Westfälischen Berggewerkschaftskasse WBK in Bochum abzeichnete, sprach ich mit meinem Doktorvater Professor Dr. Carl Kröger über ein mögliches anderes Thema, denn für die Fortsetzung der angefangenen Arbeit hätten mir in Bochum die dazu nötigen Apparaturen gefehlt. Wir kamen überein, ich solle erst in Bochum meine Lehrtätigkeit aufnehmen und mich dann nach einem Thema umsehen. Die Arbeit konnte ich nur in der Nähe meiner Arbeitsstelle, der Bergschule, durchführen, denn zu weiten Fahrten hatte ich keine Zeit. Wie ich bereits berichtete, bat ich schon in den ersten Tagen meiner Bergschullehrertätigkeit den Leiter des Chemischen Laboratoriums der WBK, Herrn Dr. Karl Drekopf, um die Erlaubnis, in seinem Labor arbeiten zu dürfen. Dr. Drekopf wies mich darauf hin, dass die Bedingungen, unter denen Grubenbrände entstehen, immer noch nicht hinreichend geklärt seien. Wenn ich mich dieses Problems annehmen wolle, dann könne ich gern in seinem Institut arbeiten.

Nach diesem Gespräch fuhr ich mit der Bundesbahn von Kamen nach Aachen - Fahrzeit sechs Stunden - und vereinbarte mit Prof. Kröger, zunächst die Abhängigkeit der Geschwindigkeit der Kohlenoxidation von äußeren Bedingungen wie Temperatur und relativer Luftfeuchtigkeit zu untersuchen und dann zu ermitteln, in welcher Weise sich die Kohlensubstanz durch die Oxidation veränderte.

Dementsprechend untersuchte ich zuerst, wie sich unterschiedliche Arten der Vorbehandlung der Kohlen auf die Geschwindigkeit der Sauerstoffaufnahme und der Abgabe von Kohlenoxiden beim Lagern an Luft auswirken. Wenn ich bei der Vorbehandlung keine extremen Bedingungen anwandte, war sie auf die nachfolgende Oxidation ohne Einfluss.

Danach beschaffte ich mir aus verschiedenen Flözen Kohlen und zerlegte einige davon in ihre Streifenarten, sodass ich zunächst 45 verschiedene Proben zur Verfügung hatte. Alle Proben lagerte ich in Exsikkatoren, deren Volumen - meist 2,5 l - ich vorher ausgemessen hatte. Exsikkatoren sind Glasgefäße, die aus einem schüsselförmigen Unterteil mit einem überstehenden geschliffenen Rand bestehen, auf den ein Deckel mit dazu passend geschliffenem und gefettetem Rand aufgeschoben wird. Für meine Versuche musste ich Exsikkatoren einsetzen, die im Deckel einen Tubus mit Hahn hatten, damit ich den Gefäßen Gasproben entnehmen und dafür von Kohlenoxiden befreite Frischluft in sie einlassen konnte. Um mit verschiedenen relativen Luftfeuchtigkeiten in den Exsikkatoren arbeiten zu können, suchte ich aus der Literatur zehn Stoffe oder Stoffgemische aus, über denen sich bestimmte relative Luftfeuchtigkeiten einstellten. Ein Schälchen mit je einem dieser Stoffe stellte ich auf den Boden der Gefäße und brachte dann die Kohlen, meist in Mengen von 20,0000 g, in sie ein. Danach saugte ich die in ihnen befindliche Luft ab und ließ Frischluft einströmen, die ich vorher von den in ihr enthaltenen Kohlenoxiden befreit hatte.

Ich untersuchte zunächst die Sauerstoffaufnahme der Kohlen und die Abgabe von Kohlenoxiden. Nach Abschluss dieser Untersuchungen ermittelte ich den Gehalt der Kohlen an Flüchtigen Bestandteilen. Der Gehalt der Kohlen an Flüchtigen Bestandteilen hatte sich auch bei Lagerzeiten von mehr als zwei Jahren nur geringfügig geändert. Die Fähigkeit von Kokskohlen, im Koksofen einen guten Koks zu bilden, sinkt hingegen schon beim Lagern in feuchter Luft innerhalb weniger Monate drastisch ab.

Einige Kohlen ließ ich nach Abschluss meiner Dissertation noch in den Exsikkatoren stehen und führte von Zeit zu Zeit Untersuchungen durch. Selbst in 37 Jahren änderte sich der Gehalt der Kohlen an Flüchtigen Bestandteilen nicht wesentlich.

Bezüglich der Sauerstoffaufnahme und der Abgabe von Kohlendioxid zeigten sich die höchsten Werte bei Luftfeuchtigkeiten von 97 und 100 %. Die höchste Abgabe an Kohlenmonoxid trat in völlig trockener Luft auf. An einer Kohle, die bei 100 % relativer Luftfeuchtigkeit gelagert worden war, beobachtete ich zunächst einen Anstieg und nach einem halben Jahr einen Abfall der Konzentration an Kohlenmonoxid. Sehr umfangreiche Versuche zeigten, dass diese bei meinen Untersuchungen einmalige Erscheinung auf eingeschleppte Mikroorganismen zurückgeführt werden musste. Nach Abschluss der Doktorarbeit untersuchte ich den Einfluss von Mikroben auf den Kohlenmonoxidgehalt der Atmosphäre. Da ich gemeinsam mit meinen Diplomanden entsprechende Mikroben in sehr vielen natürlichen Schlämmen nachweisen konnte, ist davon auszugehen, dass diese auch in der Natur zum Abbau des durch technische und natürliche Prozesse entstehenden Kohlenmonoxids beitragen.

Die Abhängigkeiten der Oxidationsgeschwindigkeit von der Temperatur und dem Sauerstoffgehalt der Atmosphäre entsprachen den Erwartungen. Ich bemühte mich deshalb herauszufinden, in welchem Maße sich Peroxide bilden, das sind Verbindungen mit -O-O-Gruppen. Dazu überprüfte ich zehn in der Literatur beschriebene Verfahren auf ihre Brauchbarkeit und entschied mich schließlich für ein Verfahren, bei dem der Gehalt der Kohlen an Peroxiden über die Oxidation von zweiwertigen Eisensalzen zu dreiwertigen Salzen gemessen wird. Ich baute eine Apparatur, in der ich in Stickstoffatmosphäre eine farblose Lösung von Eisen(II)-rhodanid durch in einem Filtertiegel befindliche Kohle hindurchsickern lassen konnte. Die Lösung, die aus der Kohle heraustropfte, war durch Eisen(III)-rhodanid, das durch Oxidation des zweiwertigen Salzes entstanden war, mehr oder weniger rot. Durch Titration, d.h. in diesem Fall Hinzutropfenlassen einer bestimmten Lösung bis zum Verschwinden der Rotfärbung, und Umrechnung ließ sich der Peroxidgehalt der Kohlen bestimmen. Die Ergebnisse entsprachen sehr gut den Erwartungen. Aber eine Beobachtung machte mich stutzig. Eines Samstags hatte ich in einer Freistunde, d.i. eine zwischen zwei Unterrichtsstunden liegende unterrichtsfreie Stunde, einen Versuch angesetzt. Am Spätnachmittag wollte ich nach dem Unterricht noch etwas weiter arbeiten. Da sah ich, dass ich die im Filtertiegel befindliche Kohle wohl zu fein gemahlen hatte, denn die Lösung konnte nicht durch die Kohle hindurchsickern. Unmittelbar über der Kohle hatten sich Eisen(II)-salze der Lösung schon zu roten Eisen(III)-salzen oxidiert. Um diesen Versuch habe ich mich am Samstag - glücklicherweise - nicht mehr gekümmert. Als ich mir am Montag den Tiegel wieder ansah, war die Lösung immer noch nicht durch die Kohle hindurch gesikkert, aber sie war nicht mehr rot. Die Eisen(III)-salze mussten also wieder reduziert worden sein. Wenn das bei dieser Untersuchung geschehen konnte, war das international übliche Verfahren zur Peroxidbestimmung nicht fehlerfrei. Zum Zeitpunkt dieser Erkenntnis hatte ich mich schon zu einer Besprechung meiner Arbeit bei Prof. Kröger angemeldet. Von meinen Kurven war er begeistert; meinen vagen Hinweis darauf, dass das Verfahren möglicherweise fehlerbehaftet sei, tat er ab mit der Aufforderung: „Riskieren Sie doch mal was!" Nach dieser Besprechung ermittelte ich an den einzelnen Kohlen, mit welcher Geschwindigkeit sie Eisen(III)-salze reduzierten und kam durch entsprechende Berechnungen zu besser gesicherten Ergebnissen.

Das Verhalten der Kohlen gegenüber Eisen(III)-salzen verfolgte ich nach Abschluss meiner Doktorarbeit weiter. Die Untersuchungen führten mich zu einer Theorie über die Beeinflussung der Kohlenoxidation durch Eisensalze und die Entstehung von Grubenbränden, die seit langem international anerkannt ist (s. Kapitel „Wissenschaftliche Arbeiten"). Zur Ermittlung des Oxidationsmechanismus führte ich im Rahmen meiner Doktorarbeit noch viele Versuche mit Modellsubstanzen durch, deren Ergebnisse die Aufstellung von Hypothesen erlaubten, die ich allerdings nicht weiter verfolgt habe.

Bezüglich der Nutzung meiner finanziellen Möglichkeiten war ich während meiner Doktorarbeit ziemlich unbedarft. Alle Fahrten zu Prof. Kröger und auch einen längeren Aufenthalt in Aachen, der erforderlich war, weil ich bestimmte Versuche im Rahmen der Arbeit nur in Aachen durchführen konnte, habe ich selbst bezahlt. Erst viel später bemerkte ich, dass dies nicht den Gepflogenheiten bei meiner Dienststelle entsprach, dass also die WBK in ähnlichen Fällen die Kosten übernommen hatte.

Zum Schluss will ich kurz die letzten Wochen vor meiner Doktorprüfung und die Prüfung selbst schildern. In den ersten zwei Jahren hatte ich genügend Material und vor allem wesentliche Erkenntnisse erarbeitet. Mein Doktorvater verlangte jedoch mehr. Da ich im Gegensatz zu ihm meine Ergebnisse für völlig ausreichend hielt, war ich nach diesen zwei Jahren nicht mehr mit großem Elan bei der Sache. Nachdem insgesamt fünf Jahre verstrichen waren, sollte ich in einer sehr kurzen Frist die Arbeit einreichen. Dank der Schreibhilfe meiner Frau habe ich das auch geschafft.

Es war üblich, dass sich Doktoranden vor der Doktorprüfung bei gewissen Mitgliedern der Fakultät vorstellten. Ich verabredete deshalb von Bochum aus Termine, die, als ich an Ort und Stelle war, von einigen Herren nicht eingehalten werden konnten, sodass ich öfter nach Aachen reisen musste, als mir bei meinen sonstigen Verpflichtungen lieb war.

Am Tage vor der Prüfung fuhr ich nach Aachen und übernachtete dort. Im Koffer lag mein schwarzer Anzug. Als ich mich am nächsten Morgen anziehen wollte, fehlten zu meiner schlaufenlosen Hose die erforderlichen Träger. Ich frühstückte deshalb schnell und eilte in die Stadt, wobei ich mit einer Hand den Koffer mit den Unterlagen trug und mit der anderen Hand in der Hosentasche meine rutschende Hose festhielt. Nachdem ich mir Hosenträger gekauft und angeknöpft hatte, fühlte ich mich zum Rigorosum[25] bereit.

---

[25] Nur noch selten übliche Bezeichnung für das *rigorose* mündliche Examen bei der Promotion.

Prüfer waren mein Doktorvater Prof. Kröger, der Direktor des Instituts für Technische Chemie Prof. Asinger und die Direktorin des Instituts für Organische Chemie Frau Prof. Lipp. Ich brauchte bei den Diskussionen nicht zu passen, habe allerdings einmal Vabanque gespielt, nämlich als man mich fragte, wie ich den Gehalt einer Lösung an Selen bestimmen könne. Ich wusste dies nicht, hatte aber aus meiner 20 Jahre zurückliegenden Laborantenlehre in Erinnerung, dass ich den Schwefelwasserstoffgehalt von Gasen bestimmt hatte, indem ich die Gase durch eine Jodlösung leitete, in der der Schwefelwasserstoff mit dem Jod reagierte. Das überschüssige Jod wurde mit Natriumthiosulfatlösung zurücktitriert. Dementsprechend behauptete ich, das Selen müsse in saurer Lösung mit einem Metall zu gasförmigen Selenwasserstoff reduziert werden, und dann beschrieb ich den Prozess so, wie ich das soeben für die Bestimmung von Schwefelwasserstoff getan habe. Von den drei Professoren kannte zwar niemand das Verfahren, aber sie ließen sich überzeugen, dass die Bestimmung auf diese Art möglich sein müsse.

Mein Vater lag zu der Zeit im Krankenhaus. Als ich ihn nach der erfolgreichen Prüfung anrief, sagte er: „Dann hast Du es ja endlich geschafft!"

Bild 7: Ernst Beier mit neuem Hut unmittelbar nach seiner Doktorprüfung (1962)

Endgültig schloss ich meine Doktorarbeit gewissermaßen erst im Jahr 2000 ab, denn ich weitete die Dauer einzelner Versuche auf 37 Jahre aus und veröffentlichte einen abschließenden umfangreichen Bericht darüber in den Glückauf-Forschungsheften 3/2000.

Dozent an der Ingenieurschule für Bergwesen (1963 - 1971)

Wie ich schon im Kapitel Bergschullehrer darlegte, wurde das bergbauliche Schulsystem häufig den Anforderungen der Technik angepasst. Zu Beginn der sechziger Jahre wurde offensichtlich, dass kleine Korrekturen an diesem System nicht mehr ausreichten, dass vielmehr ein neues Systems nötig war, bei dem ohne Verlängerung der Schulzeit über drei Jahre hinaus mehr Stunden für die Vermittlung von Grundlagenkenntnissen zur Verfügung stehen mussten. Dafür bot sich das an den staatlichen Ingenieurschulen übliche System an, bei dem die gesamte Unterrichtszeit doppelt so viel Stunden wie an der Bergschule umfasste. Diesem Vorteil stand der Nachteil gegenüber, dass der durch den regelmäßigen Wechsel zwischen Schulbesuch und betrieblicher Arbeit bedingte intensive Praxisbezug nicht aufrechterhalten werden konnte. Das Kultusministerium des Landes Nordrhein-Westfalen und das Landesoberbergamt waren mit der Umwandlung der Bergschule in eine Ingenieurschule einverstanden, bestimmte Stellen hatten sie sogar gefordert. Ein letzter Antrag des Bergschuldirektors Franz Leyendekker, einen Teil des Praxisbezuges durch die Einschiebung von mehrwöchigen betrieblichen Praktika zwischen die Semester zu retten, wurde vom Ministerium abgelehnt. 1963 wurde die Umwandlung der Bergschule in die Ingenieurschule für Bergwesen IfB vollzogen. Schon einige Jahre später forderte das Ministerium an den Ingenieurschulen jedoch die Einführung von Praxissemestern, die ungefähr den Vorstellungen Leyendeckers und des Kollegiums der Bergschullehrer entsprachen.

Mit der Einführung der Ingenieurschule beendeten die Absolventen eine erfolgreiche Ausbildung nicht mehr mit dem in vielen Bereichen nicht bekannten Titel Steiger, sondern als in der gesamten Industrie anerkannte graduierte Ingenieure.

Durch die Umwandlung der Bergschule in eine Ingenieurschule verloren die Betriebe ihren Einfluss auf die Auswahl der Schüler. Jeder Interessent, der die formalen Eingangsvoraussetzungen erfüllte, musste, falls kein Numerus clausus bestand, zum Studium zugelassen werden.

Die Unterrichtszeiten entwickelten sich folgendermaßen:

Bergschule (Beispiel: Studiengang Bergtechnik):

5 Semester x 20 Wochen/Semester x 3 Tage/Woche x 8 Stunden/Tag
= 2400 Stunden

Ingenieurschule für Bergwesen (alle Studiengänge):

6 Semester x 20 Wochen/Semester x 5 Tage/Woche x 8 Stunden/Tag
= 4800 Stunden

Die Anzahl der in jeder einzelnen Woche eines Semesters durchgeführten Unterrichts- oder Vorlesungsstunden wird als Anzahl der Semesterwochenstunden SWS bezeichnet. An der IfB umfasste also ein Semester 40 SWS und das gesamte Studium 240 SWS. Die Unterrichtszeit wurde 1970 durch das Kultusministerium auf 32 SWS je Semester, also auf 192 SWS für das gesamte Studium reduziert.

Anders als die Bergschüler mussten die Ingenieurschüler gegen Ende des Studiums eine Diplomarbeit anfertigen, durch die sie stärker als die Bergschüler zu selbstständigem Arbeiten veranlasst wurden. Einige Diplomarbeiten an der Ingenieurschule und der später gegründeten Fachhochschule haben meine wissenschaftlichen Arbeiten erheblich weitergebracht.

Nach der Gründung der Ingenieurschule hatte ich zeitweilig in vier verschiedenen Lehrgangsarten und in noch mehr Städten zu unterrichten, und zwar in den Steiger- und Betriebsführerklassen der zunächst noch bestehenden Bergschule, in Klassen verschiedener Studiengänge der Ingenieurschule für Bergwesen und in Kokereisteigerlehrgängen der Bergfachschule, und zwar in den Städten Bochum, Dortmund, Essen, Hamborn und Recklinghausen. Da ich eine besonders umfangreiche Ausbildung genossen hatte, wurde ich oft, wenn ein Kollege seinen Dienst nicht wahrnehmen konnte, als Feuerwehrmann eingesetzt. Ich unterrichtete in der Zeit des Übergangs von der Bergschule zur Ingenieurschule folgende Fächer:

Mathematik
Physik
Chemie
Technische Mechanik
Werkstoffkunde
Stoffaustausch
Mess- und Regelungstechnik
Koksöfen
Kohlenwertstoffanlagen

In den meisten dieser Fächer führte ich den Schülern im Klassenraum Experimente vor; zu einigen Fächern gehörten Praktika. An der Bergschule unterrichtete ich das gesamte Mathematikpensum. Vorzugsweise wurde ich in diesem Fach allerdings in den dritten Semestern der

Elektrosteigerklassen eingesetzt, die als einzige in die höhere Mathematik eingeweiht wurden. Da die Schüler überrascht waren, welch praktische Ergebnisse Minimum- und Maximumberechnungen und einfache Integrationen erbrachten, waren sie immer voll bei der Sache. Später, als ich zeitraubende Aufgaben in der Selbstverwaltung der Fachhochschule übernommen hatte, beschränkte ich mich auf Vorlesungen in Chemie und Verfahrenstechnik, die Betreuung von Diplomarbeiten, die Durchführung von Seminaren und die Leitung des Labors für Chemische und Thermische Verfahrenstechnik der Fachhochschule.

An der Fachhochschule durfte im Gegensatz zur Bergschule jeder Professor nur wenige Fachgebiete vertreten. An der Bergschule waren meines Erachtens die Vorteile eines Allround-Einsatzes verantwortungsvoller Lehrer für die Schüler größer als die Nachteile, vorausgesetzt, die Lehrer beherrschen die naturwissenschaftlichen Grundlagen für das Fach. Als Vorteile sah ich: Da der Lehrer sich den Inhalt eines für ihn neuen Faches erst selbst erarbeiten musste, merkte er, welcher Stoff schwer zu erfassen war, und konnte dies bei der Vermittlung des Stoffes an die Schüler berücksichtigen. Außerdem wusste er bei der Vorbereitung seines Lehrstoffes ziemlich genau, was er bei seinen Schülern als aus anderen Fächern bekannt voraussetzen konnte. Die Nachteile liegen auf der Hand: Der Lehrer kann nicht in vielen Fächern ein sehr tiefgehendes Wissen haben.

Wie schon dargestellt, wurde die Bergschule durch zwei verschiedene Schulen abgelöst: die Ingenieurschule für Bergwesen und die Bergfachschule. Die Notwendigkeit, das etwa hundert Herren starke Kollegium der Bergschule auf die beiden Nachfolgeschulen aufzuteilen, führte im Kollegium zu Unruhe. Ob ein Bergschullehrer lieber Dozent an der Ingenieurschule oder Lehrer an der Fachschule werden wollte, hing von mehreren Faktoren ab: unter anderem vom tatsächlichen oder vermeintlichen Ansehen des Schultyps, von seinem Wohnort, seinen Hobbys und seinem Freundeskreis. Die meisten Herren zog es zur Ingenieurschule. Bei den Versetzungen entschied die Direktion nach den fachlichen Erfordernissen und anscheinend auch nach dem Alter der Herren, denn das Durchschnittsalter der Dozenten der Ingenieurschule war erheblich niedriger als das Alter der Fachschullehrer. Es gab auch einige Kollegen, die Dozent an der Ingenieurschule werden sollten, die aus familiären Gründen darum baten, an einer bestimmten Fachschule bleiben zu dürfen. Diesen Wünschen entsprach die Direktion meines Wissens immer. Kollegen, die die staatlichen Einstellungsvoraussetzungen für Ingenieurschuldozenten besonders gut erfüllten, zum Beispiel weil sie promoviert waren oder auf andere Art wissenschaftliche Arbeiten nachweisen konnten, waren im Vorteil. Ich erhielt am 21.5.1965 eine Planstelle für Physik und Chemie an der Ingenieurschule, wurde aber aufgefordert, auch in der Kokereisteigerklasse der Bergfachschule und in den noch weiter bestehenden Oberklassen der Bergschule zu unterrichten. Die Übernahme von Lehrveranstaltungen an der Bergfachschule hat mich nicht wie einigen anderen Kollegen Überwindung gekostet, vielmehr hatte ich zu etlichen Schülern einen besonders guten Kontakt. Den Schüler Manfred Golomb lockte ich aus der Essener Kokereisteigerklasse nach Bochum zur Ingenieurschule. Von meinen Diplomanden schrieb er an der Ingenieurschule die beste Diplomarbeit, deren veröffentlichte Kurzfassung viel Beachtung fand.

Während der Ingenieurschulzeit trafen sich ebenso wie vorher in der Bergschule die Kollegen zur Semestermitte und zum Semesterende zu Konferenzen. Vom Leistungsstand ihrer Schüler hatten sie in der Regel ein ziemlich klares Bild, denn während der Semester schrieben die Schüler Klassenarbeiten, und außerdem bemühten sich die Lehrer durch Fragen, meist zu Beginn einer Unterrichtsstunde, zu erfahren, wie weit die Schüler den bis dahin dargebotenen Stoff verstanden hatten. Besonders wichtig waren die Konferenzen im Rahmen der Zwischen- und Abschlussprüfungen, die als Zulassungskonferenzen bezeichnet wurden. Sie fanden statt, nachdem die Schüler die schriftlichen Prüfungsarbeiten erledigt hatten. Es wurde dabei u.a. entschieden, ob Schüler mit nicht ausreichenden schriftlichen Leistungen noch zur mündlichen Prüfung zugelassen werden sollten oder das Semester wiederholen oder gar die Schule verlassen mussten. An der Bergschule war eine Wiederholung eines Semesters nur in Betracht gekommen, wenn ein Schüler wegen einer schweren Erkrankung die verlangten Leistungen nicht erbracht hatte. Hatte er keine derartige Entschuldigung, musste er bei am Semesterende nicht ausreichenden Leistungen die Schule verlassen. An der IfB wurden zunächst ebenso wie an der Bergschule Klassenbücher geführt, in die die Anwesenheit der Schüler eingetragen wurde. In der Bergschule waren diese Eintragungen besonders wichtig, weil die Bergschüler die „Schulschichten" bezahlt bekamen.

Über meine Teilnahme an den Driburger Tagungen habe ich in einem besonderen Abschnitt im Kapitel „Rektor der Fachhochschule Bergbau" berichtet.

Die an der Bergschule üblich gewesenen etwa einwöchigen Lehrfahrten zum Abschluss des Studiums wurden an der Ingenieurschule weitergeführt, ebenso die „Bergschulfachleutetagungen", zu denen Franz

Leyendecker mit dem Bergschulwesen befasste Fachleute aus der ganzen Bundesrepublik und häufig auch Herren aus dem Ausland eingeladen hatte. Weitergeführt wurde auch die feierliche Immatrikulation der Erstsemester und die Verabschiedung der Absolventen im Deutschen Bergbau-Museum. Während es an der Bergschule nur Klassensprecher gab, wurde an der Ingenieurschule ein Allgemeiner Studentenausschuss AStA von der gesamten Studentenschaft gewählt.

Am jeweils ersten Tag nach Ostern, Pfingsten und Weihnachten - diese Tage nannten wir die Dritten Feiertage - wanderte das Kollegium. Diese Wanderungen waren zwar keine Pflichtveranstaltungen, aber fast alle Kollegen, die nicht in Urlaub waren, nahmen daran teil. Zum Schluss aßen wir immer in einer ansprechenden Gaststätte in unserem Wandergebiet oder auch in Bochum gemeinsam zu Abend und kamen nicht selten erst nach Mitternacht nach Hause. Diese Wanderungen wurden schon in der Ingenieurschulzeit eingestellt, aber die alten Wanderfreunde treffen sich als „Ring ehemaliger Bergschullehrer" noch alle 14 Tage in der Gaststätte *Zum Goldenen Kegel* in der Nähe des alten Bergschulgebäudes.

Wegen meiner Lehrtätigkeit an der Ingenieurschule für Bergwesen IfB durfte ich mich seit dem 1.10.1964 Baurat und seit dem 1.1.1968 Oberbaurat nennen. Im Schriftverkehr war ich wegen des privaten Charakters der IfB gehalten, an den Titel das Kürzel „i.E." anzuhängen, das bedeutete „im Ersatzschuldienst".

1964 wurde in Bochum eine weitere Ingenieurschule gegründet, nämlich die Staatliche Ingenieurschule Bochum mit vorläufigem Sitz in der alten Kruppschen Verwaltung an der Kohlenstraße. Wenn ich mich richtig erinnere, standen dem Direktor Baudirektor Dipl.-Ing. Waldemar Gesell zunächst nur eine Sekretärin, ein Hausmeister und einige Putzfrauen zur Verfügung. Um das Lehrpersonal musste er sich selbst kümmern. Es war für ihn schwierig, geeignete Lehrkräfte anzuheuern, denn die Gehälter waren keineswegs attraktiv. Er bemühte sich deshalb anfangs nicht nur um fest einzustellende Dozenten, sondern auch um Lehrbeauftragte. Im Rahmen der Bemühungen um Letztere bat er den Träger der IfB, die WBK, um Hilfe. Der Direktor der IfB Dr. Walter Seegelken legte mir deshalb nahe, an der Staatlichen Ingenieurschule mit Chemieunterricht auszuhelfen. Trotz der geringen Bezahlung von 280 DM brutto je Semesterwochenstunde übernahm ich den Auftrag gern, lernte ich doch dadurch neue Kollegen und Studenten kennen, die nicht wie die meisten IfB-Studenten das bergbauliche Schulsystem der WBK durchlaufen hatten. Meine Arbeit beschränkte sich dort übrigens nicht auf die Lehre. Einige Male bat mich der Schulleiter, an einer

Probevorlesung teilzunehmen und ihn bei der Entscheidung über eine Einstellung der Kandidaten zu beraten. Gewissermaßen bestand der *Berufungsausschuss* nur aus uns beiden, wobei ich allerdings keine Stimme hatte. Fachlich war ich manchmal gar nicht kompetent; Herr Gesell hat mich aber trotzdem um meine Teilnahme an der Probevorlesung gebeten, denn er hatte keinen besser geeigneten Kollegen gefunden. Einmal fiel mir die Zustimmung zur Einstellung eines Herrn schwer. Dieser hatte in einer Stunde im Fach Werkstoffkunde mehr als hundert Bilder gezeigt. Obwohl ich selbst in dem Fach unterrichtet hatte, konnte ich nicht immer folgen. Nach dem Probeunterricht sagte mir Herr Gesell: „Was soll ich denn machen? Trotz mehrfacher Ausschreibung ist es der einzige Kandidat!" Der Kandidat wurde eingestellt und passte sein Tempo ziemlich schnell dem Aufnahmevermögen seiner Studenten an.

Etwa 1967 richtete das IfB einen Sonderlehrgang ein für „Grubenbeamte", die durch Zechenschließungen freigesetzt worden waren. Diese Männer sollten im Laufe von zwei Jahren für Tätigkeiten in der Gewerbeaufsicht umgeschult werden. Zunächst war ich der Klassenlehrer. Da ich aber nach dem Grundlagenstudium in dieser Klasse nicht mehr unterrichtete, löste mich Wolfgang Höhne in dieser Funktion ab.[26] Die Herren Schüler waren im Durchschnitt so alt wie ich oder gar etwas älter und vor allem betriebserfahren. Es war eine Freude, mit ihnen zu arbeiten. Für den Unterricht über gefährliche Stoffe erarbeitete ich mir eine kleine Toxikologie, die mir nahezu 20 Jahre später beim Schreiben eines Umweltlexikons noch gute Dienste leistete.

Eines Tages meldete sich der Sprecher der Klasse zu Wort und fragte mich: „Ist Ihnen bekannt, dass Herr V... sich erschossen hat?" Totenstille! Dann wie auf Kommando ein schallendes Gelächter. Ich hatte im Heft 1968, S. 66-71 in der wohl von allen Schülern bezogenen Zeitschrift *bergbau* eine ausführliche Erwiderung zu dem Artikel „Ein bisher unbekannter Faktor für die Selbstentzündung von Kohlen" geschrieben, weil in dem Artikel Thesen vertreten worden waren, die zu falschen Maßnahmen bezüglich der Sicherheit unter Tage führen konnten. Der mir unbekannte Autor hat sich nicht erschossen, aber die Bemerkung des Schülers machte mich doch sehr nachdenklich, denn den Autor hat es gewiss sehr frustriert, in einer öffentlichen Schrift zu lesen, dass seine veröffentlichten Thesen auf einem bröckligen Fundament standen. Vor Denkfehlern kann sich niemand schützen. Ich habe auch

---

[26] An der Fachhochschule Bergbau folgte ich später Herrn Höhne als Rektor.

später noch grundlegende Fehler in Büchern und Aufsätzen gefunden, aber abgesehen von Diskussionen bei Tagungen nie mehr öffentlich dazu Stellung bezogen, sondern die Autoren angeschrieben, die dann selbst, meist in wenig auffälliger Form, die Korrektur vornahmen. Dabei hatte ich die Hoffnung, dass man mit mir gegebenenfalls ebenso umgehen würde. Mein Studienkollege Rainer Brücker hatte meine Erwiderung auch gelesen und sie zum Anlass genommen, mich aufzufordern, die Ergebnisse meiner Forschungen zu publizieren. Das tat ich daraufhin, aber darüber werde ich später berichten.

Mit Ingenieurschülern unternahm ich, ebenso wie vorher mit Bergschülern, neben einwöchigen Lehrfahrten zum Abschluss des Studiums viele Tageslehrfahrten. Ziemlich oft besuchte ich das Bergwerk Meggen der Sachtleben AG, in dem Baryt, Pyrit und Zinkblende gefördert wurden. Das Hauptziel dieser Fahrten war die Information der Schüler über diesen Bergbau und die Erzaufbereitungsverfahren, aber mich persönlich interessierten vor allem Gespräche mit leitenden Herren über die im Betrieb auftretende Oxidation des Pyrits und die notwendige Enteisenung der stark eisenhaltigen Grubenwässer, denn zu der Zeit beschäftigte ich mich intensiv mit diesen Fragen.[27]

---

[27] Siehe Kapitel „Wissenschaftliche Arbeiten".

Dozent an der Ingenieurschule für Bergwesen (1963 - 1971) 99

Bild 8: Besuch der Farbenfabriken Bayer mit Ingenieurschülern 1970 (Ernst Beier Bildmitte)

Neben den Wanderungen mit der Familie, die von festen Urlaubsquartieren ausgingen, unternahm ich zu der Zeit einige kleine Wanderungen mit einzelnen Kollegen. Hans-Georg Schlitt hatte eine dreitägige Rheinwanderung geplant, die in Lorsch begann und, wenn ich nicht irre, in Schlangenbad, wo wir Hans-Georgs Vater trafen, endete. Bemerkenswert war an dieser Rheinwanderung, dass wir den Rhein gar nicht zu sehen bekamen, weil uns der Weg meist durch dichten Wald führte. Mit meinem achtjährigen Sohn bin ich in dieser Zeit in elf Tagen von Bochum zum Kahlen Asten gewandert.[28]

1968 nahm ich gemeinsam mit dem Leiter des Chemischen Instituts der WBK Professor Dr. Gebert und dem Mitarbeiter dieses Labors Dipl.-Ing. Hartmut Steiner an einer internationalen kohlenwissenschaftlichen Konferenz in Prag teil. Während der Autofahrt dorthin hörten wir die Übertragung des Pokalendspieles VfL Bochum gegen Köln, das für Jahrzehnte wichtigste Ereignis des Bochumer Fußballvereins. Viel

---

[28] Diese Wanderung habe ich im (noch) nicht veröffentlichten Band III meiner Erinnerungen unter der Jahreszahl 1968 beschrieben.

mehr als das Spiel und sogar mehr als die Tagung selbst interessierte mich der „Prager Frühling". Bis auf eine Frau waren alle böhmischen Gesprächspartner der Ansicht, dass sich der menschliche Sozialismus in ihrem Lande fortentwickeln würde. Die Frau, eine deutschstämmige Pragerin, glaubte allerdings nicht, dass sich Alexander Dubcek noch vier Wochen als Staatschef halten würde. Leider hatte sie Recht. Die Fahrt nach Prag nutzte ich, mich mit Freunden aus dem Erzgebirge, in das ich zur DDR-Zeit nicht einreisen durfte, in Teplitz-Schönau in Böhmen zu treffen.

In meinem Buch „Als das Kohleöl noch floss" berichtete ich im Kapitel „Kriegsdienst" über die Kriegerwitwe Elisabeth Rotter aus Schellerhau im Erzgebirge. 1964, nahezu 20 Jahre nachdem ich sie kennen gelernt hatte, teilte sie mir in einem Brief mit, dass sie mich als Kamerad ihres gefallenen Mannes, den ich tatsächlich gar nicht gekannt hatte, mit meiner Familie besuchen dürfe. Wir müssten allerdings mit der Eisenbahn anreisen. Nachdem alle Formalitäten für die Einreise in die DDR geklärt waren und meine Frau schon für die Abreise am Abend packte, klingelte das Telefon und wir erhielten die furchtbare Nachricht, dass mein Patensohn, mein fünf Jahre alter Neffe Achim von einem Lastwagen überfahren worden und dabei zu Tode gekommen war. Wir wollten meinen Bruder nach diesem Schicksalsschlag nicht allein lassen und sagten die Reise zunächst ab. Ich stelle dies ausführlich dar, um Verständnis dafür zu gewinnen, wie schwierig es damals war, innerhalb weniger Stunden mit Sicherheit eine Nachricht aus der BRD in die DDR zu bringen. Es war nämlich geplant gewesen, dass uns Liesels Schwiegersohn am nächsten Morgen um 6 Uhr mit dem Trabbi von Leipzig abholen sollte. Und diesen Schwiegersohn mussten wir benachrichtigen. Wir schickten Telegramme zu verschiedenen Personen und kamen schließlich doch noch mit dem Telefon durch und waren erst dann sicher, dass der Trabbifahrer sich nicht vergeblich auf den Weg machte. Achim, mein Patensohn, war oft bei uns zu Besuch gewesen und hatte sich sehr gut mit unseren Kindern verstanden.

Wir fuhren dann eine Woche später mit einem mit Holzbänken ausgestatteten Nachtzug nach Leipzig. Als wir zerschlagen dort ankamen, stand schon unser Trabbi vor dem Bahnhof. Mit drei Erwachsenen und zwei Kindern zwängten wir uns in dieses kleine Fahrzeug und verbrachten auf der Fahrt nach Schellerhau den ganzen Vormittag darin. Meine Frau bekam kurz nach der Ankunft Fieber, das sie sonst gar nicht kannte. Wir wurden gut einquartiert, und als es meiner Frau wieder besser ging, wanderten wir viel. Ich hatte mir vorgenommen, täglich abends die DDR-Fernsehnachrichten zu sehen. Liesel und ihre Kinder konnten nicht verstehen, dass überhaupt jemand ihre in ihren Augen überaus langweiligen Nachrichten sehen wollte. Aber natürlich erfüllte Liesel mir meinen Wunsch. Doch schon, als Liesel die Nachrichten erst zum zweiten Mal für mich eingeschaltet hatte, bat ich sie, das Gerät ab- oder umzuschalten, nicht etwa wegen der Hetze gegen die Bundesrepublik, sondern weil sie mit minutenlangen Angaben über Ernte- und Produktionserfolge und Berichten über niederrangige Besucher der DDR auch mich langweilten. Bezüglich des Fernsehempfanges erzählte Liesel mir, dass die Grundschüler einer Klasse ihren Vater bei der Arbeit im oder am Haus zeichnen sollten. Mehrere hatten ihren Vater auf dem Dach dargestellt, wie er an der Antenne hantierte. Auf die Frage der Lehrerin, was der Vater dort mache, sei übereinstimmend zum Ausdruck gebracht worden, man müsse doch wenigstens *einen* Westsender gut empfangen können.

Obwohl wir uns laut Einreisegenehmigung nur in unmittelbarer Nähe von Schellerhau aufhalten durften, fuhr insbesondere Liesels Sohn Christoph mit Liesel und uns nach Dresden, Meißen, in die Sächsische Schweiz und in andere Städte, sodass wir für Westdeutsche einen relativ guten Einblick in die DDR erhielten. Ebenso wie die Fahrten reizten mich Wanderungen, die wir zum Teil mit den Familien von Liesels Kindern unternahmen, aber nicht selten war ich auch mit meinem damals vier Jahre alten Sohn Frank allein unterwegs. Dann brachten wir meist größere Mengen Pilze mit, die Liesel allerdings mit großen Bedenken zubereitete, weil sie etliche davon nicht kannte. Liesels gefallener Ehemann war Bäcker und Konditor gewesen. Obwohl ihre drei Kinder bei Kriegsende noch sehr klein waren, führte sie die mit einem Café verbundene Bäckerei und Konditorei weiter, bis ihre Söhne sie nach schätzungsweise 15 Jahren übernehmen konnten. Allen Versuchen der maßgeblichen DDR-Stellen, ihr Unternehmen zu verstaatlichen, widerstand sie. Obwohl sie von der SED bedrängt wurde, in sie einzutreten, lehnte sie eine Mitgliedschaft in dieser Partei ab. Schließlich trat sie in die Liberal-Demokratische Partei Deutschlands LDPD ein, aber nicht, weil ihr diese besonders zusagte, sondern weil danach die SED erwartungsgemäß ihre Belästigungen einstellte. Meine Frau und ich konnten uns davon überzeugen, dass ihr Betrieb ausgezeichnet lief, vor allem wegen der hohen Qualität ihrer Backwaren. Gelegentlich hatten wir von Bochum aus etwas zu deren Sicherung beigetragen, indem wir ihr, besonders in der Weihnachtszeit, für ihre vorzüglichen Christstollen und anderes Gebäck Gewürze schickten.

In der Nähe des Cafés befand sich ein großes Haus des *Freien Deutschen Gewerkschaftsbundes* FDGB, aus dem schon eine halbe Stunde vor der nachmittäglichen Eröffnung des Cafés die Urlauber strömten und sich in eine Schlange einreihten, damit sie einen Platz im Café bekamen. Übrigens, am Brot konnten Rotters trotz Subventionierung nichts verdienen. Ein vier Pfund schweres Brot war 1964 für 1,04 DM zu haben und unmittelbar vor der Wende immer noch zum selben Preis. Ein Stück Kuchen kostete mindestens doppelt so viel wie ein großes Brot. Wegen des viel zu niedrigen Preises wurde das Brot nicht selten als Viehfutter verwendet.

Meine Frau und ich tranken während der ganzen Zeit in Schellerhau abends meist das vorzügliche Radeberger Pils. Im Café wurde dies nicht ausgeschenkt. Erst unmittelbar vor unserer Abreise erfuhren wir, dass wir dieses Pils der Hochzeitsgesellschaft weggetrunken hatten. Es war nämlich das „Deputat" für die Hochzeit von Liesels Sohn Christoph.

Liesel gab uns einige Dinge mit auf den Heimweg, die wir nicht ausführen durften, vor allem Meißener Porzellan. Mein Sträuben nutzte nichts. Ihr Schwiegersohn brachte uns mit dem Trabbi wieder nach Leipzig, und wir stiegen dort wie bei der Hinfahrt in einen Zug mit Bretterbänken. Unser Sohn packte gleich seine Legosteinchen aus und fing an, damit zu bauen, wobei ihm ein Stein hinunter in den Schmutz unter seiner Bank fiel. Meine Frau hielt ihn davon ab, das Steinchen aus dem Schmutz zu holen und garantierte ihm, zu Hause neue zu kaufen. Unter angeregten Gesprächen mit DDR-Bürgern, die allerdings vor der Grenze ausstiegen, erreichten wir Marienborn, und dort begann wegen unserer Konterbande unser Zittern. Zwei Grenzbeamte kamen in unser Abteil. Einem von beiden mussten wir sagen, welches unser Gepäck sei. Zwei Koffer hatte er schon systematisch durchsucht, als er sich an den dritten, den *gefährlichen*, begab. Der zweite Beamte legte sich auf den Boden, um nachzusehen, ob sich etwa ein Republikflüchtling unter einer Bank versteckt habe. In dem Augenblick rief mein Sohn: „Da ist mein Legostein überhaupt nicht hingefallen!" Alle Fahrgäste lachten ob dieses Missverständnisses, und selbst die Beamten gewannen der Komik etwas ab, lachten mit und stellten die Untersuchung ein.

Wir waren noch nicht lange wieder in Bochum, da erhielten wir die Anzeige, Christophs Frau Anita habe ein gesundes Knäblein geboren, und man frage höflich an, ob ich bereit sei, die Patenschaft des Uwe genannten Sohnes zu übernehmen. Ich wurde gern sein Pate, lernte ihn allerdings trotz vieler Bemühungen, besonders seiner Großmutter Liesel, erst nach 14 Jahren zu seiner Konfirmation kennen.[29] Während meiner Tätigkeit als Dozent an der IfB verspürte meine Frau den Wunsch, ein Lehramt zu studieren. Hervorgerufen

---

[29] Siehe Kapitel „Rektor der Fachhochschule Bergbau".

war dieser durch die „Mikätzchen" - das waren Lehrerinnen, die durch eine besondere Aktion des nordrhein-westfälischen Kultusministers Dr. Paul Mikat zur Behebung des Lehrermangels in ihr Amt gekommen waren - und vor allem durch den Bau der Ruhr-Universität. Im Mai 1960 war vom nordrhein-westfälischen Landtag der Beschluss gefasst worden, im Ruhrgebiet eine neue wissenschaftliche Hochschule zu errichten. Am 18.7.1961 wählte der Landtag Bochum als Standort. Am 2.7.1962 waren Gisela und ich dabei, als der Ministerpräsident Dr. Franz Meyers - CDU - den Grundstein für das erste Gebäude, ein Studentenheim, legte. Am 8.7.1962 erhielt die CDU bei der Landtagswahl 46,4 % der Stimmen und Meyers wurde wieder Ministerpräsident. Einige Tage danach sagte mir der für die Grundsteinlegung Beauftragte, dass die Verantwortlichen erst unmittelbar vor der Grundsteinlegung erfahren hatten, dass man das Mäuerchen, in das der Grundstein eingebracht werden sollte, in der Eile gar nicht auf dem Universitätsgelände errichtet hatte, sondern einige Meter daneben. Der Beauftragte hatte nach der Feier den „Grundstein" unauffällig an sich genommen und ihn später an der richtigen Stelle eingesetzt. 1965 nahm die Universität den Lehrbetrieb auf. Zum ersten gewählten Rektor der Universität, dem Theologen Professor D. Heinrich Greeven, und seiner Gattin hatten meine Frau, mein Sohn und ich bis zu beider Tod ein freundschaftliches Verhältnis, das sich vor allem aus der kirchlichen Jugendarbeit meines Sohnes entwickelt hatte.

Professor an der Fachhochschule Bergbau (1971 - 1991)

In der Mitte des 20. Jahrhunderts konnten junge Menschen an den deutschen Ingenieurschulen und vielen Hochschulen Ingenieurwissenschaften studieren. Die Ingenieurschulabsolventen hatten in stärkerem Maße geringere Berufschancen als die Diplom-Ingenieure von den Hochschulen, als es ihrer unterschiedlichen Qualifikation entsprach. Das galt für alle Länder der Europäischen Gemeinschaft, in der die Absolventen der Ingenieurschulen im Gegensatz zu den Diplom-Ingenieuren nicht als Gutachter anerkannt wurden. Ende der 60er Jahre protestierten die Ingenieurschüler bundesweit gegen ihre Benachteiligung und boykottierten Unterricht und Prüfungen. Nicht zuletzt unter diesem Druck erklärten die Ministerpräsidenten der Länder der Bundesrepublik Deutschland am 5.7.1968, dass die Ingenieurschulen und gleichrangigen Bildungseinrichtungen als Fachschulen in die dritte Stufe des Bildungswesens, in die Hochschulstufe, angehoben werden sollten. Am 31.10.1968 beschlossen die Ministerpräsidenten ein Abkommen über die Vereinheitlichung des Fachhochschulwesens, nach dem die Fachhochschulen „ihre Angelegenheiten im Wege der Selbstverwaltung nach Maßgabe des Gesetzes und ihrer Satzung regeln". Auf der Grundlage dieses Abkommens beschloss der Landtag des Landes Nordrhein-Westfalen am 29.7.1969 ein Fachhochschulgesetz, dem am 8.6.1971 das Gesetz über die Errichtung von Fachhochschulen folgte. Am 1.8.1971 wurden in Nordrhein-Westfalen durch Umwandlung von Ingenieur- und anderen höheren Fachschulen 15 staatliche Fachhochschulen errichtet, von denen fünf am 1.8.1972 in Gesamthochschulen übergeleitet wurden. Zur Vereinheitlichung des Hochschulwesens in der Bundesrepublik beschloss der Bundestag am 26.1.1976 das Hochschulrahmengesetz. Das darauf bezogene Fachhochschulgesetz des Landes Nordrhein-Westfalen vom 20.11.1979 trat am 1.1.1980 in Kraft. Entsprechend den beiden zuletzt genannten Gesetzen werden die Absolventen der Fachhochschulen seit dem 1.1.1981 diplomiert. Nach dem Gesetz zur Änderung hochschulrechtlicher Bestimmungen vom 21.7.1981 sind alle in Nordrhein-Westfalen graduierten und nachgraduierten Ingenieure berechtigt, den Grad „Diplom-Ingenieur" zu führen.

Die Umwandlung der Ingenieurschule für Bergwesen der Westfälischen Berggewerkschaftskasse in eine Fachhochschule wurde am 15.9.1970 vom Vorstand der Westfälischen Berggewerkschaftskasse beschlossen und gleichzeitig mit der Errichtung der staatlichen Fachhochschulen, also am 1.8.1971, durchgeführt. Der Name der Fachhochschule wurde mit „Fachhochschule Bergbau" FH Bergbau festgelegt[30]. Ich erhielt am 24.9.1971 an der FH Bergbau eine Planstelle und durfte mich „Fachhochschullehrer an einer privaten Fachhochschule" nennen.

Die Fachhochschullehrer wurden an der privaten Fachhochschule Bergbau nicht durch den Minister zu Professoren ernannt. Wie auch andere Kollegen erhielt ich erst am 1. März 1974 ein Schreiben des WBK-Vorstands, in dem u.a. stand: „Auf Grund [...] wird Ihnen [...] die Berechtigung erteilt, neben Ihrer Berufsbezeichnung „Fachhochschullehrer an einer privaten Fachhochschule" die Bezeichnung „Professor" zu führen." Da ich die Aufgaben eines Professors schon ab 1971 wahrgenommen hatte, gab ich in der Überschrift dieses Kapitels dieses Jahr als Beginn meiner Professorentätigkeit an. Am 24.3.1981 erhielt ich einen neuen Vertrag, nach dem ich von dem Zeitpunkt an als Professor für den Fachbereich Verfahrenstechnik mit den Lehrgebieten Verfahrenstechnik und Chemie „auf Lebenszeit" angestellt war.

Der Vorstand der WBK genehmigte am 28.5.1971 die von einem Ausschuss von Mitgliedern der Fachhochschule erarbeitete Grundordnung. Danach konnten die Selbstverwaltungsorgane - Konvent, Senat und die Fachbereichsräte - gewählt werden. Der Konvent tagte zum ersten Mal am 31.5.1972 und der Senat am 14.8.1972. Bis zur Wahl des Rektors - einziger Kandidat war der Professor für Technische Mechanik und Fördertechnik Dipl.-Ing. Wolfgang Höhne - leitete der letzte Direktor der Ingenieurschule für Bergwesen, Dr. Walter Seegelken, die FH Bergbau. Als am 1.9.1972 der gewählte Rektor Wolfgang Höhne sein Amt antrat, waren die Selbstverwaltungsorgane komplett und ihre Arbeit konnte beginnen. Bis zum 30.4.1974 wirkte Seegelken als Kanzler. Dessen Nachfolger wurde am 1.5.1974 der aus der Industriegewerkschaft Bergbau und Energie hervorgegangene Bergassessor a.D. Manfred Fronz. Mit dem Tage von Fronzens Amtsantritt wurde die WBK in zwei Geschäftsführungsbereiche aufgeteilt. Der Bereich 1 mit den Instituten und dem Bergbau-Museum verblieb bei dem bisherigen WBK-Direktor Franz-Rudolf Limper, und den Bereich 2 „Bergbauliche Schulen und Fortbildung" übernahm der Kanzler der FH Bergbau in Personalunion. Diese Doppelfunktion Geschäftsführer/Kanzler hat den Rektoren der FHB das Leben nicht erleichtert.

Mit dem Übergang von der IfB zur FH Bergbau trat in meinen Lehrfächern ein wesentlicher Wechsel ein. Während ich an der Bergschule

---

[30] Der Name wurde 1995 geändert in „Technische Fachhochschule Georg Agricola zu Bochum".

und in etwas geringerem Maße an der Ingenieurschule noch eine große Zahl von Fächern zu vertreten hatte, beschränkten sich meine Lehrgebiete an der FH Bergbau auf Chemie und Verfahrenstechnik, wobei die Verfahrenstechnik allerdings ein sehr umfangreiches Gebiet darstellt und im höheren Maße als die Chemie als eine Ingenieurwissenschaft anzusehen ist. Um meine Kontakte zu Ingenieuren zu intensivieren, trat ich im Jahr der Gründung der FH Bergbau 1971 in den Verein Deutscher Ingenieure VDI ein. Von 1984 bis 1993 war ich Vorsitzender des Bochumer VDI-Bezirksvereins, von 1996 bis 1999 gewähltes Mitglied des Beirats für alle VDI- Bezirksvereine und von 1998 bis 2000 gewählter Sprecher der VDI-Region Westfalen-Ruhr mit acht Bezirksvereinen und mehr als 18.000 Mitgliedern.

Zur Zeit der Gründung der FH Bergbau war ich an der Grundschule meiner Kinder Klassensprecher und Schulsprecher der Elternschaft.

Während aller meiner Dienstjahre arbeitete ich neben der Lehre auch wissenschaftlich. Von großem Einfluss auf meine Motivation dazu war eine Bekanntschaft, die sich folgendermaßen ergab. Die Redaktion der Fachzeitschrift „bergbau" hatte mich gebeten, einen Bericht für sie über eine am 8. und 9. Dezember 1970 in Luxemburg von der Kommission der Europäischen Gemeinschaften veranstaltete Tagung über Kohleforschung zu schreiben. Während der Tagung hielt die französische Kohleforscherin Simone Pregermain einen Vortrag über „Oxydationskinetik und Selbstentzündung von Steinkohle". Da ich selbst auf dem Gebiet arbeitete, allerdings in meiner Freizeit ohne Auftrag und Unterstützung, hörte ich ihr besonders aufmerksam zu. Meine Aufmerksamkeit steigerte sich noch, als sie ein Diagramm zeigte, das ich veröffentlicht hatte, von dem sie aber sagte, es stamme von Professor Kröger. Professor Kröger, mein Doktorvater, hatte jedoch gar nichts damit zu tun gehabt, denn die entsprechende Arbeit hatte ich erst etliche Jahre nach Abschluss meiner Dissertation durchgeführt. Es erschien mir unangemessen, Madame vor dem Plenum auf diese Unstimmigkeit hinzuweisen; deshalb sprach ich sie erst nach der Sitzung darauf an. Sie sagte mir, dass das Diagramm von Kröger sei, habe ihr die Bergbauforschung mitgeteilt. Zwei Jahre später, als gerade die FH Bergbau etabliert worden war, bekam ich von ihr einen vom 13.10.1972 datierten Brief folgenden Inhalts:

Sehr geehrter Herr!

Im CERCHAR arbeiten wir seit einige Jahren auf dem Problem der Selbsterhitzung der Kohle, und haben Versuche gemacht, um den Einfluss der Feuchtigkeit auf die Kohleoxydation zu erklären. Unsere Ver-

suche stimmen mit Ihren Hypothesen über die Wirkung von Eisensalzen überein, und wir würden uns sehr freuen, darüber mit Ihnen zu sprechen.

Am 16. November haben wir ein Round-Table Gespräch der Egk in Essen und könnten am 15. November Nachmittag oder am 17. November Nachmittag Sie in Bochum besichtigen, wenn es Ihnen möglich ist.

Mit freundlichen Grüßen   S. Pregermain

Natürlich freute ich mich sehr über die Bestätigung meiner Hypothese und empfing Madame Pregermain gern mit ihrem Chef, dem Leiter des „LABORATOIRE DU CENTRE D`ETUDES ET RECHERCHES DES CHARBONNAGES DE FRANCE", kurz Cerchar, Monsieur Chiche in meinem damals überaus spartanisch eingerichteten Büro im Maschinenlabor der FH Bergbau. Unsere Vorstellungen über den Oxidationsmechanismus stimmten vollkommen überein. Wir holten nach der Besprechung meine Frau von zu Hause ab und speisten in guter Stimmung in einem Waldrestaurant, bei Borgböhmer, zu Abend. Zum Abschied sagten mir die Franzosen: „Bis morgen! Wir sehen uns in der Bergbauforschung!" Wir sahen uns dort nicht, denn ich hatte keine Einladung erhalten, obwohl nach Angaben von Madame Pregermain meine Oxidationshypothese das Hauptthema des Treffens war. Im Laufe der Jahre musste ich leider einige Male feststellen, dass die Bergbauforschung Themen aufgriff, die ich erfolgreich bearbeitete, und dann versuchte, mich abzudrängen. Beispiele werde ich nennen, wenn ich auf meine Forschungsprojekte näher eingehe. Eine gewisse Genugtuung brachte mir im Jahr 1984 meine Berufung in den Beirat der „Studiengesellschaft Kohlegewinnung Zweite Generation e.V.".

Madame Pregermain hat, wie dargestellt, in Ihrem Brief den von mir ermittelten Einfluss von Eisensalzen auf die Kohleoxidation bestätigt. Inzwischen hatte ich zusätzlich ermittelt, dass die wasserlöslichen Eisensalze meist durch bakterielle Oxidation von in der Kohle enthaltenem Pyrit entstehen. Cerchar hat auch dieses Ergebnis bestätigt und daraus die Konsequenzen gezogen und in Glückauf (1974) Nr. 4, S. 177 darüber folgendes berichtet: „Um die Brandgefährlichkeit einer Kohle kennzeichnen zu können, wird ihre Oxydationsfähigkeit gemessen, was in unseren Laboratorien durch zwei Messgruppen erreicht wird: Die eine Gruppe betrifft die Erfassung und das Messen des Pyrits, die andere die Überwachung der Temperaturerhöhung."

Dieses Thema und andere Themen, die mit meinen Untersuchungen zusammenhingen, besprach ich nicht nur in den Vorlesungen, sondern vergab dazu auch Diplomarbeiten und führte Seminare durch. Ein jeweils über ein Semester laufendes „Kohlebiologisches Seminar" bot ich z.B. nicht nur den Studenten der Verfahrenstechnik an, sondern ab dem dritten Semester auch den Studenten der Berg- und der Vermessungstechnik. Ich wurde dabei unterstützt von dem Diplombiologen Rinder, den ich aus Forschungsmitteln einstellen konnte. Im Sommersemester 1980 stand dieses Seminar unter dem Thema: „Entstehung und Verwitterung der Kohle (Biogeochemie der Kohle)". Im folgenden Semester wurden in diesem Seminar die Grundlagen der Mikrobiologie und mikrobiologische Prozesse diskutiert, die zur Gewinnung von Schwermetallen aus sulfidischen Erzen, zur Entschweflung von Kohlen, zur Enteisenung von Grubenwässern und zur Oxidation in der Luft enthaltenen Kohlenmonoxids führen.

Umwelttechniken gehörten schon an der Ingenieurschule zum Stoffpensum, und zwar im Zusammenhang mit allgemeinen verfahrenstechnischen Prozessen. An der FH Bergbau fasste ich die Behandlung von Umweltbegriffen und die Betrachtung von verfahrenstechnischen Prozessen unter Umweltgesichtspunkten zu einem Vorlesungsblock innerhalb des Faches Chemische und Thermische Verfahrenstechnik zusammen und setzte mich außerdem erfolgreich für die Einführung einer von einem auf Umweltfragen spezialisierten Lehrbeauftragten zu lesenden einstündigen Vorlesung über Umweltrecht ein. Für eine Vorlesung über Umweltschutz in der chemischen und thermischen Verfahrenstechnik konnte ich gemeinsam mit Herrn Fronz Dr. rer. nat. Gunter Zimmermeyer vom Gesamtverband des Deutschen Steinkohlenbergbaus gewinnen. Herr Zimmermeyer wurde später Honorarprofessor der FH Bergbau. Ich selbst gab, wie einige Seiten vorher dargestellt, in einem Umschulungslehrgang eine Einführung in die Toxikologie.

In Diplomarbeiten behandelten Studenten Teilprobleme meiner Forschungsarbeiten oder von Betrieben vergebene Themen. Beide Arten von Arbeiten führten die Diplomanden in den verfahrenstechnischen Labors der FH Bergbau oder bei den Unternehmen durch. Entweder waren die Unternehmen mit dem Vorschlag eines Arbeitsthemas an mich herangetreten oder ich hatte bei den Unternehmen wegen einer Diplomarbeit nachgefragt. Außerdem hatten einige Studenten durch eigene Beziehungen von Unternehmen Themen vorgegeben bekommen und mich gebeten, ihre Arbeit zu betreuen. Nicht wenige Studenten erhielten für ihre Arbeit ein geringes Entgelt. Am intensivsten arbeitete ich zusammen mit der Bergbauforschung, mit Betrieben der Ruhrkohle AG, der Ruhrgas AG, der Emschergenossenschaft sowie den Firmen Klöckner-Humboldt-Deutz AG und Uhde.

Etwa zum Zeitpunkt meiner Einführung in das Rektoramt erklärte mir der Geschäftsführer Manfred Fronz, es gehöre zu unser beider ersten Aufgaben, die Gehälter in der WBK zu „harmonisieren". Da er damit vor allem eine „Abschmelzung" der Gehälter des Kollegiums meinte, erwiderte ich ihm, dass ich nicht gegen die Interessen des Kollegiums handeln könne, dessen Vertrauen ich als *gewählter* Rektor besäße. Nachdem mehrere Versuche des Geschäftsführers, die Zustimmung des Kollegiums oder einzelner Kollegen zu finden, gescheitert waren, fand am 8. November 1979 eine Informationsveranstaltung statt, in der dem Kollegium mitgeteilt wurde, dass der Vorstand eine Abschmelzung der Endgehälter der Professoren (und wohl auch der Bergfachschullehrer mit Altverträgen) von 400 DM/Monat vorgesehen habe. Begründet wurde diese Absicht u.a. damit, dass die Tätigkeitsmerkmale der Lehrenden von denen der Betriebsführer unter Tage, deren Gehälter als Richtschnur für die Gehälter der Bergschullehrer gedient hatten, abwichen. Als der WBK-Vorstand vor etlichen Jahrzehnten diese Gehälterbeziehung festlegte, kannte er natürlich die unterschiedlichen Tätigkeiten beider Gruppen, aber er hatte gute Gründe, die Bergschullehrer nicht schlechter zu stellen als die guten Absolventen der Bergschule, die die Stellung eines Betriebsführers erreicht hatten. Im „Bericht über die Verwaltung der WBK während des Rechnungsjahres vom 1. April 1898 bis zum 31. März 1899" ist ausgeführt, dass den Bergschullehrern eine beträchtliche Gehaltserhöhung bewilligt wurde, „weil der schwierige Beruf des Bergschullehrers wegen der geringen Aussichten auf Beförderung und gegenüber den besser lohnenden Stellungen im Privatbergbau wenig Verlockendes bietet". Aus dem Protokoll über die „Harmonisierungsveranstaltung", das der Leiter des Fachbereichs Bergtechnik Paul-Gerhard Moebius geführt hat, zitiere ich einige von Kollegen vorgetragene Gegenargumente: „Die geplanten Veränderungen bringen eine ideelle Schlechterstellung des FH-Lehrers, da Besoldung und Anerkennung im Hause wie auch außerhalb und allgemeines Ansehen des betreffenden Personenkreises als Einheit betrachtet und bewertet werden müssen. Somit verlieren Qualifikation und berufliche Stellung jedes einzelnen auch über die Grenzen des Hauses hinaus an Rang und Bedeutung, wenn in bestehende langjährige Verträge eingegriffen wird. Der Lehrberuf ist kein „Job", er verlangt vielmehr den Einsatz der ganzen Persönlichkeit eines jeden Lehrenden. Es bleibt abzuwarten, wie sich die geplanten Änderungen auf die Motivation des betroffenen Personenkreises mit allen Konsequenzen auswirken werden." Schließlich wurde trotz des Einsatzes des Rechtsanwaltes des Ringes Deutscher Bergingenieure Dr. Walter Emmerich eine Betriebsvereinbarung für alle FH-Lehrer getroffen, nach der in jedem Jahr von der damals regelmäßig anstehenden allgemeinen Gehaltserhöhung 50 DM abgezogen werden sollten, bis der Abschmelzungsbetrag 400 DM erreichte. Da Betriebsvereinbarungen nicht für Leitende Angestellte gelten, wurden der Prorektor Heinz Bramann und ich von dieser Regelung während unserer Amtszeit ausgenommen.

Zur Zeit meiner Tätigkeit als Professor der FH Bergbau nahm ich neben der Lehre einige andere Aufgaben wahr. 1972 wurde ich von der Geschäftsführung mit der Leitung des Labors für Analytische und Präparative Chemie und 1979 zusätzlich mit der Leitung des Labors für Thermische und Chemische Verfahrenstechnik beauftragt. Letztere übertrug ich während meiner Amtszeit als Rektor an den Kollegen Falkenhain, danach nahm ich sie bis zu meiner Pensionierung im Jahre 1991 wieder selbst wahr. 1986 wurde ich vom WBK-Vorstand mit der Leitung des Instituts für Chemie betraut. Außerdem war ich nacheinander Dekan und Rektor. Den drei letztgenannten Tätigkeiten widme ich besondere Kapitel.

Dekan des Fachbereichs Verfahrenstechnik (1972 -1976)

Die Stellen der Funktionsträger der Ingenieurschule für Bergwesen IfB waren nach dem Direktionsprinzip besetzt worden, d.h. der Vorstand der Westfälischen Berggewerkschaftskasse hatte den Direktor, dessen Stellvertreter, die Fachbereichsleiter und die Dozenten eingesetzt. Ein Mitspracherecht der Mitglieder der IfB gab es nicht. Allerdings wurde vor der Einstellung von Dozenten immer eine Art Berufungsausschuss gebildet, der die Direktion beriet.

Mit der Umwandlung der Ingenieurschule in eine Fachhochschule wurde, nicht zuletzt durch meine Initiative, der Studienbereich Verfahrenstechnik aus dem Fachbereich Maschinentechnik herausgenommen und als selbstständiger Fachbereich installiert. Das war erforderlich geworden, weil Anträge von Vertretern des Studienganges Verfahrenstechnik, die eine stärkere Gewichtung der Chemie in den gemeinsamen Grundlagenvorlesungen zum Ziel hatten, in der Regel von der damals stärkeren Fraktion der Maschinentechnik abgelehnt wurden. Von den Fachbereichsräten beschlossene Stoffpläne mussten vom WBK-Vorstand und dem Wissenschaftsministerium genehmigt werden.

An der Fachhochschule wurden der Leiter der Hochschule, der nun Rektor hieß, der Prorektor und die Fachbereichsleiter, nun Dekane, erst dann vom Vorstand der WBK ernannt, nachdem die zuständigen Gremien sie gewählt hatten. In allen Wahlgremien waren die Lehrenden, die Studenten und die Mitarbeiter vertreten. Alle diese Begriffe gebrauche ich geschlechtsneutral. Für die Rektorwahl war der Konvent[31] und für die Wahl der Dekane waren die Fachbereichsräte zuständig.

Für den Fachbereich Verfahrenstechnik hatte mein Bergschullehrer Dr. Kurt Advena seine Kandidatur angemeldet. Als einige Monate vor der Wahl der Aufbereiter Dipl.-Ing. Erich Fellensiek und ich mit einem Semester von Verfahrenstechnikern auf großer Lehrfahrt in den norddeutschen Raum unterwegs waren, versuchte Fellensiek mich davon zu überzeugen, dass Advena nicht mehr als Dekan geeignet sei, weil er sich kurz vor seiner Pensionierung nicht mehr intensiv einsetzen würde. Fellensiek wollte offensichtlich selbst Dekan werden. Ich ermunterte ihn nicht zu kandidieren, denn trotz seines Alters wäre mir Advena als Fachbereichsleiter lieber gewesen als Fellensiek, weil Fellensiek mit

---

[31] Nach den neuen Hochschulgesetzen haben die Hochschulen keinen Konvent mehr. Die Rektorwahl nimmt nun der Senat vor.

Sicherheit auf den Ausbau der angewandten mechanischen Verfahrenstechnik hingewirkt hätte, während Advena wie ich die nicht ausreichenden naturwissenschaftlichen Grundlagen der Studenten verbessern, also im Lehrplan den dafür vorgesehenen Stundenanteil zu Lasten anderer Fächer vergrößern wollten.

Auf dieser Lehrfahrt baten mich an einem Abend einige Studenten zu einem Gespräch. Ein dreißigjähriger Student, von dem ich im Augenblick nur den Spitznamen Opa weiß, teilte mir mit, Vertreter aller Semester des Fachbereichs Verfahrenstechnik hätten die studentischen Teilnehmer der Lehrfahrt beauftragt, mich zu bitten, für das Amt des Fachbereichsleiters zu kandidieren. Ich erwiderte den Studenten, gegen Herrn Fellensiek würde ich ohne Bedenken kandidieren, aber nicht gegen Dr. Advena, denn dieser sei mein Lehrer gewesen und wir verstünden uns gut. Die Studenten wiesen mich darauf hin, dass zum Fachbereichsleiter nur ein *Professor* gewählt werden könne, und sie legten Wert darauf, dass ein Professor ihres Vertrauens kandidiere. Sie hätten, wie auch die Studenten der anderen Ingenieurschulen, seit Jahren um ein Mitspracherecht gekämpft und würden nun, wenn ich nicht kandidierte, um dieses betrogen. Außerdem habe jeder Professor bei Anforderung Selbstverwaltungsaufgaben wahrzunehmen, müsse sich also entsprechenden Wahlen stellen[32]. Da ich ihren Argumenten nichts Stichhaltiges entgegenstellen konnte und mich die Aufgabe tatsächlich reizte, erklärte ich mich nach einer Bedenkzeit zur Kandidatur bereit.

Dass dadurch für mich - jedenfalls bis zum Abschluss der Wahl - eine unangenehme Zeit anbrach, war mir klar. Der Fachbereichsrat bestand nämlich aus vier Lehrenden, einem Mitarbeiter und drei Studenten. Die Lehrenden waren Dr. Kurt Advena, Erich Fellensiek, Dr. Hans Sichelschmidt und ich, der Mitarbeiter war der Laboringenieur Hermann Menges, die Namen der Studenten weiß ich nicht mehr und habe auch Schwierigkeiten, sie in Erfahrung zu bringen, denn es ist mir nach dreißig Jahren nicht gelungen, in die Protokolle der Fachbereichsratssitzungen Einblick zu nehmen. Zur Wahl stellten sich also in unserem Fachbereich Advena und ich. Advena würde sich, wie es sich bei einer auf des Messers Schneide befindlichen Situation gehört, selbst wählen. Fellensiek würde auch Advena wählen, denn er erwartete von mir einen hartnäckigeren Widerstand gegen seine Bestrebungen als von Advena. Sichelschmidt würde ebenfalls Advena wählen: er war mit Advena be-

---

[32] S. Kapitel „Rektor der Fachhochschule Bergbau", Unterkapitel „Senat", Abschnitt „Rahmensatzung".

freundet und verübelte mir möglicherweise, dass ich gegen meinen ehemaligen Lehrer kandidierte. Menges hatte Jahrzehnte mit Advena und ziemlich lange mit Fellensiek zusammengearbeitet: er würde auch Advena wählen. Das waren vier Stimmen und dagegen standen die Stimmen der drei Studenten und meine Stimme. Meine vier *Gegner* hatten vereinbart und in die Wahlausschreibung einbringen lassen, dass bei einer Pattsituation im ersten Wahlgang Advena seine Kandidatur zurückziehen und Fellensiek an seine Stelle treten solle.

Der erste Wahlgang fand früh am Morgen statt. Erwartungsgemäß erbrachte er für beide Kandidaten die gleiche Stimmenzahl. In den anderen vier Fachbereichen waren die Leiter im ersten Wahlgang gewählt worden. Gemäß Wahlordnung durfte der zweite Wahlgang erst drei Stunden später stattfinden. Mein Gegenkandidat war nun Erich Fellensiek. Aber dessen Hoffnung, doch wenigstens eine Stimme der Studenten zu bekommen, erfüllte sich nicht. Nach diesem Gang stand es wieder pari. Der dritte Wahlgang wurde für den Abend angesetzt. Würde danach wieder Stimmengleichheit bestehen, müsste gelost werden. Zwischen den Studenten und mir gab es keine Diskussion. Ich war auf ihren Wunsch hin angetreten und sah es nun als meine Pflicht an, die Sache auch durchzustehen. Zwischen den Wahlgängen wurde aber im anderen Lager diskutiert. Erst später hat Hans Sichelschmidt mir erzählt, dass er vor dem dritten Wahlgang die Initiative ergriffen habe. Er habe zum Ausdruck gebracht, dass er mich für nicht schlechter geeignet hielte als Advena und Fellensiek. Eine Losentscheidung wolle er vermeiden. Er würde sich deshalb beim dritten Wahlgang der Stimme enthalten, hielte es aber für noch besser, wenn sie alle vier sich der Stimme enthielten. Er hat seine Gruppe überzeugt, denn ich wurde mit 4 Stimmen bei 4 Enthaltungen gewählt. Stellvertretender Fachbereichsleiter wurde Erich Fellensiek.

Alle Mitglieder des Fachbereichsrates und auch viele andere Mitglieder der FH Bergbau haben mir nach diesem harten Tag freundlich gratuliert. Dass Advena Verständnis für meine Standfestigkeit äußerte und darüber hinaus zum Ausdruck brachte, dass sich durch diesen Tag an unserer guten Zusammenarbeit nichts ändern solle, hat mich sehr gefreut. Advena und Fellensiek arbeiteten während meines Dekanats sehr konstruktiv mit.

Das Amt des Fachbereichsleiters oder Dekans trat ich am 1. September 1972 an. Schon vor der Wahl hatte ich die Möglichkeit gehabt, auf die Benennung des Fachbereichs Einfluss zu nehmen. Ursprünglich sollte er Bergverfahrenstechnik heißen. Das erschien mir sehr unglücklich, weil darunter die unter Tage angewandten Techniken verstanden werden können. Kohleverfahrenstechnik wäre mir schon lieber gewesen, weil diese Bezeichnung an Verfahren zur Kohlenveredelung denken ließ, für die die Studenten unseres Fachbereichs schließlich ausgebildet werden sollten. Wer sich erfolgreich mit der Kohlenveredelung befassen will, muss die allgemeinen naturwissenschaftlichen Grundlagen ebenso beherrschen wie ein Verfahrenstechniker in der Erdöl- oder einer anderen Industrie. Deshalb plädierte ich - erfolgreich - dafür, die Bezeichnung Verfahrenstechnik ohne einen Zusatz zu wählen. Die Hauptaufgaben der Verfahrenstechnik liegen in der technischen Trennung von Stoffgemischen und der Durchführung von Umwandlungsprozessen. Die Entwicklung der Verfahrenstechnik im Rahmen der Kohlenveredelung stellte ich in einer Hochschulschrift in meiner Zeit als Dekan, also in den 70er Jahren, folgendermaßen dar:

„Die Verfahrenstechnik beschränkte sich im Bergbau ursprünglich auf die Aufbereitung des Rohfördergutes, also etwa die Zerlegung von Rohförderkohle in Kohle und Steine und die Absiebung der Kohle in verschiedene Körnungen. Mit der Einführung der Kohleverkokung stieg die Bedeutung der Verfahrenstechnik - diesen Begriff gab es damals allerdings noch nicht - stark an, denn alle Kokereien bestehen aus einer größeren Anzahl von verfahrenstechnischen Anlagen wie Koksofenbatterien, Kokssiebereien, Gasbehandlungs- und Destillationsanlagen. In der Zeit von etwa 1930 bis 1960 wurde in Deutschland Kohle in Benzin, Dieselöl, „Butter aus Kohle" und andere Produkte chemisch umgewandelt. Die dazu dienenden Hydrier- und Fischer-Tropsch-Werke trugen vor allem von 1940 bis 1944 erheblich zur Versorgung des Deutschen Reiches mit Kraftstoffen bei. Diese Art der Kohlenveredelung wurde in den 60er Jahren als unwirtschaftlich aufgegeben. Jetzt sehen die politischen Entscheidungsgremien die Bedeutung der Kohle anders als vor zwei Jahren. Sie wollen die Steinkohlenförderung der Bundesrepublik Deutschland erhalten und auf lange Sicht sogar steigern. Die augenblickliche oder gar eine erhöhte Förderung ist in der BRD bei den geltenden Umweltschutzbestimmungen und den hohen Ansprüchen an Heizungskomfort nur in einer veredelten Form abzusetzen. Wichtige verfahrenstechnische Maßnahmen zur Veredelung sind die Senkung des Schwefelgehalts der Kohle zur Verminderung der Kraftwerksemissionen und die Vergasung der Kohle mit dem Ziel, dem Verbraucher bei steigender Verknappung und Verteuerung von Erdöl und Erdgas ein leicht einsetzbares Kohlegas zu liefern."

In den 30 Jahren, die seit diesen Darlegungen ins Land gegangen sind, ist die Entwicklung jedoch anders verlaufen. Es zeigte sich, dass die Entschwefelung der Rauchgase der Kraftwerke wirtschaftlicher ist als die Entschwefelung der in die Kraftwerke eingesetzten Kohle. Und da von einer kurzfristigen Verknappung von Erdöl und Erdgas keine Rede sein kann, hat die Kohlevergasung zur Zeit keine wirtschaftliche Chance. Beiläufig sei erwähnt, dass in den 20er Jahren angegeben wurde, die Erdölvorräte würden noch 30 Jahre reichen; heute gibt man trotz einer enormen Vervielfachung des Verbrauchs an, dass die bekannten Reserven bei gleichbleibendem Verbrauch noch mehr als 40 Jahre reichen würden. Der Umfang der bekannten Erdgaslagerstätten nimmt ebenfalls ununterbrochen zu. „Statisch", d.h. bei gleichbleibendem Verbrauch, reichen die Vorräte noch bis zum Jahr 2050.

Mit Blick auf die Ausbildung von Verfahrenstechnikern an der FH Bergbau führte ich damals aus: „Ingenieure, die verfahrenstechnische Anlagen wie Kokereien oder Kohlenvergasungsanlagen betreiben, müssen maschinentechnisch versiert sein und von der Chemie soviel verstehen, daß sie in der Lage sind, die in ihren Anlagen verlaufenden Prozesse zu durchschauen und zu beeinflussen."

Um die Ausbildung an der FH Bergbau möglichst effektiv zu gestalten, beschloss der Fachbereichsrat auf meinen Antrag, die Laborpraktika schon im ersten Semester beginnen zu lassen. Zu diesem Zeitpunkt besitzen die meisten Studenten zwar erst geringe Grundkenntnisse, aber es ergeben sich schon von Beginn des Studiums an enge Kontakte zu Professoren und Assistenten. Zu den Seminaren, die wir für die beiden letzten Semester einführten, habe ich in einer Einleitung zum ersten Seminarprogramm geschrieben: „In diesen Seminaren wird je Semester meist eine einzige Planungsaufgabe durchgeführt, und zwar aus dem Gebiet der Kohleverfahrenstechnik, z.B. die Planung einer Destillationsanlage. Diese Aufgabe wird so aufgeteilt, daß jeder Student des Semesters eine Teilaufgabe zu lösen hat. Der Student trägt seine Lösung im Seminar vor und muß der anschließenden Diskussion standhalten. Der selbständige Vortrag vor dem Seminarleiter und den Kommilitonen mit anschließender Diskussion soll nicht nur die fachlich-theoretische Qualifikation der Studenten verbessern, sondern auch die bei vielen Studenten vorhandene Scheu vor ‚öffentlichen Auftritten´ abbauen".

Die Studentenzahlen im Fachbereich Verfahrenstechnik entwickelten sich während meiner Amtszeit folgendermaßen:

6. Semester (Sommer 1975)   7 Studenten
4. Semester (Sommer 1975)   12 Studenten
2. Semester (Sommer 1975)   20 Studenten
Wintersemester 1975/76   42 Bewerber

Seit der Übernahme der Fachbereichsleitung war ich stärker in die Verwaltungsarbeit der Fachhochschule eingebunden als vorher. Ich nahm nun an den montäglichen Sitzungen von Rektor, Prorektor und Dekanen teil, in denen u.a. die Senatssitzungen vorbereitet wurden, und war Mitglied des Senats. Das Gremium der gewählten Funktionsträger setzte sich aus folgenden Professoren zusammen:

Rektor: Dipl.-Ing. Wolfgang Höhne

Prorektor: Dipl.-Ing. Heinz Bramann

Dekan des Fachbereichs Bergtechnik: Dipl.-Ing. Friedrich Dürrer

Dekan des Fachbereichs Berg- und Ingenieurvermessung: Dr.-Ing. Justus Chilian

Dekan des Fachbereichs Maschinentechnik: Dipl.-Ing. Werner Zimmer

Dekan des Fachbereichs Verfahrenstechnik: Dr. rer. nat. Ernst Beier

Dekan des Fachbereichs Elektrotechnik: Dipl.-Ing. Günter Heemann

Alle diese Herren waren kraft ihres Amtes Mitglieder des Senats. Außerdem gehörte dem Senat kraft Amtes der Kanzler Dr.-Ing. Walter Seegelken an. Weitere Professoren sowie Mitarbeiter und Studenten waren unmittelbar in den Senat gewählt worden. Bei der Arbeit in den Fachbereichsräten und im Senat mussten sich die Professoren erst daran gewöhnen, dass die Studenten ein Wort mitzureden hatten. Die Studenten besaßen häufig eine einhelligere Meinung als die Professoren. Nach Vorarbeiten in der Montagsrunde und in Ausschüssen befasste sich der Senat ausführlich mit folgenden Satzungen und Ordnungen und beschloss sie:

Rahmensatzung
Prüfungsordnung
Studienordnung
Berufungsordnung
Einschreibungssatzung
Graduierungssatzung
Wahlordnung

Diese wurden, soweit erforderlich, vom Vorstand der WBK und vom Minister für Wissenschaft und Forschung des Landes Nordrhein-Westfalen genehmigt.

Nach etwa einem Jahr wurde der Kanzler Walter Seegelken pensioniert und an seine Stelle trat der aus der Industriegewerkschaft für Bergbau und Energie stammende Bergassessor a.D. Manfred Fronz. Dieser wurde gleichzeitig Geschäftsführer des neu geschaffenen WBK-Bereichs „Schulen und Ausbildung".

Als Dekan bat ich alle haupt- und nebenamtlich Lehrenden, mir ihre Stoffpläne zuzustellen, damit wir sie im Fachbereichsrat untereinander abstimmen und von verschiedenen Seiten auftretende Wünsche diskutieren konnten. Auf diese Weise wurden die Stoffpläne aktualisiert, wobei es zu einer gewissen Umverteilung von Stunden kam.

Gegen Ende meiner Amtszeit als Fachbereichsleiter erhielt ich von der WBK folgendes Schreiben:

„Sehr geehrter Herr Dr. Beier!

Wir freuen uns, Ihnen mitteilen zu können, daß Sie in Anerkennung Ihrer qualifizierten Mitarbeit an unserer Fachhochschule Bergbau mit Wirkung vom 1.1.1975 im Rahmen Ihrer Planstelle in die Besoldungsgruppe H 3 Bundesbesoldungsgesetz übernommen werden. [...]". H 3 war die höchste Stufe, die für einen Professor an einer Fachhochschule in Betracht kam.

Am 31.5.1976 wurde ich vom Vorsitzenden des Staatlichen Prüfungsausschusses, dem Leitenden Bergdirektor Hans Kölfen, für drei Jahre als Mitglied des Prüfungsausschusses für die Fachrichtung Verfahrenstechnik bestellt.

Während meiner Amtszeit als Fachbereichsleiter lehrte ich nicht nur an der FH Bergbau, sondern unterrichtete auch - gern - an anderen Schulen der WBK.

Rektor der Fachhochschule Bergbau (1976 -1985)

In diesem Kapitel berichte ich neben meiner Amtsführung als Rektor beiläufig über persönliche Erlebnisse, nicht aber über meine wissenschaftlichen Arbeiten und ehrenamtlichen Tätigkeiten. Diesen habe ich besondere Kapitel gewidmet.

Der Rektor der FH Bergbau sollte gemäß den damaligen Rechtsvorschriften[33] jeweils ein Jahr vor seiner Amtsübernahme vom Konvent gewählt werden, damit er genügend Zeit hatte, sich auf seine neue Tätigkeit vorzubereiten. 1975 wollte der amtierende Rektor Wolfgang Höhne nicht erneut kandidieren, jedoch das Amt in zuverlässige Hände weitergeben. Sein Stellvertreter Heinz Bramann war bereit, noch einmal vier Jahre als Prorektor zu arbeiten, jedoch nicht als Rektor. Wolfgang Höhne fragte deshalb mich bei einem Spaziergang nach einer Betriebsbesichtigung, ob mich diese Aufgabe nicht reizte. Da sie das tatsächlich tat, hörte er sich im Kollegium um und fand weitgehende Zustimmung zu meiner Kandidatur. Daraufhin veranlasste er den Dekan des Fachbereichs Maschinentechnik August Schulte, mich in der oben beschriebenen Montagsrunde zu fragen, ob ich zur Kandidatur bereit sei. Da ich nun nicht mehr die Komplexe wie bei der Kandidatur zum Dekan gegen meinen ehemaligen Lehrer Dr. Kurt Advena hatte, bejahte ich die Frage. Wolfgang Höhne teilte meine Antwort dem Lehrersprecher Werner Zimmer mit, und dieser berief daraufhin eine Lehrerkonferenz ein. Wolfgang Höhne berichtete mir später, dass es mehrere Interessenten für das Rektoramt gegeben habe, dass nach seiner Ansicht aber nur Peter Teichert und ich gute Chancen gehabt hätten. In Übereinstimmung mit dieser Aussage befragten die Kollegen in der Lehrerkonferenz nur den Physikprofessor Peter Teichert und mich nach unseren Vorstellungen über die Entwicklung der Fachhochschule für den Fall unserer Wahl und baten uns schließlich, das Sitzungszimmer zu verlassen. Peter Teichert fragte mich vor der Tür, wie ich seine und meine Chancen sähe. 22 Jahre später konnte er sich noch daran erinnern, dass ich seine Chancen wegen seiner für das Kollegium wichtigen Tätigkeit im Betriebsrat für geringer als meine gehalten hatte. Nach etwa einer halben Stunde rief Herr Zimmer uns wieder in das Lehrerzimmer. Er eröffnete uns als Sprecher des Kollegiums der FH Bergbau, dass das Kollegium mich vorschlagen würde. Vor allem seien zwei

---

[33] Diese wurden neu formuliert in § 22 der Rahmensatzung vom 14.2.1977.

Gründe dafür ausschlaggebend gewesen: meine Erfolge bei Forschungsarbeiten, die wichtig für das Renommee der Fachhochschule seien, und dass Peter Teichert, falls er zum Rektor gewählt würde, das Kollegium nicht mehr im Betriebsrat vertreten könne.

Herr Zimmer teilte dem Rektor Wolfgang Höhne als dem Vorsitzenden des Senats den Vorschlag des Kollegiums mit, und da die Studenten und die Mitarbeiter mit dem Vorschlag des Kollegiums einverstanden waren, wurde ich als Kandidat des Senats dem Konvent benannt. Am 15.12.1975 fand die Wahl statt. 50 der 57 Mitglieder des Konvents waren anwesend, 45 stimmten für und 5 gegen mich. Als Prorektor wurde Heinz Bramann wiedergewählt.

Das Amt des Rektors der Fachhochschule Bergbau übernahm ich am 1.September 1976. Die feierliche Amtseinführung erfolgte gemeinsam mit der Einführung des Prorektors und der Fachbereichsleiter am 4. Oktober im Deutschen Bergbau-Museum.

Als Gäste begrüßte der Vorsitzende der WBK Heinz Kegel folgende Herren:

als Vertreter des Ministers für Wissenschaft und Forschung MinRat Dr. Wicher,

als Vertreter der Stadt Bochum Oberstadtdir. Jahofer und Bürgermeister Withoit,

den Rektor der RWTH Aachen Professor Dr. Sann,

den Prorektor der TU Clausthal Professor Dr. Guntermann

Rektoren und Kanzler der öffentlichen Fachhochschulen des Landes NRW,

Vertreter der übrigen Schulträger des Bergbaus,

Vertreter der Industriegewerkschaft Bergbau und Energie IGBE,

Vertreter des Ringes Deutscher Bergingenieure RDB,

Vertreter des Ausbildungswesens der Mitgliedsgesellschaften der WBK,

Fachhochschullehrer und Studenten.

Stellvertretend für alle weiteren Einzelpersonen begrüßte Herr Kegel Herrn Oberbergrat a.D. Otto, „der seinerzeit als Geschäftsführer verantwortlich war für die Beschlussfassung und die Ausführung der Beschlüsse zur Einrichtung der Ingenieurschule für Bergwesen, die später unter seinem Nachfolger [Franz-Rudolf Limper] in die Fachhochschule Bergbau umgewandelt wurde".

Herr Kegel führte dann u.a. aus: „[Die Gründung der Fachhochschule Bergbau] war das erste Experiment mit einer selbst verwalteten Bildungseinrichtung [im bergbaulichen Schulwesen]. Es ist dem traditionell sehr auf Hierarchie eingestellten Bergbau sicher schwer gefallen, ein solches Organisationsmodell zu akzeptieren. [...] Auch hier kann ich feststellen, dass die Selbstverwaltung durch gewählte Gremien und Personen sich als eine tragfähige Organisationsform erwiesen hat, und ich verhehle nicht, dass ich selbst hier meine ursprüngliche Auffassung revidiert habe."

Nachdem von etlichen Gästen Grußworte gesprochen worden waren, u.a. vom Vorsitzenden der Landesrektorenkonferenz Prof. Dr. Werner Strombach, und der scheidende Rektor Wolfgang Höhne seine Rede gehalten hatte, übergab der Vorsitzende des Vorstands der Westfälischen Berggewerkschaftskasse Heinz Kegel zunächst mir und dann dem Prorektor und den Fachbereichsleitern die Ernennungsurkunden. Der Prorektor war vorher wie ich vom Konvent und die Fachbereichsleiter waren von den zuständigen Fachbereichsräten gewählt worden.

Das Leitungsgremium der Fachhochschule Bergbau setzte sich nun aus folgenden Professoren zusammen:

Rektor: Dr. rer. nat. Ernst Beier
Prorektor: Dipl.-Ing. Heinz Bramann

und den Dekanen der Fachbereiche

Bergtechnik: Dr.-Ing. Paul-Gerhardt Moebius
Berg- und Ingenieurvermessung: Dr.-Ing. Justus Chilian
Maschinentechnik: Dipl.-Ing. Werner Zimmer
Verfahrenstechnik: Dipl.-Ing. Erich Fellensiek
Elektrotechnik: Dr.-Ing. Günter Sonnenschein.

Nach der Übergabe der Urkunden überreichte mir Wolfgang Höhne als Symbol für eine wünschenswerte Erleuchtung einen Frosch, das ist eine früher im Bergbau gebräuchliche Öllampe, die von Rektor zu Rektor weitergegeben werden sollte. Anschließend hielt ich meine Antrittsrede. Unter anderem legte ich dar, wessen Interessen die Fachhochschule Bergbau nach meiner Ansicht zu vertreten hat, nämlich die

- der Studenten, für die sie errichtet worden ist
- der Bevölkerung des Landes Nordrhein-Westfalen, die den größten Teil der Schulkosten trägt.
- des Bergbaus, der einen Großteil der Absolventen aufnimmt und sich an den Schulkosten beteiligt
- und ihrer Mitarbeiter, die in einem guten Arbeitsklima tätig sein wollen.

Eine rationelle Ausbildung komme allen vier Gruppen zugute. Diese sei aber nur möglich, wenn die Studienanfänger nicht allzu schlecht auf ihr Studium vorbereitet würden. Das Recht, ihre Studenten selbst auszuwählen habe die Fachhochschule nur dann, wenn wegen Kapazitätsüberschreitung nicht alle Bewerber aufgenommen werden können. In diesem Fall sollten nach meiner Ansicht für die Zulassung nicht die Durchschnittsnoten der vorhergehenden Schulabschlusszeugnisse das größte Gewicht haben, sondern der Praxisbezug der Bewerber und die von den Bewerbern auf dem Gymnasium oder der Fachoberschule gewählten studienrelevanten Fächer. Ein Bewertungsschema hatte ich schon erarbeitet, und dieses ist später bei Bedarf auch angewandt worden.

Weiterhin ging ich auf die Schwierigkeiten ein, die beim Übergang von Absolventen der FH Bergbau in die Betriebe auftraten. Auf den ersten Blick schnitten die neuen Diplom-Ingenieure in den Betrieben schlechter ab als die Bergschüler, denn sie hatten nicht schon während ihres Studiums an einer längeren gelenkten Praxis und an einem Lehrsteigersemester teilgenommen. Nachdem sie aber gezeigt hatten, dass sie zwar eine längere Einarbeitungszeit als die Bergschüler brauchen, dafür aber in der Lage sind, theoretisch schwierigere Aufgaben zu meistern, wurden sie weniger misstrauisch aufgenommen.

In zehn Punkten stellte ich in meiner Antrittsrede dar, welche Ziele ich zunächst als Rektor konkret verfolgen wolle. Ich zähle nun die Punkte auf und gebe dazu stichwortartig an, in welchem Maße ich mich den Zielen genähert habe.

1. Verjüngung des Kollegiums: In meinem ersten Amtsjahr wurden die ersten beiden Professoren nach der Errichtung der FH Bergbau berufen.

2. Einstellung von Spezialisten als Gastdozenten: Allein in der Verfahrenstechnik lasen in den letzten Semestern meiner Amtszeit als Rektor vier Herren als Lehrbeauftragte, die an führender Stelle in der Entwicklung der Verfahrenstechnik der Weiterverarbeitung von Steinkohlen tätig waren.

3. Heranziehung von Spezialisten zu Einzelvorträgen: In meiner ersten Amtsperiode zogen wir nur Spezialisten heran, die uns nichts kosteten. Das waren vor allem Absolventen unserer Hochschule und Herren, die auf Produkte ihrer Firmen aufmerksam machen wollten oder in einem Gastvortrag eine Möglichkeit sahen, die FH Bergbau kennen zu lernen, vielleicht mit dem Ziel, hier einen Lehrauftrag oder gar eine Professur zu erhalten.

4. Verstärkte Durchführung von Seminaren: Wir unterschieden an der FH Bergbau zwei Arten von Seminaren: die studiengangsbezogenen Seminare, die fest in die Lehrpläne eingeordnet waren, und die Seminare für jedermann. In den erstgenannten Seminaren sollten die Studenten weniger Sachwissen erwerben als lernen, selbstständig zu arbeiten. In der Verfahrenstechnik führte ich solche Seminare ein. Die meisten Kollegen sträubten sich, einen Anteil ihrer Stunden für derartige Seminare einzusetzen, weil sie befürchteten, dann nicht mehr den gesamten ihrer Ansicht nach unverzichtbaren Stoff ihren Studenten vortragen zu können. Für die Seminare für jedermann hatte ich jeweils für ein Semester unter einem Dachthema mehrere Vorträge geplant, meist über F&E-Projekte. Vor dem ersten Semestervortrag gab ich jeweils eine Einführung mit Erläuterung unserer Ziele.

5. Ausbau der Laboratorien: Die für Investitionen zur Verfügung stehenden Mittel wurden für Vorrichtungen eingesetzt, mit denen die physikalischen und chemischen Experimente in den neu eingeführten Großvorlesungen auf Bildschirme übertragen werden können.

6. Verstärkter Praxisbezug der Studienbewerber und Studenten: Für die Studienbewerber wurden umfangreichere Praxispläne festgelegt. Mit der Einführung von Praxissemestern befassten wir uns nicht, weil das Land dafür Richtlinien herausgeben wollte. Zur Weiterbildung der Dozenten führte ich in jedem Jahr mit allen Professoren in den Semesterferien eine einwöchige Studienfahrt durch, über die ich an anderer Stelle berichte. In Kepner-Tregoe-Seminaren wurden die Professoren und auch andere Mitarbeiter in Denkmethodik geschult. Praktiker, insbesondere aus dem Ring Deutscher Bergingenieure RDB, lud ich ein zu Diskussionen mit den Studenten, nicht zuletzt über ein angemessenes Verhalten junger Absolventen in den Betrieben. Die Veröffentlichung der Themen der Diplomarbeiten und einiger Kurzfassungen dieser Arbeiten zeigten den Kollegen in der Praxis, in welchen Bereichen u.U. eine Zusammenarbeit möglich ist. Die erste veröffentlichte Kurzfassung veranlasste den Vorstand der Bayerischen Braunkohlenindustrie, sich von mir bei einer Rekultivierungsmaßnahme beraten zu lassen. Zur Verbesserung der Zusammenarbeit zwischen der

FH Bergbau und den Betrieben wurden von der FH Bergbau für jede Werksdirektion zwei Kontaktmänner benannt.

7. Ring Deutscher Bergingenieure RDB: Ich bin Mitglied des RDB seit 1952 und veröffentlichte schon vor meiner Amtszeit als Rektor mehrere Fachaufsätze in seinem Organ „bergbau". Um diese Zeitschrift für die Belange der FH Bergbau nutzen zu können, nahm ich bereits vor meiner Amtsübernahme, nämlich am 18. Mai 1976, mit Zustimmung des Rektors Verbindung auf mit deren mir gut bekanntem Redakteur H. J. Trippler. Der RDB und der Zeitschriftenverlag reagierten positiv, und so konnten von Januar 1977 an viele Jahre lang die 10.000 Mitglieder des RDB und andere Interessenten lesen, wie sich die Fachhochschule Bergbau entwickelte. Beispielsweise umfassten im Jahr 1977 die Veröffentlichungen über die FH Bergbau in „bergbau" 129 Maschinenseiten. Von 1977 bis heute (2004) werden in „bergbau" die Themen aller an der FH Bergbau und der daraus hervorgegangenen Technischen Fachhochschule Georg Agricola durchgeführten Diplomarbeiten veröffentlicht. Mitglieder des RDB-Vorstands hielten Vorträge über die führungstechnischen Anforderungen an die Absolventen. Diese Vorträge hatten auch das Ziel, dem RDB neue Mitglieder zuzuführen. In einigen Jahren wurden jährlich mehr als hundert Studenten der FH Bergbau in den RDB aufgenommen, im Wintersemester 1978/79 z.B. 150 Studenten. 1978 oder 1980 stellte ich vor dem Delegiertentag des RDB die Entwicklung der FHB dar.

8. Preise für hervorragende Diplomarbeiten: Ein Senatsausschuss legte einen Entwurf einer „Ordnung über die Vergabe von Preisen für Ingenieurarbeiten" vor. Der Kanzler war jedoch nicht in der Lage, Mittel für derartige Preise bereitzustellen. Allerdings stiftete der Glückauf-Verlag Essen, heute GVE, im Jahr 1977 zweijährige Freiabonnements für Absolventen der FH Bergbau mit besonders gutem Abschluss. Bis 1978 kamen 14 Absolventen in deren Genuss, nämlich 3 Elektro-, 4 Maschinen- und 7 Verfahrensingenieure.[34]

9. Kontaktpflege zu anderen Hochschulen: Die Verbindungen zu den deutschen Hochschulen mit einer Bergbaufakultät („ABC-Hochschulen": Aachen, Berlin, Clausthal) wurden aufrechterhalten: zu Aachen über den Rektor, unseren ehemaligen Kollegen an der Bergschule Prof. Dr. Sann, zu Berlin über Prof. Dr. Eichmeyer und zu

---

[34] Auf meine Initiative vergibt auch der Bochumer Bezirksverein im VDI seit 1989 Preise für Absolventen der drei Bochumer Hochschulen mit Ingenieurfachbereichen.

Clausthal über den Rektor Prof. Dr. Wilke. Letzterem bin ich zu besonderen Dank verpflichtet, denn auf sein Betreiben empfahl der Senat der Westdeutschen Rektorenkonferenz WRK am 11.10.1977 dessen Plenum die Aufnahme der FH Bergbau in die WRK. Dieses Plenum der WRK beschloss in seiner Sitzung vom 14.-15.11.1977 die Aufnahme ohne Gegenstimme. Zur Erleichterung der Zusammenarbeit der Bochumer Fachhochschulen fand jedes Jahr ein Treffen der Rektoren und Kanzler statt. Über die freundschaftliche Zusammenarbeit mit den Rektoren der nordrhein-westfälischen Fachhochschulen habe ich weiter unten im Abschnitt Landesrektorenkonferenz berichtet.

10. Forschungsmittel: Hierzu kann ich nach zwanzig Jahren keine präzisen Angaben machen. Ich weiß aber noch, dass sich die Kollegen Dr. Chilian, Dr. Fellensiek, Dr. Geller, Heemann und ich mit Entwicklungsarbeiten befasst haben. Für meine Untersuchungen zur mikrobiologischen Entpyritisierung von Steinkohlen bewilligte mir der Minister für Wissenschaft und Forschung MWF die Mittel zur Einstellung einer Mikrobiologin. Diese Arbeit gehörte zu den 22 Projekten, die der MWF an den Fachhochschulen des Landes förderte. Zusammengearbeitet habe ich damals, wie aus meinem Schreiben vom 8.6.1978 an die Kollegen Bramann und Teichert, die die „zusätzlichen Aktivitäten" der Fachhochschullehrer auflisten sollten, hervorgeht, mit der Bayerischen Braunkohlenindustrie und der Erzgrube Meggen der Sachtleben AG auf dem Gebiet der Enteisenung von Grubenwässern, später in derselben Frage mit der Rheinischen Braunkohle. Um die bakterielle Oxidation von Sulfid-Ionen in Sodaschlacken der Hüttenindustrie ging es bei einer Zusammenarbeit mit den Solvay-Werken, und gemeinsam mit dem Ruhrverband führte ich Untersuchungen zur Phosphatfällungen in Abwässern mit Eisen(II)-salzen durch, die während der Fällung bakteriell oxidiert wurden. Über viele Jahre wurden meine Arbeiten durch - allerdings geringfügige - Mittel des Stifterverbandes der Deutschen Industrie unterstützt.

Als Rektor designatus hatte ich viele Gespräche mit dem Amtsinhaber Wolfgang Höhne und dem Geschäftsführer und Kanzler Manfred Fronz. Mit Letzterem sprach ich hauptsächlich über mein künftiges Programm. Wichtig war für mich vor allem die „Beschreibung der Stellung des Rektors der Fachhochschule Bergbau", die mit meiner Amtsübernahme am 1.9.1976 in Kraft treten sollte. Einleitend ist darin festgelegt: „Der Rektor der Fachhochschule Bergbau untersteht während seiner Amtszeit dem Geschäftsführer des Geschäftsführungsbereiches II der WBK unmittelbar und ist an dessen Weisungen gebunden. Er ist Disziplinarvorgesetzter der unmittelbar in den Studienveranstaltungen eingesetzten Mitarbeiter im Rahmen ihrer pädagogisch-wissenschaftlichen Aufgaben." Es war mir klar, dass die Position des Rektors schwierig war, denn seine Kompetenzen lagen in gewisser Weise zwischen denen des Geschäftsführers und denen des Kanzlers, und beide Funktionen lagen bei einem Mann: bei Manfred Fronz. Wolfgang Höhne charakterisierte die Schwierigkeiten der Amtsführung unter diesen Bedingungen bei seiner Ansprache anlässlich seines Abschieds als Rektor mit der Bemerkung, Herr Fronz setze immer diejenige Dienstmütze auf, die ihm den größten Einfluss verspreche. Direkt an Manfred Fronz gewandt, sagte er: „Herr Fronz, es war nicht immer schwer mit Ihnen!"

Als Rektor arbeitete ich in vielen Gremien mit und stand dem Senat und dem Konvent der FH Bergbau vor. Außerdem übernahm ich in der gesamten Amtszeit freiwillig Lehrverpflichtungen. Da ich es nicht für zweckmäßig halte, meine Amtszeit chronologisch darzustellen, werde ich meine Tätigkeit in den verschiedenen Gremien nacheinander abhandeln. Dabei werde ich zunächst auf die internen Institutionen der FH Bergbau und der Westfälischen Berggewerkschaftskasse eingehen und danach auf die übergeordneten Gremien auf Landes- und Bundesebene. Als Reihenfolge für die Darstellung meiner Tätigkeiten habe ich gewählt:

Senat der FH Bergbau

Konvent der FH Bergbau

Beirat der FH Bergbau

Seminare des WBK-Führungskreises „Schulen und Ausbildung"

Driburger Tagungen für Lehrer und Ausbilder des Ruhrbergbaus

Lehrerstudienfahrten

Bergschuldirektorenkonferenzen

Landesrektorenkonferenz LRK (NW)

Fachhochschulrektorenkonferenz FRK (BRD)

Westdeutsche Rektorenkonferenz WRK (BRD)

Kontakte zu anderen Hochschulen

Rektoratswahl 1979

Amtsübergabe und Abschlussbericht

Anderes/Persönliches

Bei LRK, FRK und WRK handelte es sich nicht um einzelne Konferenzen, sondern um feste Institutionen.

Bei den drei erstgenannten Gremien gebe ich für alle Sitzungen, an denen ich teilnahm, Protokollauszüge an.

SENAT

Dem Senat gehörte ich von 1972 bis 1985 an oder, anders ausgedrückt, von der 1. bis zur 89. Sitzung. Vorsitzender des Senats war ich von der 32. bis zur 89. Sitzung. Von 1976 bis 1984 war ich gleichzeitig Vorsitzender des Konvents.

Für den Übergang der Ingenieurschule für Bergwesen in die Fachhochschule Bergbau gibt es zwar ein festes Datum - 1.8.1971 -; tatsächlich erfolgte die Umwandlung jedoch nicht abrupt, denn zu dem genannten Zeitpunkt bestanden noch keine Selbstverwaltungsorgane, es war noch kein Rektor gewählt und kein Kanzler vom Vorstand der WBK ernannt worden. Über die Schritte bis zur Wahl des Rektors berichtete ich im Kapitel „Professor an der Fachhochschule Bergbau". Mitglieder des ersten Senats waren kraft Amtes

der Rektor	Wolfgang Höhne,
der Prorektor	Heinz Bramann,
der Kanzler	Dr. Walter Seegelken,
die Fachbereichsleiter	Dr. Ernst Beier, Dr. Justus Chilian, Friedrich Dürrer, Günter Heemann, August Schulte.

Darüber hinaus hatten die Mitarbeiter die graduierten Ingenieure Roland Fettes und Werner Günter und das Kollegium Peter Teichert in den Senat gewählt. Die Studentenschaft, der im Senat 6 Sitze zustanden, hatte zu den ersten 17 Sitzungen keine Vertreter in den Senat entsandt, weil sie das Wahlverfahren gemäß der bestehenden vorläufigen Wahlordnung für die Mitglieder des Senats nicht akzeptierte. Diese Wahlordnung war von einem Planungsausschuss aus Vertretern der Unternehmen, der Professoren- und der Studentenschaft erarbeitet und vom WBK-Vorstand in Kraft gesetzt worden. Nach der Inkraftsetzung waren die Studenten, genauer: ihre Wortführer, dagegen, dass gemäß dieser Ordnung Studenten aus allen Fachbereichen im Senat vertreten sein und die studentischen Mitglieder nicht offen von der Vollversammlung, sondern in geheimer Wahl gewählt werden sollten. Erst kurz vor der 18. Senatssitzung ließen sich die Studenten davon überzeugen, dass die geheime Wahl im Zweifelsfall demokratischer ist als die Wahl per Akklamation.

Ich werde nun die Beschlüsse und Diskussionen aus den Protokollen der Senatssitzungen darstellen, die nach meiner Ansicht für die Entwicklung der FH Bergbau von Bedeutung waren oder ein deutliches Licht auf die damalige Situation werfen. Um das Auffinden der besprochenen Punkte in den originalen in der Fachhochschule lagernden Senatsprotokollen zu erleichtern, habe ich bei allen Punkten die Nummern der betroffenen Senatssitzungen mit angegeben.

Personen, die nicht an den Senatsbeschlüssen im Einzelnen interessiert sind, empfehle ich, die folgenden vier Seiten zu überschlagen.

In nahezu allen Sitzungen des Senats von der ersten Sitzung am 18.8.1972 bis zur 85. Sitzung am 18.5.1984 wurden Rechtsvorschriften der FH Bergbau behandelt oder auch beschlossen, und zwar folgende:

Verfassung

Rahmensatzung

Studienordnung

Ordnung der Studentenschaft

Prüfungsordnung

Berufungssatzung

Einschreibungssatzung

Graduierungssatzung

Wahlordnung für Rektor, Prorektor und Dekane

Wahlordnung der Studentenschaft

Geschäftsordnung des Senats

Verfassung: Die erste Verfassung der FH Bergbau wurde von einem vom Vorstand der Westfälischen Berggewerkschaftskasse ernannten Ausschuss erarbeitet und vom Vorstand am 28.5.1971 beschlossen. Sie wurde auch als Grundordnung bezeichnet und enthielt 29 Paragraphen, in denen

die Trägerschaft und Rechtsstellung,

die Aufgaben,

die Gliederung in Fachbereiche und

die Organe (Konvent, Senat, Rektor)

der FH Bergbau dargestellt sind. Außerdem wurden die Aufgaben der Organe und die Regularien für die Studentenschaft und andere Richtlinien für den Studienbetrieb festgelegt. Siehe auch Rahmensatzung.

Mit der Erarbeitung einer neuen Verfassung wurde in der 54. Sitzung am 26.3.1981 begonnen. Dem Konvent vorgelegt wurde sie nach der 82. Sitzung am 6.12.1983. Der Konvent nahm in seiner 13. Sitzung am 20.12.1983 einige Änderungen vor, mit denen sich der Senat in seiner 83. Sitzung am selben Tage einverstanden erklärte.

Rahmensatzung: Neben der Verfassung bestand eine in der 33. Senatssitzung am 13.1.1977 beschlossene und dem Konvent zugestellte Rahmensatzung, in der noch weiter gehende Regeln als in der Verfassung enthalten waren. In der 59. Sitzung am 4.11.1981 wurden die Verfassung und die Rahmensatzung der FH Bergbau zu einer neuen Rechtsvorschrift zusammengefasst, die **Verfassung** heißen und diejenigen Punkte enthalten sollte, die an den staatlichen Fachhochschulen durch das Fachhochschulgesetz FHG und die von der Hochschule zu erstellende Grundordnung geregelt werden. Nach § 7 dieser Verfassung gehören die in den Ruhestand versetzten Professoren und einige andere Gruppen, ohne Mitglieder zu sein, der Fachhochschule an. Nach § 8 kann die Übernahme einer Funktion in der Selbstverwaltung nur aus wichtigem Grund abgelehnt werden. Nach § 11 kann jedes überstimmte Mitglied einen abweichenden Standpunkt in einem Sondervotum darlegen, sofern es sich dieses in der Sitzung vorbehalten hat. Nach § 13 sind die **Sitzungen des Konvents öffentlich**, die **Sitzungen des Senats für die Angehörigen der Fachhochschule** und die **Sitzungen des Fachbereichsrates für die Mitglieder des Fachbereichs öffentlich**. Nach § 15 Abs. (4) wird der Rektor vom Konvent gewählt, nachdem der Senat dem Konvent einen oder zwei Bewerber vorgeschlagen hat.

Studienordnung: Die Studienordnung regelt für die Studenten die Studienvoraussetzungen und den regulären Ablauf ihres Studiums. Hauptsächlich wegen unterschiedlicher Vorstellungen über die Festlegung der betrieblichen Mindestpraktika als Studienvoraussetzung und Einwänden des WBK-Vorstands zu ihm vorgelegten Entwürfen verzögerte sich die Verabschiedung durch den Senat. In der 37. Sitzung am 12.7.1977 beschloss er sie endgültig.

Ordnung der Studentenschaft: Der Senat befasst sich in vielen Sitzungen mit dem von der Vollversammlung der Studentenschaft beschlossenen Entwurf der „Ordnung der Studentenschaft". Der Senat muss diesen, da es sich um eine vom Vorstand der WBK zu genehmigende Satzung handelt, an diesen mit seiner eigenen Stellungnahme weiterreichen. Erst in der 52.Sitzung am 10.12.80 empfiehlt er dem WBK-Vorstand, die vom Studentenparlament verabschiedete „Ordnung der Studentenschaft" zu genehmigen.

Prüfungsordnung: Die vom Senat in seiner 25. Sitzung am 24.4.1975 beschlossene Prüfungsordnung wird bereits in der 27. Sitzung am 27.11.1975 von einer neuen Prüfungsordnung abgelöst. Durch die Festlegung, dass jede ganzzahlige Note um 0,3 Einheiten herauf- oder herabgesetzt werden kann, wird auch die Note 0,7 möglich. Der Minister für Wissenschaft und Forschung genehmigte die neue Prüfungsordnung der FH Bergbau am 22.12. 1975.

Berufungssatzung: In der 32. Sitzung am 28.10.1976 wird ein vom Satzungsausschuss des Konvents erarbeiteter Entwurf der Berufungssatzung in einigen Punkten geändert und danach einstimmig beschlossen. Damit dringende Berufungsverfahren in Angriff genommen werden können, soll in Erwartung der erforderlichen Zustimmung des WBK-Vorstands bereits nach ihrer Verabschiedung im Konvent danach verfahren werden. In der vorliegenden Form wurde die Berufungssatzung vom WBK-Vorstand jedoch nicht genehmigt. Der Senat beriet deshalb in seiner 37. Sitzung am 12.7.1977 unter Berücksichtigung von Vorschlägen des Vorstands die Satzung erneut und beschloss sie. Der Vorstand genehmigte sie am 1.6.1978. An Stelle von *Berufungssatzung* wird auch die Benennung *Berufungsordnung* gebraucht.

Einschreibungssatzung: In der 6. Sitzung am 18.12.72 wurde beschlossen, die angewandte, aber noch vorläufige Einschreibungssatzung in unveränderter Form dem Konvent zur Beschlussfassung vorzulegen.

Graduierungssatzung: Bereits in seiner ersten Sitzung am 18.8.1972 beschloss der Senat den Entwurf einer Graduierungssatzung, der schon vor der Konstituierung der Selbstverwaltungsorgane von einem Ausschuss der FH Bergbau erarbeitet und vom WBK-Vorstand am 20.1.1972 beschlossen worden war. Der Konvent beschließt sie am 29.9.1972 und der Minister für Wissenschaft und Forschung genehmigt sie am 20.12.1972, und damit tritt sie in Kraft.

Wahlordnung für Rektor, Prorektor und Dekane: Der Entwurf einer Wahlordnung wurde in der 85. Sitzung am 18.5.1984 diskutiert. In meiner Amtszeit wurde er nicht mehr verabschiedet.

Wahlordnung der Studentenschaft: In seiner dritten Sitzung am 16.12.1972 beschloss der Senat zur Vorlage bei der Vollversammlung der Studenten und beim Vorstand der WBK einen Vorschlag für **die** Wahl der studentischen Senatsmitglieder. Danach haben alle Fachbereiche Kommilitonen zu benennen, die sich in der Vollversammlung der Studentenschaft vorzustellen haben. Die Vollversammlung wählt aus jedem Fachbereich einen dieser Kommilitonen, und darüber hinaus ist derjenige Student unabhängig von seiner Fachbereichszugehörigkeit als sechstes Senatsmitglied gewählt, der von den nicht zu den fünf genannten Kommilitonen gehörenden Kandidaten die höchste Stimmenzahl erreicht hat. – Wegen dieser Wahlordnung haben die Studenten die ersten 17 Senatssitzungen bestreikt. Die Begründung habe ich vor der Darstellung der Senatsarbeit angegeben.

Geschäftsordnung des Senats: Seine eigene Geschäftsordnung verabschiedete der Senat in seiner 19. Sitzung am 8.1.1974.

Außer den Rechtsvorschriften behandelte der Senat u.a. folgende Vorschläge zur Steigerung der Effizienz der FH Bergbau und des gesamten Schulsystems der WBK:

Austausch von Lehrkräften innerhalb der drei Schulformen der WBK: Der Senat begrüßt, dass nach einer Anordnung der Geschäftsführung bei Bedarf die Lehrkräfte von den drei Schulformen der WBK - Fachhochschule Bergbau, Bergfachschule und Oberklassen - in Absprache der Schulleiter untereinander ausgetauscht werden sollen.

Lehrverpflichtung der Professoren: Der Senat nimmt zur Kenntnis, dass die Geschäftsführung der WBK von einer wöchentlichen Lehrverpflichtung von 24 Stunden für die Professoren der FH Bergbau ausgeht und für Alter und besondere Funktionen den Professoren Ermäßigungsstunden zuerkannt werden können.

Studentenheim: Die Westfälische Berggewerkschaftskasse hat ein Studentenheim mit 196 Betten gebaut, dem von den Studenten der FH Bergbau nur ein geringes Interesse entgegengebracht wird. Auch Mitte 1977 lagen nur 40 Anmeldungen von FHB-Studenten vor. Eine Vollbelegung wurde zunächst durch Aufnahme von Studenten anderer Hochschulen erreicht. 1978 ist der Anteil der FHB- Studenten auf etwa die Hälfte angestiegen.

Zeitschrift „bergbau": Seit Beginn des Jahres 1977 ist die Zeitschrift „bergbau" des Ringes Deutscher Bergingenieure RDB offizielles Mitteilungsorgan der FH Bergbau. In den ersten Nummern wird die Fach-

Rektor der Fachhochschule Bergbau (1976 - 1985)

hochschule mit ihren Gliederungen vorgestellt. Von diesem Jahr an werden die Beschlüsse des Senats veröffentlicht. Außerdem wird in ihr über wichtige Entwicklungen, Ereignisse und die abgeschlossenen Diplomarbeiten berichtet.

Preise für Diplomarbeiten: Der Senat beschließt in der 37. Sitzung am 12.7.1977 die Erarbeitung von Grundsätzen für die Vergabe von Preisen für Graduierungarbeiten (Vorläufer der Diplomarbeiten). Da die WBK später keine Mittel zur Verfügung stellen kann, kommt es jedoch nicht zur Vergabe der vorgesehenen Preise. Allerdings stiftet der Glückauf-Verlauf für besonders gute Arbeiten 14 zweijährige Freiabonnements seiner Zeitschrift „Glückauf".

Einführung von Denkmethodikseminaren: In seiner 41. Sitzung am 28.9.1978 beschließt der Senat, in den Semesterferien für die Studenten fünftägige Seminare einzurichten, in denen ihnen eine ganz bestimmte Denkmethodik zur Lösung von Aufgaben aus der Praxis vermittelt werden sollte. Die Teilnehmerzahl sollte zwischen 15 und 20 Studenten liegen. Der Leiter dieser Seminare, Dipl.-Ing. Eckard Lipsius von der Ruhrkohle AG, Abteilung Aus- und Fortbildung, fasst in einer Veröffentlichung in der Zeitschrift „bergbau" 33 (1982) Nr.2, S.88 zusammen: „[Bei der Lösung von Problemen der industriellen Praxis] kann die Denkmethodik mit ihrer Systematik helfen, die unterschiedlichen Interessenlagen aufzudecken und komplexe Vorgänge in überschaubare aufzulösen, so daß sinnvolle Lösungsansätze Schritt für Schritt sinnvoll erarbeitet werden können." Von diesen Seminaren fand eine größere Anzahl statt. Alle wurden von den Studenten sehr positiv beurteilt. Seminare gleicher Art bot Herr Lipsius auch erfolgreich für Professoren an.

Ring Deutscher Bergingenieure RDB: Im Jahr 1978 sind von den etwa 200 Erstsemestern 101 Studenten in den Ring Deutscher Bergingenieure RDB eingetreten.

Gemeinsame Kommission FH Bergbau – IGBE: In der 53. Sitzung am 21.1.1981 beschloss der Senat, der Industriegewerkschaft Bergbau und Energie IGBE die Bildung einer Gemeinsamen Kommission vorzuschlagen, der von Seiten der FH Bergbau Vertreter aller im Senat vorhandenen Gruppen angehören sollen. Die IGBE stimmte dem Vorschlag am 2.6.1981 zu. Die Gemeinsame Kommission diskutierte Stoffpläne, insbesondere für Sicherheitstechnik, und organisierte eine größere Anzahl von Veranstaltungen mit Studenten der FH Bergbau. Die Gewerkschaft – nun heißt sie IGBCE – unterstützt auch heute noch die Studenten der Fachhochschule, die sich nun Technische Fachhochschule Georg Agricola zu Bochum nennt, indem sie für sie Barbarafeiern ausrichtet.

Landesrektorenkonferenz LRK: Die Landesrektorenkonferenz, ursprünglich eine Konferenz der Rektoren der staatlichen Fachhochschulen des Landes Nordrhein-Westfalen, beschloss in ihrer 100. Sitzung am 12. und 13.11.1980, die Privaten Fachhochschulen in ihre Arbeit einzubeziehen. Als Vollmitglieder wurden die Privaten Fachhochschulen erst am 24.3.1983 in die LRK aufgenommen.

Patentschriftenauslegestelle: In der 61. Sitzung am 21.12.81 informiert der Leiter der Bibliothek der FH Bergbau Dr. Albert Jogwich den Senat, dass die WBK die Patentschriftenauslegestelle an die Fachhochschule Bochum abgeben wird.

Ausschuss für Öffentlichkeitsarbeit: In der 63. Sitzung wird die Bildung eines Ausschusses für Öffentlichkeitsarbeit beschlossen. Aus den Gruppen der Professoren, der Mitarbeiter und der Studenten sollen je zwei Mitglieder gewählt werden.

Sonderveranstaltungen: In der 64. Sitzung am 14.4.82 befürwortet der Senat die Einbeziehung von Sondervorträgen in das normale Vorlesungsprogramm. In der 72. Sitzung am 10.11.1982 beschließt der Senat darüber hinaus, jeden Dienstag die 4. und 5. Vorlesungsstunde für Sonderveranstaltungen freizuhalten. In diesen Stunden fanden in den letzten fünf Jahren meiner Amtszeit unter Einbeziehung externer Referenten F&E-Seminare statt.

Ruhrfestspiele: In der 49. Senatssitzung am 7.2.1980 war beschlossen worden, im Sommersemester einen Vorlesungstag zum Besuch der Ruhrfestspiele[35] freizuhalten. 1980 besuchten viele Studenten eine Aufführung, 1982 bekundete nur noch ein Student sein Interesse.

Beirat der FH Bergbau: Die Zusammensetzung des nach § 20 der Verfassung gebildeten Beirats wird einstimmig angenommen. Dem Beirat gehören danach an:

---

[35] Die Ruhrfestspiele waren am 28.6.1947 unter dem Motto „Kunst gegen Kohle" eröffnet worden. Bergleute einer Recklinghäuser Zeche hatten in dem kalten vorhergehenden kalten Winter Überstunden verfahren, um einem Hamburger Schauspielhaus die Beheizung mit Kohlen zu ermöglichen. Die Schauspieler revanchierten sich mit einer Aufführung im Recklinghäuser Saalbau. Das war der Beginn der Ruhrfestspiele, die es im Jahr 2004 - nach 57 Jahren – immer noch gibt.

Rektor der Fachhochschule Bergbau (1976 - 1985)

Der Rektor

ein Prorektor, benannt vom Rektorat

der Kanzler

ein Vertreter der Stadt Bochum

zwei Vertreter der Ruhrkohle Aktiengesellschaft

ein Vertreter des Eschweiler Bergwerks-Vereins

ein Vertreter der Gewerkschaft Auguste Victoria

ein Vertreter des Landesoberbergamtes

ein Vertreter der Industriegewerkschaft Bergbau und Energie

ein Vertreter der Wirtschaftsvereinigung Bergbau

der Vorsitzende des AStA der Fachhochschule Bergbau

der Vorsitzende des Studentenparlaments der Fachhochschule Bergbau

<u>Semesterwochenstunden:</u> Unter der Anzahl der Semesterwochenstunden wird die Stundenzahl verstanden, an denen in jeder Woche der Vorlesungszeit eines Semesters Lehrveranstaltungen angeboten werden. In der 2. Sitzung am 2.10.1972 wurde beschlossen: Die Anzahl der Semesterwochenstunden soll für alle Fachbereiche im Durchschnitt aller 6 Semester 32 Stunden je Woche betragen. Davon sollen 28 Stunden für Vorlesungen und Übungen, 2 Stunden für allgemeinwissenschaftliche Fächer und 2 Stunden für ingenieurmäßiges Arbeiten vorgesehen werden. Schon in der 4. Sitzung am 30.10.1972 wird die durchschnittliche Semesterwochenstundenzahl auf 30 Stunden vermindert. Für das gesamte sechssemestrige Studium addieren sich diese Zahlen auf 180. In der 86. Sitzung am 6.6.1984 wurde diese Summe auf Antrag des Kanzlers auf 163 reduziert.

<u>Grundlagen der Biotechnik:</u> Im Studiengang Verfahrenstechnik hatte ich im Rahmen des Faches Chemie schon seit Jahren die Grundlagen der Biotechnik gelegt. In der 86. Sitzung am 6.6.1984 wird auf meinen Antrag beschlossen, im Rahmen des Faches Chemie das Teilfach „Grundlagen der Biotechnik" einzuführen, und zwar im ersten Semester mit einer Semesterwochenstunde.

<u>Zur verlängerten Amtszeit:</u> Die 89. Sitzung am 4.12.1984 war meine letzte Senatssitzung. In seiner 50. Sitzung am 13.4.1980 hatte der Senat beschlossen, gemäß § 83 FHG die Amtszeit der Selbstverwaltungs-

organe bis zur Genehmigung der noch zu erarbeitenden Verfassung durch den WBK-Vorstand zu verlängern. Dann sollten die Funktionsträger gemäß der neuen Verfassung neu gewählt werden. Ich war bereits für vier weitere Jahre gewählt worden, war aber nach diesem Beschluss zur Verlängerung davon ausgegangen, dass meine Amtszeit nur noch etwa ein halbes Jahr dauern würde. Eine weitere Kandidatur hatte ich nicht geplant. Aus dem halben Jahr waren viereinhalb Jahre geworden. Die zweite Amtsperiode der FH Bergbau hatte also einschließlich der Verlängerung achteinhalb Jahre umfasst. Am 1.März 1985 übergab ich das Rektoramt an Dr. Wilfried Ufer.

KONVENT

Der Konvent ist zuständig für Änderungen der Verfassung und für die Wahl des Rektors und der Prorektoren der FH Bergbau. Außerdem hat er die jährlichen Rechenschaftsberichte des Rektors entgegenzunehmen und Stellung dazu zu beziehen.

Nachdem die erste Verfassung - damals nannte man diese Grundordnung - am 28.5.1971 vom Vorstand der Westfälischen Berggewerkschaftskasse beschlossen worden war, konnte der Konvent gewählt werden. Zu wählen waren nach einer festgelegten Regelung Mitglieder folgender drei Gruppen: Lehrende, andere Mitarbeiter und Studenten. Im Konvent sollten Lehrende und Studenten aus allen fünf Fachbereichen vertreten sein. Ich wurde als Lehrender von den Lehrenden des Fachbereichs Verfahrenstechnik in den Konvent gewählt.

Konstituierende Sitzung des Konvents (0. Sitzung) am 31.5.1972: Als ältester Lehrender an der Fachhochschule Bergbau eröffnet Alfred Berger die Sitzung. Entsprechend der Tagesordnung werden lediglich die Mitglieder des Wahlausschusses für die Wahl des Rektors und des Prorektors nominiert. Da diese Sitzung bei der Nummerierung der Sitzungen ursprünglich nicht mitgezählt worden ist, habe ich sie in der Akte als 0. Sitzung bezeichnet.

1. Konventssitzung am 28.6.1972: Einziger Tagesordnungspunkt war die Wahl des Rektors und des Prorektors. Zum Rektor wurde Wolfgang Höhne und zum Prorektor Heinz Bramann gewählt.

2. Konventssitzung am 29.9.1972: Einstimmig wurde die vom Senat vorgelegte Graduierungssatzung beschlossen. - Der Rektor Wolfgang Höhne gab an, dass er zur nächsten Sitzung einen Entwurf zur Geschäftsordnung des Konvents vorlegen werde.

3. Konventssitzung am 9.11.1972: Zu dem vom Rektor vorgelegten Entwurf der Geschäftsordnung des Konvents wurden Änderungen beschlossen. Verabschiedet wurde diese Ordnung noch nicht.

4. Konventssitzung am 29.1.1973: Eine vorläufige Einschreibungssatzung wurde nach einigen Änderungen und der vorgelegte Entwurf der Geschäftsordnung des Konvents wurde ohne Änderungen verabschiedet.

5. Konventssitzung am 15.12.1975: Wahl des Rektors und seines Stellvertreters. Für jedes Amt gab es nur einen Kandidaten. Ich wurde mit 45 Ja- und 5 Nein-Stimmen ohne Enthaltungen zum Rektor und Heinz Bramann mit 48 Ja-Stimmen, einer Nein-Stimme und einer Enthaltung zum Stellvertreter des Rektors gewählt.

6. Konventssitzung am 9.11.1976: Von dieser Sitzung an habe ich 8½ Jahre lang die Sitzungen des Konvents geleitet. - Nach meiner Begrüßung der Konventsmitglieder gab der erste Rektor der FHB Wolfgang Höhne einen umfassenden Bericht über seine Amtszeit. - Im Entwurf der Berufungssatzung, die der Senat am 28.10.1976 verabschiedet hatte, wurde eine Reihe von Änderungen vorgenommen und danach wurde sie mit 30 Ja-Stimmen bei 6 Enthaltungen angenommen. Endgültig konnte diese Satzung erst nach Zustimmung des WBK-Vorstands in Kraft treten. Da die FH Bergbau die Berufungssatzung dringend brauchte und einige Vorstandsmitglieder Zustimmung signalisiert hatten, beantragte ich nach Rücksprache mit dem Geschäftsführer Manfred Fronz: „Der Konvent möge beschließen: In Erwartung der Zustimmung des WBK-Vorstands zur Berufungssatzung soll vom heutigen Tage an danach verfahren werden." Der Antrag wurde einstimmig angenommen.

7. Konventssitzung am 14.2.1977: Nach einigen Änderungen am Entwurf der Rahmensatzung, den der Rahmensatzungsausschuss (s. 3. Sitzung) vorgelegt hatte, wurde diese einstimmig beschlossen. - Der Rahmensatzungsausschuss war an der FH Bergbau eine feste Institution, denn er hatte sich nicht nur mit der Rahmensatzung, sondern auch mit anderen Satzungen und Ordnungen zu befassen. Aus den drei Gruppen, die die Mitglieder des Konvents wählen, wurden Kandidaten für den Ausschuss benannt. Der Konvent stimmte einer Liste mit diesen Kandidaten bei zwei Enthaltungen einstimmig zu. Da der WBK-Vorstand die Berufungssatzung (s. 6. Sitzung) wegen einiger Formulierungen nicht genehmigte, muss sie später noch einmal behandelt werden.

8. Konventssitzung am 22.12.1977: Auf der Tagesordnung standen nur der Bericht des Rektors und die Diskussion darüber. Nach §11, Nr. 6 der Grundordnung der FH Bergbau war der Rektor verpflichtet, dem Konvent einen Jahresbericht zu geben. Den 19-seitigen Bericht hatte ich gegliedert in

1. Angaben über die Studentenschaft der FH Bergbau

2. Arbeit an Satzungen und Ordnungen der FH Bergbau

3. Realisierung des 10-Punkte-Programms meiner Antrittsrede

4. Öffentlichkeitsarbeit und Mitarbeit in Gremien und Ausschüssen.

Besonders hob ich hervor, dass sich das sog. Betreuungsverhältnis, das ist der Quotient aus der Anzahl der Studenten und der Anzahl der hauptamtlich Lehrenden von 1973 bis 1977 erheblich verschlechtert hatte: 1973 kamen auf 40 Lehrende 448 Studenten, der Quotient war 11:1; 1977 betrug der Quotient bei 28 Lehrenden und 720 Studenten 26:1. Die starke Verminderung der Dozentenzahl ist auf die hohe Anzahl der altersbedingten Pensionierungen und darauf zurückzuführen, dass seit der Gründung der FH Bergbau erst zwei Dozenten neu eingestellt worden sind, und zwar Dr. Gerd Falkenhain und Dr. Jochen Stromberg. - Der Ring Deutscher Bergingenieure RDB ist auf meinen Vorschlag eingegangen, in jedem Heft seiner Zeitschrift „bergbau" mindestens eine Seite für Berichte aus der FHB zur Verfügung zu stellen. Im Laufe des Jahres 1977 hat die Zeitschrift schon mehr als hundert Maschinenseiten über unsere Hochschule veröffentlicht. Erstmalig seit der Gründung der FH Bergbau sind Studenten in den RDB eingetreten. - Die FH Bergbau wurde während der Sitzung des Plenums der Westdeutschen Rektorenkonferenz WRK am 14. und 15.11.1977 in die WRK aufgenommen. Der Mitarbeit in Gremien und Ausschüssen habe ich in diesem Kapitel einige Unterkapitel gewidmet.

9. Konventssitzung am 20.12.1978: Der Konvent genehmigte die überarbeitete Einschreibungssatzung und die überarbeitete Geschäftsordnung. Meinen Jahresbericht für 1978 untergliederte ich in acht Punkte, aber nur einige Entwicklungen will ich hier darstellen. Stark zugenommen haben die Studentenzahlen in der Berg- und der Verfahrenstechnik. - Das Studentenheim der WBK mit 193 Betten, das zunächst bei unseren Studenten wenig Interesse fand, ist inzwischen knapp zur Hälfte mit eigenen Studenten belegt. - Der Verlag Glückauf hat für die bestbewerteten unserer Absolventen 14 zweijährige Freiabonnements seiner gleichnamigen Zeitschrift gestiftet. - Hauptamtlich

Lehrende der FH Bergbau haben 1978 in 23 externen Gremien und Ausschüssen mitgewirkt.

10. Konventssitzung am 13.6.1979: Diese Sitzung diente nur der Wahl des Rektors und des Prorektors. Ich wurde mit 57 Stimmen ohne Gegenstimme zum Rektor gewählt. An Stelle der 5 Gegenstimmen bei der ersten Wahl hatten sich nun 5 Konventsmitglieder der Stimme enthalten.

Für das Amt des Prorektors hatten Gerd Baumeister und - nach längerem Zögern - Wolfgang Schlüter kandidiert. Schlüter erhielt in den ersten beiden Wahlgängen mehr Stimmen als Baumeister, aber - einige Mitglieder hatten sich der Stimme enthalten - nicht die Mehrheit der Anwesenden. Im dritten Wahlgang galt der Kandidat als gewählt, der die meisten Stimmen erzielte, und das war mit ganz knappem Vorsprung Gerd Baumeister.

11. Konventssitzung am 18.12.1981: (Turnusmäßig hätten die neugewählten Funktionsträger der Selbstverwaltungsorgane im Amt sein müssen. Durch Beschluss in der 50. Senatssitzung am 13.4.1980 sollten die Amtsinhaber jedoch bis zur Genehmigung der neuen Verfassung durch den WBK-Vorstand im Amt bleiben. Dann sollte neu gewählt werden.) Der einzige Punkt der Tagesordnung war der Bericht des Rektors. Dieser sollte nach dem Vortrag vor dem Konvent in der Zeitschrift „Glückauf" erscheinen und als Sonderdruck den Konventsmitgliedern zugestellt werden. Durch Verzögerungen im bei der WBK üblichen Verfahren zur Genehmigung von Veröffentlichungen erschien erst 1984 eine aktualisierte Fassung, und zwar nicht in „Glückauf", sondern in „bergbau".

12. Konventssitzung am 14.12.1983: Die Tagesordnungspunkte lauteten: Bericht des Rektors und Beschlussfassung über die Verfassung der FH Bergbau.

Die wesentlichsten Ausführungen dieses Rektorberichtes und meiner vorhergehenden Berichte finden sich in meinem in „bergbau" 9/1984 veröffentlichten Aufsatz „Die Fachhochschule Bergbau - Von der Gründung bis zum Inkrafttreten ihrer zweiten Verfassung". Der Konvent nahm diesen Bericht ohne Diskussion zur Kenntnis. - Bezüglich der Beschlussfassung über die Verfassung kritisierten einige Konventsmitgliedern, dass der Senat sich mehrere Jahre mit der Verfassung befasst habe, während die Konventsmitglieder nach Erhalt eines Exemplars des Entwurfes nur 5 Tage Zeit hatten, sich eine fundierte Meinung zu bilden. Ein Antrag von Herrn Dr. Stromberg, die Verabschiedung auf die nächste Sitzung zu vertagen, hatte folgendes Ergebnis: 29 Ja-

Stimmen, 25 Nein-Stimmen und 4 Enthaltungen. Obwohl der Antrag nicht gemäß § 4 Abs.1 der Geschäftsordnung des Konvents die Mehrheit der anwesenden Stimmen erreicht hatte, gab ich ihm statt; andernfalls wäre wahrscheinlich, wie vorher in anderen Gremien, zunächst wieder über die Auslegung des § 4 diskutiert worden und die Atmosphäre hätte sich so aufgeheizt, dass es möglicherweise zu keiner sachlichen Diskussion mehr gekommen wäre. Gegen meine Auslegung des Abstimmungsergebnisses gab es keinen Protest. Neun Paragraphen im Entwurf der Verfassung wurden in dieser Sitzung noch diskutiert.

13. Konventssitzung am 20.12.1983: Der einzige Tagesordnungspunkt war die Verabschiedung der Verfassung. Obwohl die Verfassung schon jahrelang im Senat behandelt worden war, gingen mehr als 50 Änderungsanträge ein, davon mehr als die Hälfte von einem einzigen Studenten, der nach meiner Erinnerung auch Mitglied des Senats war. Ich hatte mir zum Ziel gesetzt, in dieser Sitzung die frustrierende Arbeit an der Verfassung zum Abschluss zu bringen, notfalls auch durch ein ziemlich rigoroses Vorgehen. Deshalb ließ ich die Paragraphen, zu denen Anträge vorlagen, auf Folie schreiben und gemäß Antrag zu streichende Texte ROT und einzufügende Texte GRÜN markieren. Nach der Auflegung eines jeden Antrags auf den Projektor wartete ich nur solange, dass die Konventsmitglieder die Änderungen erfassen konnten, fragte nach Wortmeldungen und ließ abstimmen. Einige Anträge wurden noch während der Sitzung geändert. 13 Änderungsanträge wurden angenommen, 26 abgelehnt, 9 zurückgezogen. Nicht mitgezählt habe ich die restlichen Anträge des einzelnen Studenten, die er zurückzog, nachdem die ersten 23 seiner Anträge abgelehnt worden waren. Für seine Anträge hatte meist er allein gestimmt, also keine Unterstützung seiner Kommilitonen erhalten. Die Vorbereitung dieser Sitzung hatte mich außerordentlich viel Zeit gekostet, denn obwohl klar war, dass viele Anträge nicht die geringste Chance hatten, angenommen zu werden, musste ich sie im Konvent behandeln lassen. Da der Konvent Änderungen an dem vom Senat vorgelegten Entwurf vorgenommen hatte, musste ich noch die Zustimmung des Senats einholen. Damit der Senat unmittelbar Stellung beziehen konnte, hatte ich ihn schon zu seiner 83. Sitzung für 16.00 Uhr einberufen und alle Senatsmitglieder aufgefordert, an der - wie immer öffentlichen - Konventssitzung teilzunehmen. Um 18.20 Uhr unterbrach ich auf Antrag von Herrn Fronz die 13. Konventssitzung und eröffnete keine Minute später die 83. Senatssitzung. Da die Senatsmitglieder bei der Konventssitzung zugegen gewesen waren und keines das Wort wünschte, konnte ich sofort abstimmen lassen: 22 Mitglieder waren für diese Verfassung und eines dagegen, enthalten hat sich kein Mitglied. Gleich nach dem Senatsbeschluss setzte ich die Konventssitzung fort und stellte die Verfassung zur Abstimmung. Zwei Mitglieder stimmten dagegen und eines enthielt sich der Stimme. Die Anzahl der Ja-Stimmen wurde nicht ausgezählt, sondern durch Abzug der drei genannten Stimmen von der Anzahl der zu Beginn der Sitzung gezählten Mitglieder zu 49 ermittelt. Damit war die Verfassung endlich angenommen.

Die am 20.12.1983 vom Konvent beschlossene, am 26.1.1984 vom WBK-Vorstand genehmigte und vom Minister für Wissenschaft und Forschung des Landes Nordrhein-Westfalen am 10.5.1984 zustimmend zur Kenntnis genommene Verfassung trat am 1.9.1984 in Kraft. Danach war ich zwar noch Rektor, aber nicht mehr Vorsitzender des Konvents, denn der § 19 der Verfassung hat festgelegt: „Vorsitzender des Konvents ist das lebensälteste Mitglied, das nicht gleichzeitig dem Rektorat angehört", und das war der Kollege Justus Chilian.

14. Konventssitzung am 18.12.1984: In dieser Sitzung wurde nur gewählt: der Kollege Wilfried Ufer zum Rektor und Dr. Gerd Falkenhain und Heinz-Ludwig Horney zu Prorektoren.

15. Konventssitzung am 22.1.1985: In dieser Sitzung gab ich dem Konvent meinen letzten Bericht als Rektor, und zwar nicht nur über ein Jahr, sondern über meine gesamte Amtszeit. Hier will ich lediglich angeben, welche Änderung wir in dieser Zeit in den Fächerkatalogen vorgenommen haben. In vier von fünf Studiengängen wurden folgende Fächer eingeführt:

    Führungslehre
    Fachfremdsprache
    Technisches Zeichnen

Unter der Voraussetzung, dass sich mindestens zehn Studenten für eine bestimmte Fremdsprache meldeten, wurde diese Sprache auch angeboten. Englisch wurde immer nachgefragt, aber auch in Türkisch und Polnisch fanden Lehrveranstaltungen statt.

Der Fächerblock „Berg-, Sozial- und Arbeitsrecht" wurde zur Verstärkung des Gewichtes des Bergrechts, aufgeteilt in die selbständigen Fächer

    Bergrecht
    Sozial- und Arbeitsrecht.

In den Studiengang Verfahrenstechnik eingeführt wurde das Fach
    Grundlagen der Biotechnik

Mit diesem Abschlussbericht beendete ich meine Mitwirkung im Konvent.

BEIRAT DER FACHHOCHSCHULE BERGBAU

Die FH Bergbau besaß seit 1972 mit dem Senat, dem Konvent und den Fachbereichsräten Gremien, die für interne Beschlüsse zuständig waren. Damit auch die Abnehmer unserer Absolventen und andere interessierte Organisationen durch Äußerung ihrer Meinung die Gelegenheit erhielten, zur Entwicklung der FH Bergbau beizutragen, sollte ein Beirat gegründet werden. Nach einer Tischvorlage des Geschäftsführers und Kanzlers der FH Bergbau Manfred Fronz zur Sitzung des Vorstands der Westfälischen Berggewerkschaftskasse am 14.6.1978 sollte dieser „als Ergänzung zu der [an der FHB] vorhandenen Struktur vom Vorstand der WBK berufen werden und dem Rektor als Beratungsgremium dienen". Der Beirat sollte folgende Aufgaben haben:

- die Verbesserung des Informationsflusses von den Interessengruppen zur Fachhochschule und in umgekehrter Richtung
- Beratung bei der Entwicklung von Ausbildungskonzepten
- Hilfestellung bei der fachpraktischen Ausbildung von Studienbewerbern, Studenten und Absolventen
- Beratung und Unterstützung von Studenten und Absolventen bei der Lösung von sozialen Problemen
- Schaffung von Kontakten, die über den Rahmen der den Beirat bildenden Unternehmen und Organisationen hinausgehen und für die Fachhochschule und ihre Studenten und Absolventen nützlich sein können.

Der WBK-Vorstand forderte die FH Bergbau auf, den Beirat entsprechend dem Senatsbeschluss zu bilden. Die von der FHB angeschriebenen Unternehmen und Organisationen benannten folgende Mitglieder:

Wirtschaftsvereinigung Bergbau	Assessor des Bergfachs Will-Hubertus Daniels
Landesoberbergamt Dortmund	Ltd. Bergdirektor Hans Kölfen
Eschweiler Bergwerks-Verein	Assessor Kurt Emmerich

Gewerkschaft Auguste-Victoria	Ausbildungsleiter Albrecht Buldmann
Ruhrkohle AG	Hauptabteilungsleiter Dr.-Ing. Ernst zur Nieden
Assessor des Bergfachs	Manfred Bergmann
IG Bergbau und Energie	Abteilungsleiter Werner Rybacki

Von der FH Bergbau gehörten dem Beirat an:
- der Rektor Ernst Beier und sein Stellvertreter Heinz Bramann
- der Kanzler Manfred Fronz und sein Vertreter Werner Rösen
- und Gerd Baumeister.

Von der 6. Sitzung am 10.12.1982 an nahm auch ein Vertreter der Stadt Bochum an den Sitzungen teil, und mit der 10. Sitzung am 3.5.1985 wurden je ein Vertreter der Bergbau-Spezialgesellschaften und vom „Verband Deutscher Maschinen- und Anlagenbau VDMA" sowie der AStA-Vorsitzende und ein Mitglied des Studentenparlaments der FH Bergbau in den Beirat aufgenommen.

Mit Wirkung vom 1.1.1981 übertrug Manfred Fronz in seiner Eigenschaft als WBK-Geschäftsführer für Schulen und Ausbildung mir die Geschäftsführung des Beirates der FH Bergbau.

1. Beiratssitzung am 28.8.1979: Der WBK-Geschäftsführer für Schulen und Ausbildung Bergassessor a.D. Manfred Fronz eröffnete die konstituierende Sitzung und erläuterte die Gründe für die Bildung des Beirats. Danach wurde Dr. Ernst zur Nieden auf Vorschlag von Werner Rybacki einstimmig zum Vorsitzenden des Beirats gewählt. Herr zur Nieden entwickelte seine Vorstellungen darüber, welcher Art Fragen im Beirat besprochen werden sollten. Anschließend berichtete ich über aktuelle Entwicklungen in der FH Bergbau und über die Gründe, die zum Studienabbruch von Studenten führen. Weiterhin teilte ich mit, dass „Technisches Zeichnen", „Technisches Englisch" und „Führungslehre" als neue Lehrfächer eingeführt wurden. Herr zur Nieden wies darauf hin, dass in der Darbietung der Führungslehre die Zielvorstellungen von Schule und Betrieb koordiniert werden müssten. - Herr Fronz erläuterte an Hand der den Mitgliedern zugestellten Unterlagen die Entwicklung und den derzeitigen Stand der Beratungen des Fachhochschulgesetzes NW und legte einen Entwurf zur Stellungnahme zum Entwurf des Fachhochschulgesetzes FHG vom 17.8.1979 vor, der einstimmig mit der Maßgabe gebilligt wurde, die Formulierung über den Einwand zur vorgesehenen und tatsächlich schon bestehenden Einschaltung des Landesoberbergamtes zwischen Wissenschaftsministerium und FH Bergbau noch einmal zu überprüfen.

2. Beiratssitzung am 7.11.1979: Der Vorsitzende Ernst zur Nieden erbat vor dem Eintritt in die Tagesordnung eine Diskussion über Regularien der Arbeit des Beirats. U.a. schlug er vor, dass keine Ausschüsse gebildet, sondern alle Fragen im Plenum behandelt werden sollen. - Danach wurden die Studienpläne der FH Bergbau erörtert, wobei darauf hingewiesen wurde, dass deren Beratung in den Fachbereichsräten beginnen solle. - Herr Fronz wies bezüglich des Entwurfes zum Fachhochschulgesetz u.a. auf Änderungen hin, die sich bei einer Verabschiedung des Entwurfes für die Verfassungsstruktur der FH Bergbau ergeben würden. - Nach Ansicht von Herrn zur Nieden bestünden für die Absolventen der FH Bergbau bis 1983 noch gute Einstellungschancen. Danach könne es wegen der dann erheblich angestiegenen Absolventenzahlen zu Schwierigkeiten bei der Anstellung kommen. - Da der Vertreter der Wirtschaftsvereinigung Bergbau, Herr Will-Hubertus Daniels Geschäftsführer der Vereinigung der Bergbau-Spezialgesellschaftern wurde, schied er nach dieser Sitzung aus dem Beirat aus. Seine Nachfolge übernahm Dr. Hans Günter Gloria.

3. Beiratssitzung am 15.2.1980: Herr Bramann teilte mit, dass unsere Studenten keinen Gebrauch von den angebotenen Praxissemestern gemacht haben, weil die vorgesehene monatliche Vergütung von 700 DM zu gering sei. Nach ausführlicher Diskussion wurde beschlossen, nach der Auswertung von Umfrageergebnissen in der nächsten Sitzung im Juni erneut über die Praxissemester zu sprechen. - Anschließend wurde nach einer Einführung von Herrn Fronz über das neue Fachhochschulgesetz und über die Ausgestaltung der Diplomurkunden diskutiert.

4. Beiratssitzung am 9.6.1980: Von insgesamt 102 über ihre Einstellung zum Praxissemester befragten Studenten haben nur 25 den Fragebogen zurückgegeben; davon lehnten 19 Studenten das Praxissemester ab. Herr zur Nieden machte Vorschläge, wie möglicherweise eine Veränderung der Einstellung der Studenten zu erreichen sei. - Weiterhin wurden Tagesfragen diskutiert.

5. Beiratssitzung am 13.5.1981: Ausführlich wurde über die Berufschancen der Absolventen der FH Bergbau diskutiert. Herr zur Nieden betonte, alle Absolventen der Bergfachschule, der Fachhochschule und der wissenschaftlichen Hochschulen müssen im Tarifbereich anfangen.

- Für eine Durchführung von Praxissemestern bestand seitens der Studenten auch im Sommersemester 1981 kein Interesse. - Ein Vorschlag von Herrn Fronz, den Beirat um einen Vertreter der Stadt Bochum zu erweitern, wurde einstimmig angenommen.

6. Beiratssitzung am 10.12.1982: Erstmalig nahm der Kulturdezernent der Stadt Bochum, Herr Dr. Richard Erny, als Vertreter der Stadt an einer Sitzung teil. - Als Erstes stellte ich die Entwicklung der Prüfungsbestimmungen von der Bergschule über die Ingenieurschule zur Fachhochschule dar. Diesen Änderungen musste die Studienordnung jeweils angepasst werden. - Eingehend wurde darüber diskutiert, in welchem Maße die noch zu erstellende Verfassung der privaten FH Bergbau an das Fachhochschulgesetz FHG gebunden sei. Es wurde herausgestellt, dass einerseits eine enge Anpassung an das FHG die staatliche Anerkennung der FH Bergbau auf lange Sicht sichern würde, andererseits eine Ausschöpfung von Abweichungsmöglichkeiten nach § 74 FHG eine größere Flexibilität in der Anpassung der FH Bergbau bei sich ändernden Gegebenheiten erlauben würde. - Trotz stark steigender Studentenzahlen sollte noch kein numerus clausus eingeführt werden, vielmehr seien alle schulischen Möglichkeiten zur Erhöhung der Studentenzahlen zu nutzen, selbst wenn der Komfort am Arbeitsplatz etwas darunter litte. - Herr Fronz wies darauf hin, dass das Durchschnittsalter der hauptamtlichen Dozenten der FH Bergbau 56,4 Jahre betrüge und dass zehn Planstellen unbesetzt seien. Der bereits bestehende und zusätzlich auf Grund des hohen Durchschnittsalters des Kollegiums zu erwartende Fehlbedarf solle durch Lehrbeauftragte wahrgenommen werden, weil dann einerseits bei abnehmender Studentenzahl nicht leicht ein Überhang an hauptamtlich Lehrenden entstünde und andererseits in der Praxis tätige Lehrbeauftragte den Stoff stärker praxisbezogen vermitteln könnten. - Zur Studienreform im Bereich Bergbau in Nordrhein-Westfalen stellte ich die Gremien vor, die sich in NW mit dieser Reform befassten, und wies gemeinsam mit Herrn Kölfen darauf hin, dass einige der Reformvorschläge, z.B. die Einführung der Lehrfächer Sicherheitstechnik und Führungslehre, an der FH Bergbau bereits seit etwa zehn Jahren verwirklicht sind. - Der als Gast eingeladene Sozialwissenschaftler Hans Vollmer gab einen Zwischenbericht über Gründe für den Abbruch des Studiums von FHB-Studenten. Der Beirat war sich nach eingehender Diskussion einig, dass die Studie vor einer Veröffentlichung noch einmal im Beirat besprochen werden sollte.

7. Beiratssitzung am 30.9.1983: Herr Fronz stellte auf Bitte von Herrn zur Nieden die Stellenbesetzung im Lehrkörper der FH Bergbau nach dem Ausscheiden einiger Professoren dar. Es wurde vorgeschlagen, bei Stellenausschreibungen nicht nur die Mitgliedswerke und Schachtanlagen frühzeitig darüber zu informieren, sondern auch die Mitglieder des Beirats. – Der Beirat befasste sich eingehend mit der Verfassung der FH Bergbau, deren Erste Lesung in der letzten Senatssitzung stattgefunden hatte. Insbesondere seien im § 20 die Aufgaben des Beirats darzulegen, und bezüglich § 71 FHG sei vor der Zweiten Lesung der Verfassung zu klären, welche Eingriffsmöglichkeiten der WBK-Vorstand im Rahmen seiner Rechtsaufsicht hat. - Gegenüber der Beiratssitzung vor einem Jahr nahm die Anzahl der Studenten erneut zu, besonders, wie von den Unternehmen gewünscht, im Studiengang Bergtechnik. In der nächsten Beiratssitzung sollte nun doch über Zulassungsbeschränkungen gesprochen werden. - Zur Studie über Studienabbrecher an der FH Bergbau, deren Ergebnisse Herr Vollmer in der 6. Sitzung vorgetragen hatte, gab der Beirat eine Reihe von Empfehlungen zur Verbesserung der Studienbedingungen.

8. Beiratssitzung am 18.1.1984: Während der Fortsetzung der Besprechung der Verfassung der FH Bergbau wies Herr Fronz darauf hin, dass der Begriff „Aufsicht" in § 67 der Verfassung abweichend vom § 71 FHG sowohl die Rechts- als auch die Fachaufsicht umfasst. Abschließend stimmte der Beirat dem Entwurf der Verfassung einstimmig zu unter der Voraussetzung, dass die von ihm ausgesprochenen Empfehlungen beachtet werden. - Der AStA der FH Bergbau beanstandete in einem Brief an den Beirat zwei meiner Entscheidungen, die ich anlässlich der Verabschiedung der Verfassung am 20.12.1983 im Konvent getroffen hatte. Es ging um zwei Abstimmungen mit ähnlichen Ergebnissen, von denen ich hier eine darstelle. Ein nach meiner Erinnerung von einem Studenten gestellter Antrag hatte gelautet: In § 16 Abs. 3 des Entwurfs der Verfassung soll gestrichen werden: „Das Rektorat ist an eine vom Träger erstellte Aufgabenbeschreibung gebunden." Das Abstimmungsergebnis lautete: 20 Stimmen dafür, 17 Stimmen dagegen, 11 Enthaltungen. Da es in der damals gültigen Geschäftsordnung des Konvents in § 4 Abs. 1 hieß, „Beschlüsse werden [...] mit der einfachen Mehrheit der anwesenden Mitglieder gefasst", habe ich das Ergebnis als Ablehnung ausgelegt, obwohl die Anzahl der Ja-Stimmen größer als die Anzahl der Nein-Stimmen war, aber der Antrag hatte nicht mindestens eine Stimme mehr als die halbe Anzahl der anwesenden Konventsmitglieder erbracht. Der Beirat bestätigte mir, in den beiden Zweifelsfällen meine Entscheidung zu Recht getroffen zu haben. - Es wurde gefordert, eine Beschränkung der Zulassungszahlen durch Festlegung von Kontingenten möglichst zu vermeiden, jedoch sollte überlegt werden, ob durch Verschärfung der Zulassungsvoraussetzungen die Anzahl der Bewerber um einen Studienplatz reduziert werden könne.

9. Beiratssitzung am 28.5.84: Herr zur Nieden begrüßte als neues Beiratsmitglied Herrn von Bronk vom Eschweiler Bergwerks-Verein als Nachfolger von Herrn Mross, der wiederum Herrn Emmerich nachgefolgt war. - Herr Fronz teilte dem Beirat mit, dass der Minister für Wissenschaft und Forschung des Landes Nordrhein-Westfalen die Verfassung der FH Bergbau zustimmend zur Kenntnis genommen habe. Damit sei die letzte Hürde im Anerkennungsverfahren der Fachhochschule genommen. Alle Ordnungen und Satzungen der FH Bergbau seien gemäß der neuen Verfassung zu überarbeiten; zunächst sei die Wahlordnung zu verabschieden, damit die Gremien und Funktionsträger neu gewählt werden können. - Danach gab ich einen Extrakt aus meinem Bericht „12 Jahre FHB" und beantwortete dazu gestellte Fragen. Über die Entwicklung der FH Bergbau in meiner Amtszeit erarbeitete ich einen 33-seitigen Bericht über die „Entwicklung der FH Bergbau von 1976 bis zum Ende des Wintersemesters 1984/85", der aber dem Beirat erst zu seiner 10. Sitzung, an der ich nicht mehr teilnahm, auf dem Tisch vorgelegt worden ist. - Herr Vollmer trug vor Beginn der Diskussion über die Abbrecherproblematik seine Ergebnisse der „Abbrecheruntersuchung" vor. Als Ergebnis der Diskussion wurde beschlossen, drei Arbeitskreise zu bilden, und zwar für die Bereiche „vor dem Studium", „während des Studiums" und „nach dem Studium". - Noch einmal wurde ausführlich über die Verstärkung des Praxisbezuges der Studienanfänger gesprochen, wobei Herr zur Nieden die Bereitschaft der Ruhrkohle AG hervorhob, an einer Verbesserung des Praxisbezuges mitzuarbeiten. - Als Termin für die nächste Sitzung wurde der 24.9.1984 in Aussicht genommen. Dieser Termin wurde dann aber nicht für eine Sitzung des vollständigen Beirats genutzt, sondern nur von den mit dem Praxisbezug unserer Studenten besonders vertrauten Beiratsmitgliedern, und zwar zu einer Besprechung über das von Herrn zur Nieden für die nächste Driburger Tagung vorgesehene Referat über „Berufliche Anforderungen der Betriebe und Erwartungen der technischen Führungsnachwuchskräfte im Bergbau".

Die neunte Sitzung war die letzte Sitzung des Beirats in meiner Amtszeit als Rektor.

SEMINARE DES WBK-FÜHRUNGFSKREISES „SCHULEN UND AUSBILDUNG"

Um die Arbeit im Geschäftsführungsbereich 2 „Schulen und Ausbildung" möglichst effektiv zu gestalten, lud dessen Geschäftsführer Manfred Fronz einige Male die Leiter der Abteilungen zu Wochenendseminaren ein. Geleitet wurden diese Seminare von Prof. Dr. theol. Wilhelm Dahm von der Universität Münster und seinem hervorragenden Assistenten Przybilski, der danach zunächst als Professor an die evangelischen Fachhochschule in Bochum berufen wurde und dann einen Ruf nach München erhielt. Stattgefunden haben die Seminare zunächst im Schwaghof in Bad Salzuflen und danach in Hoheleye im Rothaargebirge. Teilnehmer waren neben Fronz und den Seminarleitern

der Rektor der FH Bergbau (beim ersten Seminar Höhne und ich, dann nur ich),

der Leiter der Bergfachschule (erst Heise, später Kriener),

der Leiter der Abteilung „Betriebsführung unter Tage" (Althaus, dann Hudewentz)

die Leiter der Bergberufsschulen (Busch, Schaub, Wiegel),

der Leiter des pädagogischen Dienstes (Butschkau) und

der Vorsitzende des Betriebsrates der Westf. Berggewerkschaftskasse (Rösen).

In diesen Seminaren sollten alle sachlichen, u.U. auch persönlichen Probleme zwischen den Teilnehmern zur Sprache kommen. Ein radikales Verfahren zur Aufdeckung und im Idealfall zur Lösung von Problemen nennt sich Heißer Stuhl. Udo Butschkau und ich wurden als die Jüngsten gefragt, ob wir es riskieren wollten, auf dem Stuhl in Brand zu geraten. Da ich nicht wusste, was auf mich zukam, war ich über die Anfrage nicht beglückt, aber kneifen konnte ich nicht. Tatsächlich fühlte ich mich auf dem Stuhl sehr schnell wohl, denn auf scharfe Fragen konnte ich scharfe Antworten geben und so einigen Frust loswerden.

Zu diesen Seminaren fuhren wir Freitag nachmittags, und Sonntag nachmittags machten wir uns auf den Heimweg. Abends fanden wir uns, meist ohne die Seminarleiter, bei einigen Gläschen Bier und Aquavit in froher Runde zusammen; falls am Tage noch Probleme offen geblieben waren, gelang uns hier oft die Lösung.

Nach dem Seminar entstanden bei der täglichen Arbeit mit der Zeit doch wieder Misshelligkeiten und deshalb wurde in weiteren Seminaren die Luft wieder gereinigt. Die meisten Kollegen fuhren nicht ungern zu den Seminaren, nicht zuletzt, weil sich auch freundschaftliche Beziehungen entwickelten. Aber da die meisten Teilnehmer in der Woche durch ihren normalen Dienst ziemlich eingespannt waren, vermissten sie die üblicherweise durch das Wochenende gegebenen Erholungsphasen und sprachen sich trotz des immer sehr guten Rahmens der Seminare gegen die Durchführung zusätzlicher Seminare aus.

DRIBURGER TAGUNGEN FÜR LEHRER UND AUSBILDER DES RUHRBERGBAUS

Schon als Dozent der Ingenieurschule für Bergwesen nahm ich gelegentlich, später regelmäßig, an den „Driburger Tagungen" teil, die jährlich in den Herbstferien der Berufsschulen stattfanden und sich jeweils über mehrere Tage erstreckten. Sie dienten der Weiterbildung von Ausbildern aller Bereiche des Ruhrbergbaus, später einschließlich der Lehrkräfte der Schulen der Westfälischen Berggewerkschaftskasse. Hierzu wurden von der Direktion der WBK häufig neben Behördenvertretern hervorragende Fachleute eingeladen. Ich selbst verhielt mich bei meinen ersten Tagungen nur rezeptiv. Als später Umweltfragen mit auf dem Programm standen, wurde ich aktiv. Erst als Fachbereichsleiter und danach verstärkt als Rektor musste ich besondere Aufgaben, z.B. die Leitung von Arbeitskreisen, übernehmen. Ebenso wichtig wie die Vortragsveranstaltungen erschienen mir die Wanderungen, die etliche Teilnehmer an dem einzigen freien Nachmittag der Tagungen unternahmen, denn dabei konnten wir zwanglos über Fragen sprechen, die für eine öffentliche Diskussion noch nicht reif waren. Im Rahmen der „Sportfreizeit Wandern" führte ich einige Wanderungen. Ich freute mich immer, wenn ehemalige Schüler, die nun als Ausbilder an der Tagung teilnahmen, auf mich zukamen.

LEHRERSTUDIENFAHRTEN

Seit meinem Eintritt in die Westfälische Berggewerkschaftskasse WBK im Jahr 1957 nahm ich in jedem Jahr an mehrtägigen Studienfahrten teil, die wir Lehrfahrten nannten, entweder an Lehrfahrten mit Studenten oder an Fahrten des Kollegiums, oft auch an beiden. Hierüber berichtete ich im Kapitel „Lehrer an der Bergschule". Die Lehrerstudienfahrten wurden vom Bergschuldirektor Franz Leyendecker von 1957 bis 1963 mit Hilfe von Kollegen organisiert und geleitet. Lehrerstudienfahrten fanden danach nicht mehr statt, bis ich am 1. September 1976 das Rektoramt übernahm. Ich bat den für die FH Bergbau zuständigen Geschäftsführer der WBK Manfred Fronz mit Erfolg, jährlich eine etwa einwöchige Exkursion finanziell zu unterstützen. Von 1977 bis zum Ende meiner Amtszeit im Jahre 1985 leitete ich jedes Jahr eine Exkursion, wobei mich Kollegen aus allen Fachbereichen bei der Auswahl der Ziele und der Organisation erheblich unterstützten. Wenn ich mich recht erinnere, hat als Quartiermeister immer der Kollege Heinz-Ludwig Horney fungiert. Diese Exkursionen deklarierte ich zwar nicht ausdrücklich als Dienstveranstaltungen, aber auch ohne förmliche Verpflichtung nahmen alle Kollegen daran teil. Ich schreibe nun auf, woran ich mich, zum Teil mit Unterstützung meiner alten Kalender, erinnere.

1977: Das erste Ziel der ersten Fahrt war Alsdorf. Dort habe ich mich 1954 eingehend mit der Gasabsaugung befasst (s. Kapitel „Hochschulstudium") und konnte deshalb meinen Kollegen auf der von uns besichtigten Kokerei entsprechende Erläuterungen geben. Die erste Nacht verbrachten wir in Metz. Hier und auch in Reims war ich schon mehrere Male gewesen und konnte die Kollegen auf interessante Besichtigungsziele hinweisen. Grubenfahrten unternahmen wir in Luxemburg und Lothringen. Aus organisatorischen Gründen mussten häufig mehrere Besichtigungen parallel laufen, deshalb konnte niemand das gesamte Besichtigungsangebot wahrnehmen. Vorträge und Diskussionen bei CERCHAR in Verneuil en Halatte nördlich von Paris hatte ich in das Programm eingebaut, weil ich dazu, wie ich im Kapitel „Professor an der Fachhochschule Bergbau" beschrieben habe, besondere Beziehungen hatte. Als die Kollegen Paris besichtigten, setzte ich mich ab, um alte Freunde zu besuchen. An das Institut für Unternehmensforschung, das wir in Fontainebleau aufsuchten, erinnere ich mich nicht mehr im Einzelnen, wohl aber an das eindrucksvolle Schloss. Das Saarland war mit einigen Grubenfahrten sowie den Besichtigungen der Kokerei Fürstenhausen und des Kraftwerks Weiher das letzte Ziel. Am Abschiedsabend saßen wir auf Einladung der Saarbergwerke mit Herren dieses Unternehmens fröhlich beisammen. Einige Tage später rief mich der Direktor der Saarbrücker Bergschule, der die Kosten dieses Abends beim Vorstand der Saarbergwerke abrechnen musste, in Bochum an und sagte mir etwas bekümmert, der Vorstand habe ihm nicht glauben wollen, dass wir am Abschiedsabend mit etwa 40 Personen 77 Flaschen Wein getrunken hatten. Die Position von Herrn Laval gegenüber dem Vorstand hatte sich noch dadurch erschwert, dass die Weine mit fortschreitendem Abend immer teurer geworden waren, weil der Wirt behauptet hatte, die für uns vorgesehenen preiswerteren Weine seien ihm ausgegangen.

1978: Diese Fahrt führte uns in den Süden. Wir besichtigten die Städte München, Berchtesgaden, Salzburg und Reichenhall. Eingefahren sind wir in Steinkohlen-, Salz-, Eisenerz- und Flussspatbergwerke. In Wakkersdorf, wo ich einige Monate vorher die Bergwerksdirektion bei einem Problem mit Pyrit beraten hatte, sahen wir uns den Braunkohlentagebau und die rekultivierten Flächen an und diskutierten über beides mit den Betriebsleuten. Darüber hinaus besichtigten wir Fabriken und ein Forschungszentrum. In besonders angenehmer Erinnerung blieb mir eine leichte Hochgebirgswanderung und die fröhliche Befahrung der Saline Reichenhall.

1979: Das „Zonengrenzgebiet" war diesmal unser Ziel. Besichtigt haben wir die Städte Wolfenbüttel und Helmstedt. Nach einer Grubenfahrt bei der Kali und Salz AG stellte ich in meiner Dankesrede die Entwicklung der FH Bergbau dar, überreichte den Herren der Gesellschaft unsere Stoffpläne und wies sie besonders darauf hin, dass die FH Bergbau nicht nur für den Steinkohlenbergbau, sondern auch für andere Bergbauzweige ausbildet. Eisenerz, Braunkohle und Erdgas interessierten uns zusätzlich zum Salz. Obwohl im Helmstedter Bereich eine Einigung über den Braunkohlenabbau über die Zonengrenze hinweg erzielt worden war, bedrückte mich diese Besichtigung. DDR-Bergleute arbeiteten auf dem Gebiet der Bundesrepublik, aber sie hatten offensichtlich so strenge Anweisungen, dass sie wohl unseren Gruß erwidern, aber keine Antworten auf unsere Fragen geben durften.

1980: In Celle besichtigten wir die Stadt und in der Deutschen Bohrmeisterschule diskutierten wir nach einem Einführungsvortrag des Schulleiters mit ihm und den Lehrern. Dann ging es wieder wie im Vorjahr ins Eisenerz und ins Salz, allerdings in andere Gruben. Außerdem besuchten wir einige chemische Betriebe und ein Aussolungsbergwerk, in dem aus einer Salzlagerstätte mit Wasser große Mengen Salz herausgelöst wurden, damit riesige Kavernen für die Speicherung von Erdgas entstanden.

1981: Verschiedene Betriebsbesichtigungen, Salz- und Braunkohlenlagerstätten sowie die Besichtigung der Städte Kassel, Fulda und Frankfurt standen auf unserem Programm.

1982: Bei dieser Studienfahrt fuhren wir nur in eine einzige Grube ein, und zwar im Heilbronner Salz. Zum Ausgleich für diesen Mangel besichtigten wir interessante Firmen: Daimler-Benz (Pkw), Mahle (Kolben) und Voith (Kupplungen). Näher sahen wir uns die Städte Stuttgart und Heppenheim an. Diesmal hatten wir ein festes Quartier, und zwar in Esslingen. Als wir dort waren, fand der weit bekannte Cannstatter Wasen statt. Große Laseranlagen waren damals noch eine Attraktion. Da sich auf dem Wasen eine solche Anlage befand, warb ich für die Kohle, indem ich die Laserspezialisten bat, in der Dunkelheit auf einen weit entfernten Gasometer mit dem Laserstrahl „KOHLE" zu schreiben. Den Gasometer mit der Aufschrift fotografierte ich und gab das Bild an eine Zeitung, die es veröffentlichte.

1983: Unser erstes Ziel, das Pumpspeicherkraftwerk Rönkhausen, hatte ich schon während des Baues bei einer Wanderung kennen gelernt und dann mit Studenten und dem Verein Deutscher Ingenieure besucht. Auch das zweite Ziel, Iphofen mit dem Gipsbergbau und der Gipsverarbeitung war mir von Lehrfahrten mit Studenten bekannt, vor allem der dort wachsende Wein. In der letzten Stadt unserer Fahrt, in Würzburg, war ich kurz vorher anlässlich einer Westdeutschen Rektorenkonferenz gewesen. Nach der Besichtigung eines Motorenwerkes stiegen wir zur Marienfeste auf und fuhren anschließend zurück nach Bochum.

1984: Diese Fahrt gestaltete ganz wesentlich mein Clausthaler Kollege, der Direktor der dortigen Bergschule Wolfgang Schütze. Auf der Fahrt in den Harz unternahmen wir einen Abstecher zum Zementwerk Anneliese in Beckum. Im Harz fuhren wir in die Grube Rammelsberg ein, lernten Goslar und die Oberharzer Wasserwirtschaft kennen und stärkten uns nach Diskussionen in der Clausthaler Bergschule am Abend in der Steigerbucht des Zellerfelder Bergbaumuseums mit einem Tzscherperfrühstück. Dieses abendliche Frühstück dürfte wegen der ausgelassenen Stimmung allen Teilnehmern in Erinnerung geblieben sein. In unserem Quartier in Bad Harzburg bemühte ich mich erfolgreich, den Bergmann Dr. Wilfried Ufer für eine Kandidatur um das Rektoramt zu gewinnen.

1985: Die letzte von mir geleitete Lehrerstudienfahrt führte uns wie die erste Fahrt ins Saarland. Dort besichtigten wir Steinkohlen- und Gipsbergwerke, die geologische Sammlung der dortigen Bergschule und schließlich das Modellkraftwerk Völklingen. Hier ist besonders interessant, dass sich die Rauchgasentschwefelungsanlage im Rückkühlturm für das Kühlwasser der Kondensatoren der Dampfturbinen befindet. Der im Kühlturm bestehende Luftstrom führt zu einer erwünschten Verdünnung der aus der Entschwefelungsanlage austretenden Rauchgase.

Von den weiteren Lehrerstudienfahrten, die von meinen Amtsnachfolgern Wilfried Ufer und Hans-Jürgen Großekemper geleitet wurden, gebe ich noch die großräumigen Ziele an:

1986: Niederlande, Belgien

1987: Baden-Württemberg, Schweiz

1988: Rheinland-Pfalz, Bayern

1989: Berlin

1990: Brandenburg, Sachsen

1991: Schweiz

Danach fanden meines Wissens keine mehrtägigen Lehrerstudienfahrten mehr statt.

BERGSCHULDIREKTORENKONFERENZEN

Als Rektor der Fachhochschule Bergbau wurde ich zu den Bergschuldirektorenkonferenzen eingeladen, die Franz Leyendecker in den 50er Jahren eingeführt hatte. Zu diesen Konferenzen kamen alle Leiter der deutschen Bergschulen und Bergingenieurschulen, oft auch Schulleiter aus dem Ausland, Vertreter der Bergbehörden und manchmal, vor allem, wenn Grubenfahrten mit auf dem Programm standen, auch Vertreter von Bergwerken. Diese Konferenzen hatten ähnliche Aufgaben wie die Bergschulfachleutetagungen, über die ich im Kapitel Bergschullehrer berichtete. Zu den Bergschuldirektorenkonferenzen wurden, außer zu den Sitzungen, die Ehefrauen der Schulleiter mit eingeladen. Meine Frau konnte dadurch Verbindungen knüpfen, die ihr bei ihren ehrenamtlichen Tätigkeiten im Rahmen des Verbands „Frau und Kultur" zugute kamen. Kennen gelernt habe ich bei diesen Konferenzen u.a.

den Direktor der Bergschule Saarbrücken Dipl.-Ing. Laval,

den Direktor der Braunkohlenbergschule Dipl.- Ing. Klaus Schlutter,

den Direktor der Berg- und Hüttenschule Clausthal Djpl.-Ing. Wolfgang Schütze.

Diese drei Herren organisierten in ihren Bereichen Besichtigungen für mich, die Herren Laval und Schlutter für das Kollegium der FH Bergbau und Herr Schlutter für die Landesrektorenkonferenz und den Verein Deutscher Ingenieure VDI. Herr Schlutter vermittelte darüber hinaus auf eine Bitte meiner Frau für die Frauen der Professoren der FH Bergbau eine Besichtigung des Tagebaus von Rheinbraun. Am 3.5.1983 fuhren die Frauen gemeinsam mit einem Bus zur Rheinbraun-Zentrale Paffendorf, sahen sich den Braunkohlenabbau an und verbrachten bei einem Mittagessen auf Einladung von Rheinbraun einige frohe Stunden. Herr Schütze hat eine Lehrerstudienfahrt in den Harz wesentlich mitgestaltet.

LANDESREKTORENKONFERENZ (NW)

Mein erstes nach außen gerichtetes Ziel nach meiner Amtsübernahme war die Aufnahme der Fachhochschule Bergbau in die Landesrektorenkonferenz. Unter dieser Bezeichnung verstand man eine Institution, der alle Rektoren der Fachhochschulen des Landes Nordrhein-Westfalen angehörten. „Fachhochschulen *des* Landes" besagt, dass es sich nur um die staatlichen Fachhochschulen handelt. Mir kam es darauf an, zu den staatlichen Fachhochschulen einen guten Kontakt zu bekommen, damit ich mir günstig erscheinende Entwicklungen im staatlichen Bereich nach Möglichkeit auf die Fachhochschule Bergbau übertragen konnte. In Absprache mit dem Geschäftsführer des Schulträgers Manfred Fronz lud ich die Fachhochschulrektoren des Landes ein, am 7. und 8. Dezember 1976 ihre turnusmäßige Konferenz bei der Westfälischen Berggewerkschaftskasse abzuhalten. Im Rahmen dieser Konferenz empfing der Oberbürgermeister der Stadt Bochum die Teilnehmer im Rathaus. Das Thema der Konferenz war die Umsetzung des Hochschulrahmengesetzes des Bundes in Landesrecht.

Anfang 1977 erhielt ich von Herrn Dipl.-Ing. Günter Hinz, der nach meiner Erinnerung Grubeninspektor auf der Schachtanlage Consolidation war, die Erlaubnis, die Fachhochschulrektoren des Landes mit ihren Gattinnen zu einer Grubenfahrt einzuladen. Obwohl Herr Hinz für je drei Teilnehmer eine „Aufsichtsperson" abgestellt hatte, schlotterten einigen Damen und Herren beim Abstieg durch einen Streb in halbsteiler Lagerung von der achten zur neunten Sohle die Knie. Ein Kollege äußerte gar, als wir glücklich auf der neunten Sohle angekommen waren, er wäre beinahe vor Angst und Anstrengung gestorben. Nach der Grubenfahrt verbrachten wir einige Stunden, noch schwarz von der Kohle, gestärkt mit belegten Brötchen, einem Bergmannsschnaps und einigen Flaschen Bier, in fröhlicher Runde in der Kaue."[36]

---

[36] Zehn Jahre später, am 8. Oktober 1987, leitete Herr Hinz, der inzwischen Leiter der „Zechenbahn- und Hafenbetriebe Ruhr-Mitte" geworden war, mit Assistenz meines ehemaligen Schülers und Vorsitzenden des RDB-Bezirksvereins Wanne-Eickel Fahrsteiger Helmut Böhnke im Rahmen einer gemeinsamen Reihe von FH Bergbau, VDI und RDB eine Veranstaltung unter dem Thema „Anlage von Bergehalden mit Hilfe von Zechenbahnen". Interessant war für die Teilnehmer zu hören und auf Dias und in natura zu sehen, wie sich die Form der Halden in den

Auch nach dieser Grubenfahrt wurde ich als Rektor einer privaten Fachhochschule noch nicht zu den Konferenzen eingeladen. Die Rektoren der staatlichen Fachhochschulen merkten jedoch schließlich, dass sich die Interessen der privaten Fachhochschulen nicht wesentlich von ihren eigenen unterscheiden. Vor mir hatte sich Wolfgang Höhne schon bemüht, Vorbehalte auszuräumen. Jedoch erst ab dem 12.11.1980 durfte die FH Bergbau gemeinsam mit zwei anderen privaten Fachhochschulen in der Landesrektorenkonferenz mitarbeiten, und offiziell aufgenommen wurden sie erst am 24.3.1983.

FACHHOCHSCHULREKTORENKONFERENZ (BRD)

Nachdem mein Amtsvorgänger Wolfgang Höhne bereits die Aufnahme der FH Bergbau als beratendes Mitglied in die „Ständige Konferenz der Rektoren und Präsidenten der staatlichen Fachhochschulen der Länder in der Bundesrepublik Deutschland FRK" - kurz Fachhochschulrektorenkonferenz - erreicht hatte, wurde die FH Bergbau in meiner Amtszeit Vollmitglied. Schwierigkeiten waren aufgetreten, weil die FH Bergbau keine Fachhochschule *eines Landes*, sondern eine private Fachhochschule war. In meiner zweiten Amtszeit als Rektor nahm ich an einigen Jahrestagungen der FRK teil.

WESTDEUTSCHE REKTORENKONFERENZ WRK

Die Rektoren der wissenschaftlichen Hochschulen in der Bundesrepublik hatten sich 1949 zur Westdeutschen Rektorenkonferenz WRK zusammengeschlossen. Später öffnete sich die WRK auch für Fachhochschulen. Die Fachhochschule Bergbau wurde am 15. November 1977 Mitglied dank des Einsatzes des Rektors der TU Clausthal, Prof. Wilke. Im Jahr 1990 benannte sich die WRK nach der Aufnahme der ersten Hochschulen aus dem Gebiet der ehemaligen DDR in Hochschulrektorenkonferenz HRK um. Nach meinem Ausscheiden aus dem Rektoramt nahm ich an keinen Sitzungen der Rektorenkonferenzen mehr teil, wohl aber nahezu jedes Jahr an den Tagungen des „Bad

---

letzten hundert Jahren entwickelt hat. Ganz besonders gefiel aber den Teilnehmern die Fahrt mit dem „Bereisungswagen" der Ruhrkohle AG auf den privaten Zechenbahnen durch das nördliche Ruhrgebiet. Wir bekamen einen Einblick, den wir von keiner Straße und von keiner Strecke der Bundesbahn haben konnten. Den Bereisungswagen setzt die Ruhrkohle auch ein, wenn sie hochrangigen Persönlichkeiten während einer angenehmen Fahrt mit Bewirtung das Ruhrrevier zeigen will.

Wiesseer Kreises", einer „Mitgliedergruppe der Fachhochschulen in der Hochschulrektorenkonferenz HRK". Bei der 33. Sitzung, vom 29. Mai bis 1. Juni 2003, war ich anscheinend der älteste Teilnehmer und mein Wanderfreund Karl-Friedrich Saur, ehemals Rektor der Fachhochschule Lippe, und ich waren die beiden dienstältesten Teilnehmer.

An die bei den Westdeutschen Rektorenkonferenzen behandelten Themen erinnere ich mich nicht mehr, jedoch an einige Rahmenprogramme. So hatte in Würzburg mittags der Bundespräsident Carl Carstens zu einem Empfang in die Residenz eingeladen, der bei herrlichem Wetter in den Gartenanlagen stattfand. Am Abend waren meine Frau und ich Gäste bei einem Konzert und einem Empfang, die der bayerische Ministerpräsident Franz Josef Strauß für die Rektoren und ihre Damen gab. Bei der Festveranstaltung im Krönungssaal des Aachener Rathauses war ich nostalgisch berührt, denn mehr als zwanzig Jahre vorher hatte ich anlässlich der Verleihung der Springorum-Denkmünze an mich bei einem Fackelzug der Studenten mit dem Rektor der RWTH auf der Rathaustreppe gestanden. Von der WRK in Berlin stammt das Bild mit meiner Frau.

Rektor der Fachhochschule Bergbau (1976 - 1985)   155

Bild 9: Ernst Beier mit seiner Frau vor dem Reichstag während der Westdeutschen Rektorenkonferenz 1979

ANDERE HOCHSCHULEN

Der letzte Satz der Stellenbeschreibung des Rektors der FH Bergbau lautete: „Eine enge Zusammenarbeit mit den entsprechenden öffentlichen Bildungseinrichtungen (Fachhochschulen und Hochschulen) ist anzustreben." Diesen Auftrag nahm ich intensiv wahr.

Die Zusammenarbeit mit Rektoren anderer Hochschulen brachte mir neue Einblicke und führte darüber hinaus zu persönlichen Freundschaften. So nahmen meine Frau und ich an mehreren Hüttenwanderungen nordrhein-westfälischer Rektorenehepaare im Hochgebirge teil.

Eine von mir organisierte mehrtägige Sauerlandwanderung, an der der Rektor der Fachhochschule Bochum Wolfgang Rüdiger teilnahm, vertiefte die Beziehungen zwischen diesen beiden Bochumer Hochschulen.

Das gute Verhältnis zwischen allen Rektoren der Bochumer Hochschulen wurde beim Rektorball 1982 auch nach außen hin sichtbar. Nach manchen Veranstaltungen saßen diese Rektoren abends noch in der Bierklause der Ruhr-Universität beisammen und besprachen mehr oder weniger dienstliche Dinge. Eines Tages klagte der Rektor der Ruhr-Universität Knut Ipsen, er möchte gern wie bisher einen Rektorball veranstalten, verfüge jedoch über keine Mittel für irgendwelche Show-Darbietungen. Da kam der Gedanke auf, dass wir Rektoren uns selbst in humorvoller Weise mit Klageliedern über die vertrackte Situation im Hochschulbereich produzieren könnten. Und so geschah es. Vorher trafen wir uns, um die vom Rektor der Bochumer Fachhochschule Wolfgang Rüdiger entworfenen Texte zu diskutieren und vor dem gemeinsamen Auftritt unsere Stimmen zu ölen. Der Ball wurde im Bochumer Stadtparkrestaurant gefeiert. Auf der an alle Gäste verschickten Einladung hatte der Rektor der Ruhr-Uni hervorgehoben:

Sparsamkeit ist das Gebot unserer Zeit.

Wir haben deshalb darauf verzichtet,

wie in den vergangenen Jahren

Künstler von Weltruf

in das Programm aufzunehmen.

Es ist uns jedoch gelungen, das

    B.I.R.N.-QUARTETT

für einen erst- und einmaligen Auftritt zu gewinnen.

Die Buchstaben, die den Namen des Quartetts bildeten, standen für die Namen der Rektoren der vier Bochumer Hochschulen:

Beier	- Fachhochschule Bergbau
Ipsen	- Ruhr-Universität
Rüdiger	- Fachhochschule Bochum
Neufelder	- Evangelische Fachhochschule

Auf die Bühne stiegen wir erst, als die Stimmung im Saal so fröhlich war, dass wir wegen unbefriedigender Leistungen nicht mit Pfiffen zu rechnen brauchten. Die Melodien waren allen Festteilnehmern vertraut; die erste gehörte zu „Oh alte Burschenherrlichkeit". Für den eingeplanten und dann auch tatsächlich eingetretenen nicht enden wollenden Applaus bedankten wir uns mit der Zugabe „Uns gibt's nur einmal, wir komm´n nicht wieder" nach einer ebenfalls bekannten Melodie. Nach dem Ball erzählte Herr Ipsen uns anderen Rektoren, dass er einige Male Schwierigkeiten gehabt habe, seiner Sekretärin auf ihre Frage nach der Finanzierung des BIRN-Quartetts und der Tischreservierung für die vier Musiker eine plausible ausweichende Antwort zu geben. Tatsächlich wusste bis zu unserem Auftritt außer uns Vieren niemand, welcher Art das Quartett war und woher die Künstler kamen. In den ersten Strophen des ersten Liedes hatte Herr Rüdiger die Hochschulmisere besungen. Der letzten Strophe hatte er folgenden Text gegeben:

Allein das rechte Hochschulherz

kann alles das erhalten,

was - durch die Politik verscherzt -

geblieben ist vom Alten.

die alte *Schale* ist nur fern, geblieben ist der *echte Kern*;

/: und den lasst fest uns halten! :/

Als Zugabe sangen wir nach einer Melodie aus dem Film vom tanzenden Kongress :

Uns gibt's nur einmal;

wir komm'n nicht wieder;

wir sind zu schön, um wahr zu sein!

So wie ein Wunder

fiel auf uns nieder

die Schnapsidee vom Singverein.

Uns gibt's nur einmal;

wir komm'n nicht wieder;

es ist jetzt Schluss der Singerei!

wir geh'n zum Leben
jetzt eine heben.
Vielleicht schau'n Sie gleich mal vorbei?
Dem trüben Leben
leicht zu entschweben
hat dieser Frühling nur den einen Mai!

Bild 10: Auftritt des BIRN-Quartetts beim Rektorball der Ruhr-Universität 1982

Nach diesem Rektorball intensivierten sich die Beziehungen zwischen den vier Bochumer Hochschulen weiterhin. Am 29.11.2003 fand bereits der sechste Bochumer Hochschulball statt, zu dem die vier Rektoren gemeinsam eingeladen hatten.

Wenn ich während meiner Amtszeit als Rektor auf dienstlichen oder privaten Fahrten in die Nähe einer Hochschule mit ähnlichen Aufgaben wie die Fachhochschule Bergbau kam, bemühte ich mich meist, den Rektor oder einen anderen Kollegen dieser Hochschule zu besuchen.

Rektor der Fachhochschule Bergbau (1976 - 1985)

So habe ich Beziehungen angeknüpft zu zwei Krakauer Hochschulen, zur Hochschule in Veszprem in Ungarn und zur Delfter Hochschule. Der Rektor der Ecole des Mines in Paris führte meine Frau und mich sogar anlässlich einer Tagung der UNESCO über „die Dächer von Paris". Anschließend bedankte er sich bei meiner Frau und mir, weil unser Besuch ihm endlich den Anstoß gegeben habe, auf das Dach seiner Hochschule zu steigen und sich seine Seine-Metropole von oben anzuschauen.

Das folgende Bild zeigt auf dem Förderturm des Deutschen Bergbau-Museums - von links - den Rektor der Jagiellonischen Universität Krakau Prof. Dr. Hess, mich und den ersten gewählten Rektor der Ruhr-Universität Prof. D. Heinrich Greeven.

Bild 11: Drei Rektoren auf dem Förderturm des Deutschen Bergbau-Museums (1984)

Ausländische Delegationen empfing ich als Rektor öfter. Besonders in Erinnerung blieb mir eine Delegation chinesischer Hochschulrektoren, die die Fachhochschule Bergbau am 29. Januar 1985 besuchte. Ich hielt den Herren einen Vortrag über die historische Entwicklung und den jetzigen Stand des bergbaulichen Schulwesens und ging dann mit ihnen zum Abendessen in die Wasserburg Kemnade. Da ich merkte, dass die Herren noch nie in einem deutschen Privathaus gewesen waren, lud ich sie anschließend zu mir nach Hause ein und unsere drei Kinder dazu. Bei der lebhaften Unterhaltung ging es vor allem um die Unterschiede in der chinesischen und deutschen Lebensweise.[37]

REKTORATSWAHL 1979

Im Jahr 1979 musste ich mich entscheiden, ob ich für eine weitere Wahlperiode für das Rektoramt kandidieren wollte. Wenige Tage, bevor ich mich festlegen musste, kam der AStA-Sprecher (Grunenberg?) zu mir und teilte mir mit, dass der für die Pressearbeit der WBK zuständige Mitarbeiter zu ihm gekommen sei und versucht habe, die Studenten zu veranlassen, einen bestimmten anderen Kollegen - auf meine Frage nannte er Heinz Bramann - als ihren Kandidaten zu benennen. Die Studenten seien über diese Intervention aufgebracht und wollten, nun erst recht, meine Kandidatur unterstützen. Mit Heinz Bramann habe ich jahrelang vertrauensvoll zusammengearbeitet und ihm deshalb über den Versuch der Einflussnahme des Pressesprechers berichtet. Wir kamen überein, dass ich, falls das Kollegium mich in der nächsten Lehrerversammlung dazu aufforderte, noch einmal kandidieren sollte. Ich wurde aufgefordert, und der Senat schlug mich dem Konvent als seinen Kandidaten vor. Wie schon dargestellt, wählte mich der Konvent in seiner 10. Sitzung am 13. Juni 1979 ohne Gegenstimmen bei 5 Enthaltungen.

Für das Amt des Prorektors hatte Heinz Bramann, der das Amt über zwei Wahlperioden innegehabt hatte, nicht mehr kandidiert. Wolfgang Schlüter und Gerd Baumeister hatten sich zur Kandidatur bereit erklärt, Schlüter allerdings erst auf intensives Drängen der Kollegen. In den ersten beiden Wahlgängen führte Schlüter mit 31 zu 29 und mit 35 zu

---

[37] Unsere Tochter Katharina arbeitete später drei Jahre lang im nun wieder chinesischen Hongkong als Chefsekretärin des für die außereuropäischen Aktivitäten des Internationalen Triumph-Konzerns zuständigen General Managers. Heute – im Jahr 2004 – arbeitet sie in München als Sekretärin des Präsidenten von Triumph.

25 Stimmen. Er hätte aber die absolute Mehrheit der Stimmen aller Konventsmitglieder gebraucht, das waren 37 Stimmen. Deshalb wurde ein dritter Wahlgang erforderlich, in dem die einfache Mehrheit für die Wahl eines Kandidaten ausreichte. Diesen Gang gewann Baumeister mit 30 gegen 28 Stimmen. Er konnte das Amt jedoch nicht antreten, weil der Senat in seiner 50. Sitzung am 13.4.1980 beschlossen hatte, gemäß § 83 FHG die Amtszeit der Selbstverwaltungsorgane bis zur Genehmigung der noch zu erarbeitenden Verfassung durch den WBK-Vorstand zu verlängern. Dann sollten die Funktionsträger gemäß der neuen Verfassung neu gewählt werden. Von diesem Beschluss bis zur Genehmigung der Verfassung sind mehr als vier Jahre vergangen. Gerd Baumeister hat danach nicht mehr kandidiert.

AMTSÜBERGABE UND ABSCHLUSSBERICHT

Nachdem der Minister für Wissenschaft und Forschung am 10. Mai 1984 die vom Senat der FH Bergbau erarbeitete, vom Konvent beschlossene und vom WBK-Vorstand genehmigte Verfassung „zustimmend zur Kenntnis genommen" hatte, konnten endlich die Gremien und die Inhaber der Stellen in der Selbstverwaltung neu gewählt werden. Als Kandidaten für meine Nachfolge im Rektoramt konnte ich während der Lehrerstudienfahrt 1984 den Bergmann Prof. Dr. Wilfried Ufer gewinnen. Wolfgang Schlüter schlug ihn dem Senat vor. Der Senat war mit dem Kandidaten einverstanden und teilte dies dem Konvent mit, und dieser wählte ihn am 18.12.1984.

Die offizielle Amtsübergabe erfolgte am 1. März 1985, die feierliche Amtseinführung des neuen Rektors am 14. März. Umrahmt wurde die Feier durch das Quartett des Westfälischen Symphonieorchesters, das zu meiner Überraschung die Kleine Nachtmusik spielte. Während bei meiner Amtseinführung der Ministerialrat Dr. Wicher die Glückwünsche der Landesregierung überbracht hatte, sprach diesmal der Minister für Wissenschaft und Forschung des Landes NW Dr. Rolf Krumsiek selbst. Das war gewiss ein Zeichen dafür, dass sich die Beziehungen der FH Bergbau zur Landesregierung intensiviert hatten. Weiterhin sprachen der stellvertretende Vorsitzende des WBK-Vorstands Gerhard Hurck, der Bochumer Bürgermeister Norbert Withoit, der Vorsitzende der „Ständigen Konferenz der Rektoren und Präsidenten der staatlichen Fachhochschulen der Länder in der Bundesrepublik Deutschland FRK" Professor Willibald Joest, der AStA-Vorsitzende Jörg Mohneck und der WBK-Geschäftsführer Manfred Fronz.

Der Minister wandte sich in seiner Ansprache mit folgenden Worten an mich:

„Herr Professor Beier, Sie haben die Fachhochschule Bergbau engagiert, sachkundig und erfolgreich vertreten. Sie haben die Fachhochschule in einer Phase der Expansion geleitet und dazu beigetragen, den guten Ruf dieser Fachhochschule weit über die Grenzen der Bundesrepublik hinauszutragen. Dafür möchte ich Ihnen im Namen der Landesregierung Dank und Anerkennung aussprechen. Dem Nachfolger im Amt, Ihnen, Herr Professor Ufer, wünsche ich eine ebenso glückliche Hand in der Führung der Amtsgeschäfte und ebenso ein herzliches Glückauf."

Der Vorsitzende der Fachhochschulrektorenkonferenz FRK stellte auch persönliche Beziehungen mit heraus:

„Heute gilt es, einen Mann zu verabschieden, der sich als Rektor dem Wohl und Wehe seiner Hochschule verschrieben hat, der in all diesen Jahren seines Wirkens sich um den kontinuierlichen Aufbau sorgte und der für die Anliegen aber auch die Interessen der Fachhochschulen in etlichen Institutionen mit stritt. Hierbei hatte das Wohl und die qualifizierte Ausbildung der Studenten immer Vorrang. Ihnen, lieber Herr Beier, sage ich Dank im Namen der Fachhochschulen in der Bundesrepublik Deutschland. Sie waren auf Bundes- und Landesebene viele Jahre ein liebenswerter und aufrichtiger Partner, der das Mitmenschliche pflegte, der ein Klima des Vertrauens schaffte. So mag es Sie freuen, dass sich viele Kollegen hier zu dieser Feierstunde eingefunden haben. Nicht nur um Ihnen den Abschied aus dem Amt zu erleichtern, sondern um ihre Verbundenheit zu bekunden als Echo jener sachlichen Kollegialität, um die Sie sich immer bemüht haben. [...]

Lieber Herr Beier, es ist nicht meine Aufgabe, Ihre Verdienste für Ihre Hochschule, der Fachhochschule Bergbau, zu würdigen. Ich möchte mich heute schlicht für Ihre Unterstützung und Mitarbeit in der FRK bedanken. Da Sie sich nun in den Kreis der Altrektoren eingereiht haben, hoffe ich, dass Sie die notwendige Zeit besonders für Ihre wissenschaftlichen Arbeiten finden werden. Es ist bekannt, dass Sie auch während oder trotz Ihrer Amtszeit als Rektor auf Ihrem Fachgebiet bereits entsprechende wissenschaftliche Leistungen erbracht haben. Denn nicht umsonst sind Sie außerhalb unseres Bundeslandes, hier besonders in Übersee, wiederholt gebeten worden, über Ihre Ergebnisse zu referieren. Ich hoffe aber auch, dass Sie in Zukunft noch mehr Zeit und Muße finden werden, Ihrer Lieblingsbeschäftigung, dem Wandern, nachzukommen. Mögen diese Wanderungen noch zahlreicher und umfangreicher werden! Ich bin mir allerdings nicht sicher, inwieweit es die Zeit Ihrer Frau erlaubt, Sie bei diesen Wanderungen zu begleiten. Vielleicht kann es auch der umgekehrte Fall werden, dass sie die Begleitung Ihrer Frau übernehmen."

Willibald Joestens Hoffnung erfüllte sich: Ich unternahm mit meiner Frau große Wanderungen, von denen uns eine von Flensburg nach Konstanz führte. Einige Jahre nach meiner Pensionierung wurde meine Frau zur Bundesvorsitzenden des Verbandes „Frau und Kultur" gewählt. Seitdem trifft auch die von Willibald Joest angedeutete Möglichkeit zu, dass nicht mehr meine Frau mich zu meinen Veranstaltungen begleitet, sondern ich sie zu ihren fahre.

Der Geschäftsführer der WBK für den Bereich Schulen und Ausbildung Manfred Fronz würdigte die Arbeit von Heinz Bramann und mir zusammenfassend:

„Wenn Dr. Wilfried Ufer sein Amt auf einer soliden Grundlage antreten kann, dann ist das vor allem zwei Männern zu danken: dem scheidenden Rektor Dr. Ernst Beier und seinem Stellvertreter Heinz Bramann. Ich muss diese Männer in einem Atemzug erwähnen, denn sie sind ein „Gespann" geworden, das sich nicht nur ausgezeichnet versteht, sondern sich auch optimal ergänzte.

Dr. Ernst Beier hat das Amt des Rektors vor mehr als acht Jahren übernommen. Er hat sich neben der Leitung und der Lehre mit Engagement der Forschung gewidmet, insbesondere auf den Gebieten der Verwitterung und Entschwefelung von Steinkohlen. Im Lehrkörper und außerhalb der FH ist Dr. Ernst Beier nicht nur geachtet aufgrund seiner fachlichen Kompetenz, sondern auch beliebt.

Ihnen beiden, Herr Dr. Beier und Herr Bramann, danke ich im Namen des Vorstands und der Geschäftsführung für das, was Sie geleistet haben und Ihren Nachfolgern hinterlassen können."

In meiner Abschiedsrede ging ich auf die Arbeit der Gremien, die Entwicklung der Studentenzahlen und die Veränderungen in der Struktur der Studentenschaft sowie auf die Entwicklung der Stoffpläne und des Fächerkatalogs ein. Unsere Bemühungen zur Intensivierung des Praxisbezuges unserer Studenten sowie unsere Forschungs- und Entwicklungsprojekte stellte ich nicht dar, denn darauf wollte mein Amtsnachfolger in seiner Rede eingehen.

Die Studentenzahl stieg in meiner Amtszeit von 598 auf 1097 an. Da der Bergbau damals Ingenieure brauchte, bemühten wir uns besonders um Studenten der Bergtechnik und erzielten *in diesem Studiengang* dadurch - und weil es mit dem Steinkohlenbergbau aufwärts zu gehen schien - einen Anstieg von 67 auf 484 Studenten.[38] Im Durchschnitt aller Studenten stieg der Anteil der Abiturienten von 5 auf 22% an, in der Bergtechnik erhöhte sich der Anteil von Studenten mit studiengangsbezogener Lehre von 12 auf 60%. Der Anteil der Studienanfänger mit erfolgreichem Studienabschluss erhöhte sich innerhalb der letzten 7 Jahre meiner Amtszeit von etwa 50 auf etwa 65%. In der Bergschulzeit war die Anzahl der Fächer von 5 im Jahre 1816 auf 22 im Jahre 1958 angestiegen. Auch die FH Bergbau musste, um mit der Entwicklung der Technik Schritt zu halten, insgesamt 5 zusätzliche Studienfächer einführen. 1992 umfasste der Studiengang Bergtechnik 36 Fächer. Der Vermittlung des Standes der Technik dienten auch für alle Studiengänge gemeinsame Seminare über F&E-Projekte, die wir in den letzten fünf Jahren meiner Amtszeit regelmäßig unter Einbeziehung externer Referenten durchführten. Die folgenden Ausführungen enthalten Ergänzungen zum Abschlussbericht.

Die Herkunft der in der Mitte des Wintersemesters 1982/83 an der FH Bergbau eingeschriebenen Studenten ergibt sich aus Daten des Landesamtes für Datenverarbeitung und Statistik:

---

[38] Die WBK hatte 1980 eine Werbebroschüre mit dem Titel „Nach schwarzen Fahnen goldene Zeiten" herausgegeben, auf die wir aus heutiger Sicht - 2004 - besser verzichtet hätten, denn dann brauchten nun nicht so viele Ingenieure schon mit 50 Jahren „in die Anpassung" zu gehen.

Rektor der Fachhochschule Bergbau (1976 - 1985)

Kreis Recklinghausen	255 Studenten
Wesel	75
Bochum	66
Unna	60
Dortmund	57
Essen	50
Oberhausen	47
Gelsenkirchen	46
Herne	41
Bottrop	39
Duisburg	23
Hamm	19
Warendorf	11
Ennepe-Ruhr	9
Coesfeld	8
Aachen	7
Mülheim-Ruhr	6
Hochsauerland	5
Kleve	5
Steinfurt	5
Heinsberg	4
Bonn	2
Köln	2
Mettmann	2
Viersen	2
Düren	1
Düsseldorf	1
Gütersloh	1
Olpe	1
Siegen	1
Soest	1
Märkischer Kreis	1
Nordrhein-Westfalen	853
Niedersachsen	3
Hessen	3
Rheinland-Pfalz	3
Bayern	2
Bremen	1
Saarland	1
Bundesrepublik	866

Bundesrepublik	866
Türkei	15
Griechenland	2
Jugoslawien	2
Italien	1
Polen	1
Spanien	1
Ungarn	1
Portugal	1
Europa	889
Afrika	3
Amerika	2
Asien	1
Welt	895

Über die Entwicklung des Betreuungsverhältnisses, d.i. der Quotient aus der Studenten- und der Professorenanzahl, zitiere ich aus meinem Bericht in „bergbau" vom September 1984: „Die Fachhochschule Bergbau hatte zu Beginn des Wintersemesters 1970/71, also einen Monat nach ihrer Gründung, 461 Studenten und 41 hauptamtlich Lehrende. Davon sind 19 Herren bis zum 31.8.1984 pensioniert worden, einer wurde an die Ruhr-Universität berufen, und zwei Herren sind während ihrer aktiven Dienstzeit verstorben. Acht Professoren sind seit der Gründung der Fachhochschule neu berufen worden. Im Oktober 1983 studierten an der Fachhochschule Bergbau 1072 Studenten bei 30 Professoren, die von 27 Lehrbeauftragten unterstützt wurden. Das Betreuungsverhältnis Studenten/Professoren ist von 11:1 im ersten Jahr auf 36:1 im Wintersemester 1983/84 angestiegen".

Dieser Anstieg bedeutete nicht nur größere Gruppen bei den Übungen, Seminaren und Praktika, sondern auch durchschnittlich eine Verdreifachung der Anzahl der von einem Professor zu bewertenden Prüfungsarbeiten. Wegen der Zunahme der Belastung des Kollegiums haben die Inhaber eines Amtes in der Selbstverwaltung den ihnen zustehenden Stundennachlass nicht voll wahrgenommen: im Sommersemester 1981 z.B. im Durchschnitt nur zu 36 %. Die Krankfeierquote war im Kollegium so gering, dass selbst der Geschäftsführer sie als phänomenal niedrig bezeichnete.

Der Anteil der ausländischen Studenten an der gesamten Studentenschaft stieg in den ersten 70er Jahren zunächst stark an, war dann aber wieder rückläufig. 1973 betrug er 13%, 1983 noch 3,5%; in der Bergtechnik sank er im selben Zeitraum von 83% auf 5,7%. Sprachliche Schwierigkeiten mancher Ausländer erschwerten die Wissensvermittlung. Vereinzelte von Ihnen stellten uns anmaßend erscheinende Forderungen, die sich nicht immer auf Ihrer Unkenntnis unserer Möglichkeiten, sondern oft auf ihre sich von der unseren unterscheidenden Mentalität gründeten. Bei der Durchsicht meiner Akten fiel mir ein Brief eines Türken, der sein Studium an unserer Fachhochschule unterbrochen hatte, an mich aus dem Jahre 1980 in die Hände. Er hatte u.a. geschrieben: „Ich habe Sie darum gefleht, gebeten, dass ich wieder mein unterbrochenes Studium bei Ihnen fortführen und beenden darf. Sie gewaehren mir diese Möglichkeit. Vielleicht werden Sie sich fragen, ob ich dies in der Türkei auch nicht haette erreichen können. Das waere für mich unmöglich. Verdienen und Studieren in der Türkei gleicht dem Traum im Vakuum. Dazu noch als verheirateter Mann in den Dreissigern!!! Und es draengt mich innerlich zum Studieren und dies dann in erlangter Stellung fort zu führen..." Dann forderte er uns auf, ihm bei der Ausländerbehörde eine Einreisegenehmigung zu beschaffen. Die Forderung nach einer Wohnung begründete er folgendermaßen: „Sie wissen, dass ich verheiratet bin, und unbedingt gern mit meiner Frau nach Deutschland kommen will. ... Also brauche ich einen Wohnplatz für verheiratete Studenten in einem St.-Wohnheim." Außerdem brauchte er einen Beleg darüber, dass alle Ausgaben während des Studiums entweder von einer natürlichen oder juristischen Person sowie Unterkunft und Verpflegung gesichert seien. Selbst beim besten Willen waren wir nicht in der Lage, seine Wünsche zu erfüllen. – Mit den meisten Ausländern konnten wir allerdings sehr gut arbeiten.

Zur Aktualisierung der Stoffpläne bat ich alle Kollegen, ihre Stoffpläne mit den Kollegen, die „angrenzende Fächer" darbieten, abzustimmen und den zuständigen Fachbereichsleitern einzureichen. Diese luden dann alle betroffenen Kollegen und danach die Fachbereichsräte ein und formulierten die Stoffpläne verbindlich für die nächsten zwei Jahre. Danach verlief wieder der gleiche Vorgang. In der Festlegung der Stoffpläne sahen wir keine unangemessene Reglementierung der Professoren, sondern hielten diese für erforderlich, damit einerseits alle wichtigen Gebiete erfasst werden und andererseits nicht zu viel Zeit für eine doppelte oder gar dreifache Darbietung ein und desselben Stoffes vertan wird. Außerdem können interessierte Unternehmen und Institutionen an Hand der Stoffpläne erkennen, in welchem Maße unsere Absolventen für sie geeignet sind. Die Anzahl der Lehrfächer im Studiengang Bergtechnik entwickelte sich im bergbaulichen Schulsystem im Laufe von 176 Jahren folgendermaßen:

Bergschule 1816: 5 Lehrfächer
Bergschule 1958: 22 Lehrfächer
FH Bergbau 1992: 36 Lehrfächer

U.a. bei der Diskussion der Stoffpläne zeigte sich, dass auf Grund ihrer Vorbildung viele unserer Studenten das vorgesehene Pensum in Mathematik kaum bewältigen konnten. Um deren Studienvoraussetzungen zu verbessern, führten wir Vorkurse in Mathematik ein, die von zwei Kollegen gehalten wurden. Da die beiden Kollegen diese Kurse zusätzlich zu ihren normalen Lehrverpflichtungen durchführten, gewährte ihnen der Geschäftsführer auf meinen Vorschlag eine Prämie. Prämien erhielten auch einige wenige andere Kollegen für die für die Planung, Organisation und Durchführung großer öffentlicher Kolloquien, bei denen ich als Rektor oft das Schlusswort sprechen durfte. In den „Seminaren für Tagesbetriebsführung" hielt ich Vorträge über industrielle Verfahren zur Verminderung der Umweltbelastung und diskutierte mit den Teilnehmern darüber.

In meiner zweiten Amtszeit als Rektor schlug ich dem Leiter des „Instituts für Betriebsführung im Bergbau" IBB vor, sein Institut an die FH Bergbau anzugliedern, damit es eine finanzielle Unterstützung des Landes erhielt. Mein Vorschlag lautete:

„IBB wird unter gleichem Namen oder unter der Bezeichnung „Institut der Fachhochschule Bergbau für Weiterbildung" der Fachhochschule formal angegliedert. Der Institutsleiter führt das Institut wie bisher in eigener Verantwortung. Der Institutsleiter und die entsprechend qualifizierten Mitarbeiter werden Professoren der Fachhochschule Bergbau. Der Institutsleiter kann in stärkerem Maße als bisher Fachhochschullehrer einsetzen, und Mitarbeiter seines Bereiches können in den Fachbereichen der Fachhochschule Vorlesungen halten. Der Einsatz der Mitarbeiter wird in allen Bereichen auf das Vorlesungsdeputat angerechnet."

Der Leiter des IBB war nicht für diese Angliederung zu gewinnen.

Um den Herren aus der Praxis die an der FH Bergbau bestehenden Vorstellungen über das Studium zu vermitteln und ihre Wünsche an unsere Ausbildung zu erfragen, lud ich die Herren zu Besprechungen in die Fachhochschule ein. Mir liegt noch ein Protokoll von der Besprechung der FHB-Professoren für Thermische und Chemische Verfahrenstechnik vor, zu der ich die betroffenen Bergwerks- und Betriebsdirektoren der Ruhrkohle AG und der untergeordneten Bergbau AGs sowie die maßgebenden Herren von Ruhrkohle Oel und Gas, vom Eschweiler BergwerksVerein EBV und den Ausbildungsleiter der

Schachtanlage Auguste Victoria zum 21.1.1983 eingeladen hatte. Nach meiner Einführung wiesen die Vertreter der Mitgliedsgesellschaften der WBK zunächst auf Defizite unserer Absolventen gegenüber den früheren Bergschulabsolventen hin. Schließlich wurden die nach Ansicht der betrieblichen Teilnehmer bestehenden Mängel konkretisiert und Vorschläge zu einer Erweiterung der Ausbildung formuliert. Diese Vorschläge wurden bei der anschließenden Diskussion der Stoffpläne im Fachbereichsrat berücksichtigt.

Während meiner letzten Amtsjahre als Rektor war ich gleichzeitig Vorsitzender des Bochumer Bezirksvereins des Vereins Deutscher Ingenieure VDI und Mitglied des erweiterten Vorstands des Ringes Deutscher Bergingenieure RDB. In dieser Zeit habe ich für diese drei Institutionen gemeinsame Vortragsreihen geplant, organisiert und durchgeführt. Am erfolgreichsten war die Reihe „Die historische Entwicklung des Ruhrgebiets und seiner Städte Sprockhövel, Hattingen, Witten, Bochum, Herne, Castrop-Rauxel und Recklinghausen unter besonderer Berücksichtigung des Bergbaus". Die Vorträge dieser Reihe sind als Büchlein erschienen, das zwei Auflagen zu je 5000 Exemplaren erlebt hat. Da ich diese Aktivitäten auch nach meiner Amtszeit als Rektor fortsetzte, bekam der VDI bei der Ausrichtung der Veranstaltungen ein größeres Gewicht, und deshalb werde ich hierüber im Kapitel „Mitarbeit im Verein Deutscher Ingenieure VDI" ausführlicher berichten.

ANDERES / PERSÖNLICHES

In den vorausgehenden Abschnitten dieses Kapitels „Rektor der Fachhochschule Bergbau" bin ich nur am Rande auf persönliche Erlebnisse eingegangen; in diesem Abschnitt werde ich mich ausführlicher damit befassen.

Ende 1975, also kurz vor meinem Amtsantritt, erhielt der amtierende Rektor Wolfgang Höhne eine Einladung zu einem Rhetorikseminar in Daun in der Eifel, das besonders für Bergreferendare geplant war. Da er keine Zeit hatte, empfahl er mir, an dem Seminar teilzunehmen, und zwar nicht nur zur Verbesserung meiner Rhetorik, sondern auch zur Pflege des Kontaktes zu künftigen Bergbauangestellten. Mitzubringen war ein Kopfkissen und eine Decke für Entspannungsübungen. Geleitet wurde das Seminar von Dr. Baldur Kirchner. Geübt wurden vor allem der freie Vortrag sowie Angriff und Verteidigung in der Diskussion. Nahezu alle Übungen fanden vor der Videokamera statt. Vor dem Seminar war ich mir nicht sicher gewesen, ob ich beim freien Vortrag längere Sätze immer konsequent zu Ende führte. Dass die Videoaufnahmen keine Fehler zeigten, hat meine Sicherheit bei Vorträgen erhöht. Vor dem Abschluss des Seminars lud der Seminarleiter die Teilnehmer einzeln zu Besprechungen ein. Mir eröffnete er, ich müsse an meiner Rhetorik wohl noch etwas tun, bezüglich meiner künftigen Amtsführung als Rektor habe er dennoch für den Erfolg keinerlei Bedenken, denn ich mache einen sehr ruhigen, konsequenten und vertrauenswürdigen Eindruck, und das wüssten die Studenten gewiss zu schätzen, so dass ich von deren Seite mit keinen außergewöhnlichen Schwierigkeiten zu rechnen brauche.

Zum Abschluss des Seminars nahmen wir die Einladung des Vaters eines der Teilnehmer zu einer Besichtigung seines Weingutes mit Weinprobe an. Es handelte sich um das Weingut Caspary an der Mosel. Bei der Besichtigung des Kellers fiel mir ein 1957er Wein auf, ein Wein aus meinem Hochzeitsjahr. Herr Caspary überließ mir zwei Flaschen davon, und meine Frau und ich konnten diesen Wein zu unserer Silberhochzeit kredenzen. Er war viel dunkler als frischer Wein, schmeckte noch ähnlich, hatte aber keine Blume mehr. Von Caspary beziehen wir auch heute noch, nahezu 30 Jahre nach der ersten Weinprobe in seinem Keller, einen großen Teil unseres Moselweines.

Einen noch viel älteren Wein trank ich etwas später während einer einwöchigen Abschlusslehrfahrt mit Studenten der Verfahrenstechnik. Bei diesen Lehrfahrten hatten wir meist ein festes Quartier in Weinbauorten wie Kiedrich, Neustadt an der Weinstraße und dem später nach Neustadt eingemeindeten Mußbach. Am Tage war ich mit den Studenten zu Besichtigungen unterwegs; abends wollten die Studenten aber lieber allein etwas erleben. Bei einer Lehrfahrt mit einem festen Quartier in Mußbach war ich schon am ersten Abend bei einem Winzer an der Ortsgrenze zu Gimmeldingen eingekehrt. Da mir der Wein und der Winzer zusagten, ging ich jeden Abend zu ihm. Als ich mich am letzten Abend, nachdem wir uns über eine Weinauktion im Kloster Eberbach unterhalten hatten, von ihm verabschieden wollte, bat er mich, einen Augenblick zu warten. Nach etwa zehn Minuten kam er mit einer etwas unförmigen langhalsigen Flasche, einem Korkenzieher mit besonders breitem Gewinde und einem weißen Tuch aus dem Keller. Mit großer Sorgfalt reinigte er den Flaschenausgang, drehte den Korkenzieher vorsichtig ein und zog den Korken ganz langsam aus dem Flaschenhals. Er schenkte sich ein wenig des klaren bernsteinfarbenen Weines ein, prüfte seine Blume und verkostete ihn. Offensichtlich war er zufrieden, denn nun kredenzte er mir ein halbes Gläschen. Ich war sehr beeindruckt, allerdings weniger von der Qualität des Weines, als von dem Winzer, der eine seiner teuersten Flaschen aus dem Keller geholt hatte, nämlich einen 1921er. Auf meine erstaunte Frage, wie er denn dazu käme, mir einen derart wertvollen Wein zu spendieren, sagte er, er habe sich selbst eine Freude machen wollen, indem er für mich, der seine Weine zu würdigen wisse, eine solche Flasche aus dem Keller geholt habe. Am nächsten Morgen wollte ich zum Mitnehmen bei ihm Wein einkaufen, aber er besaß lediglich noch einen Vorrat für seine Gaststätte. Einige Jahre später wollte ich mit meiner Frau bei dem Winzer ein Gläschen Wein trinken und Wein einkaufen, jedoch wurde das kleine Restaurant nun von einem Ausländer betrieben, der mir über den Verbleib des Winzers keine Angabe machen konnte.

Von dem Winzer erfuhr ich, wie einige Weinlagebezeichnungen entstanden sind: „Gimmeldinger Meerspinne" heißt eine Lage, weil die Fuder mehrspännig aus dem Wingert gezogen werden mussten. Die „Mußbacher Eselshaut" war früher eine Weide (Hude, Haut) für Esel und der „Rauenthaler Steinmächer" wuchs ursprünglich hinter einer Ziegelei, in der wie üblich Steine gemacht wurden.

Das Rhetorikseminar, über das ich vor dem Exkurs über Mosel- und Pfälzer Weine berichtet habe, fand für mich übrigens noch zwei Fortsetzungen, aber nicht in der Eifel, sondern 1978 und 1980 im Kloster Neresheim im Härtsfeld. Dort war ich der einzige Teilnehmer aus dem Bergbau. An vier Seminaristen erinnere ich mich noch sehr gut: Einer nahm mich in seinem Privatflugzeug mit in die Lüfte, ein anderer war verantwortlich für die Versorgung der Fluggäste der Lufthansa, der Dritte war Dr. Chrysant Marnet, der mir als Vorsitzender des Verbandes Deutscher Elektrotechniker VDE einige Werksbesichtigungen mit meinen Studenten und Mitgliedern des VDI ermöglichte. Mit dem Vierten, Dr. Michael Rogowski, der zum Vorstandsvorsitzenden des Voith-Maschinenbau-Konzerns, zum Präsidenten des VDMA und danach des BDI avancierte, habe ich eine lockere Verbindung behalten. Im Kloster Neresheim übernachte ich bei Fahrten in den Süden immer noch gern, denn ich fühle mich dort gut behütet und kann mich vor der morgendlichen Abfahrt mit einem Besuch der in ungewöhnlicher Art, abgesehen von den Kuppelfresken, nur in Weiß und Gold gehaltenen barocken Abteikirche Balthasar Neumanns gut auf einen frohen Tag einstimmen.

Nach dem Seminar im Jahre 1980 fuhr ich von Neresheim zum Fuße des Säntis, dort ließ ich mich mit der Seilbahn auf den Gipfel ziehen und von diesem stieg ich über den Lysengrat zur Rotsteinpasshütte ab, um in dieser meine Frau zu treffen, die mit anderen Ehepaaren vier Tage vorher zu einer Hüttenwanderung aufgebrochen war.[39]

Ich komme noch einmal auf den Zeitpunkt meiner Einführung in das Rektoramt zurück. Mein kurz vorher pensionierter Kollege Becker von der FH Bergbau beglückwünschte mich schriftlich zu der „glänzenden Amtseinführung". Damit meinte er weniger die Feier im Bergbau-Museum als eine gleichzeitig

Franz, erfolgte Veröffentlichung von Ergebnissen meiner Untersuchungen zur mikrobiellen Oxidation sulfidischer Erze, vor allem in Steinkohlen, und zur mikrobiellen Entfernung von Kohlenmonoxid aus Luft in der Tagespresse, im Rundfunk und im Fernsehen. Für das Fernsehen war Martin Schmuch mit seinem Team angereist, um über meine Versuche zu den beiden oben genannten Themen zu berichten. Sogar die Bildzeitung hatte meine Arbeiten am 8.9.1976 in einem Artikel mit Bild und folgender Überschrift gewürdigt: „Sensation! Deutscher fand Bazillen, die giftiges Gas vernichten".

An dieser Stelle will ich zwei Vorträge erwähnen, die ich nicht gehalten habe. Nachdem ich in Deutschland, USA und Japan über meine Forschungsarbeiten berichtet hatte, wurde ich gebeten, auch in Sydney und Miami Beach darüber zu sprechen. Die Reisen hatte die Geschäftsführung der WBK bereits genehmigt. Von beiden Veranstaltern bekam ich einige Wochen vor dem Termin ähnlich lautende Briefe, von denen ich einen wiedergebe: „... Unfortunately, the abstract arrived too late for the paper to be included in the symposium on Environmental Science of Fossil Fuels. I had to finished arranging the program for that several weeks ago." Beide Vortragstexte waren statt mit der Luftpost mit der normalen Post abgeschickt worden, sind wochenlang über die Weltmeere geschippert und deshalb zu spät an den Zielen angekommen.

Im Kapitel „Kriegsdienst" in meinem Buch „Als das Kohleöl noch floss" führte ich aus, wie ich Liesel Rotter kennen lernte. Im Kapitel „Dozent an der Ingenieurschule für Bergwesen" dieses Bandes berichtete ich, dass es dieser 20 Jahre später gelang, für mich mit meiner Familie eine Einreisegenehmigung für die DDR zu erhalten. Sie hatte mich als Kameraden ihres gefallenen Mannes, den ich aber tatsächlich gar nicht gekannt habe, ausgegeben. Kurz nachdem wir von der Reise zurückgekehrt waren, gebar ihre Schwiegertochter einen Sohn, Liesels erstes

---

[39] Siehe im noch nicht veröffentlichten Band III meiner Erinnerungen: Zehn Hüttenwanderungen.

Enkelkind, für das ich auf Liesels Wunsch die Patenschaft übernahm. Weder zur Taufe noch zur Einschulung Uwes durfte ich in die DDR einreisen, aber merkwürdigerweise 1978 zu seiner Konfirmation, sogar mit der ganzen Familie und mit dem Auto.

Zu fünft fuhren wir von Bochum los: meine Frau, meine beiden Töchter, mein Sohn und ich. Unterwegs sahen wir uns Weimar an und hielten uns in Freiberg in Sachsen etwas länger auf, denn dort wollte ich dem Rektor der Bergakademie Guten Tag sagen. Ich wusste, dass ein Treffen mit einem Rektor einer DDR-Hochschule beim Minister für das Hochschulwesen in Ostberlin beantragt werden musste. Da mir die Chancen für eine Genehmigung als schlecht erschienen, versuchte ich aufs Geratewohl, vom Rektor empfangen zu werden.

Ich stelle diesen Versuch nun im Einzelnen dar, um zu zeigen, in welchem Maße die Freiheiten der Bürger der DDR auch noch 1978 beschnitten waren.

Wir parkten unseren Wagen in der Nähe der Bergakademie und gingen alle in die Vorhalle der Hochschule. Ich bat die Pförtnerin um Auskunft über die Lage des Rektorbüros. Nachdem sie mir diese bereitwillig gegeben hatte, klopfte ich bei der Sekretärin des Rektors an, stellte mich ihr vor und nannte ihr mein Anliegen. Sie griff zum Telefonhörer und wählte zwei Nummern, eine dritte aber nicht mehr, sondern fragte: „Sie kommen aus Bochum?" Auf meine Bestätigung legte sie den Hörer auf, sagte: „Das ist doch in der BRD! Warten sie bitte einen Augenblick!" und ging hinaus. Nach zwei Augenblicken kam sie wieder herein und teilte mir mit, der Rektor sei nicht im Hause. Das war an einem Donnerstag. Obwohl ich gar nicht vorhatte, am nächsten Tag aus dem Erzgebirge nach Freiberg zu fahren, fragte ich die Sekretärin hintersinnig, ob ich den Rektor am nächsten Tag sprechen könne. „Es tut mir leid", antwortete sie, „er kommt erst Montag wieder." Mit dem Hinweis, dass ich am Montag bei der Rückfahrt wiederum durch Freiberg käme, verabschiedete ich mich.

Nachdem wir im Erzgebirge Uwes Konfirmation gefeiert hatten, kamen wir am Montag planmäßig wieder in Freiberg an, und ich ging mit meiner Tochter Barbara, die zur Toilette wollte, in die Bergakademie. Als ich die Pförtnerin grüßte, hielt sie mich an und sagte, sie dürfe niemanden vorbeilassen, den sie nicht kenne. Auf meine Bemerkung, sie habe mich doch am vergangenen Donnerstag kennen gelernt, erwiderte sie: „Ihretwegen ist das Ganze doch überhaupt!" Als ich sie bat, beim Rektor anzufragen, ob er bereit sei, mich zu empfangen, erklärte sie mir: „Man hat mich beauftragt, falls Sie tatsächlich noch einmal kämen, dem

Direktor für internationale Beziehungen Bescheid zu sagen; der würde sie dann empfangen." Von meinem ersten „Besuch" wusste ich, wo dieser Direktor residierte und wollte nun zu ihm gehen. Das durfte ich jedoch nicht, denn der Herr Direktor würde mich abholen. Noch bevor mich die Pförtnerin bei diesem anmeldete, fragte sie mich nach dem Verbleib meiner Tochter. Mit meiner Auskunft schien sie nur halbwegs zufrieden zu sein, denn nach einer Minute fragte sie mich, während ich auf den Direktor wartete, wo meine Tochter so lange bliebe. Offensichtlich war sie, weil sie mich bei meinem ersten Besuch freundlich hatte passieren lassen, von ihren Vorgesetzten stark eingeschüchtert worden.

Nun, der Herr Direktor kam: Dr.-Ing. Hans-Joachim Gräser, ein stattlicher, elegant gekleideter Mann. Er führte mich in sein Büro. Auf einem Podest stand ein riesiger Schreibtisch, unterhalb des Podestes ein rechteckiges Tischlein mit vier schmalen Stühlen. Er ließ sich hinter seinem Schreibtisch nieder und bat mich, auf einem der Stühlchen Platz zu nehmen. Über diese Art der Platzzuweisung war ich ziemlich verblüfft, aber war schließlich ein Eindringling. Zu einem informativen oder gar angenehmen Gespräch kam es nicht. Herr Gräser teilte mir mit, dass die Bergakademie fest auf dem Boden des Sozialismus stünde und die Planungen der Akademie voll mit der Politik der Regierung der DDR übereinstimmten. Dann nannte er mir etliche Hochschulen, mit denen die Bergakademie Verbindungen pflege. Die zunächst genannten Hochschulen kannte ich, die folgenden nicht, bis er Uppsala erwähnte. Bei dieser Nennung blickte ich ihn so an, als ob ich mich in Uppsala gut auskennte und mich wunderte, nichts über diese Beziehungen zu wissen. Er wand sich ein wenig und sagte, er wolle nicht hochstapeln: man sei dabei, Beziehungen auszubauen. Dann fragte ich ihn nach einigen Gegebenheiten, über die ich mich vor der Fahrt so gut ich konnte unterrichtet hatte. Nicht einmal das, was ich bereits wusste, teilte er mir mit. Wir verabschiedeten uns ziemlich frostig. Mein Gastgeschenk behielt ich in der Tasche, und das war gut so, denn als ich beim Direktor saß, war meine Frau mit den Kindern, obwohl es stark regnete, aus dem Foyer der Hochschule gewiesen worden.

Als ich meinem Kollegen Bergschuldirektor Klaus Schlutter über meine Freiberger Erfahrungen berichtete, meinte dieser, Strzodka habe seine Berechtigung zu wissenschaftlichen Arbeiten und auch sein Rektoramt mit einem weitgehenden Zwangsverzicht auf Kontakte zu westlichen Menschen teuer erkaufen müssen. Z.B. habe er selbst während ihres gemeinsamen Studiums gute Kontakte zu ihm gehabt. Als er während einer Tagung im westlichen Ausland auf ihn zugegangen sei, sei er ihm ausgewichen.

Der damalige Rektor der Ingenieurhochschule Mittweida in Sachsen, Prof. Dr. sc. nat. Gerhard Zscherpe, den ich in Bochum kennen gelernt hatte, wohnte in Strzodkas Nachbarhaus. Anlässlich der Hochzeit meines oben genannten Patensohnes Uwe Rotter besuchte ich Gerhard Zscherpe kurz nach der Wende in seiner Hochschule in Mittweida. Er bot sich an, ein Treffen mit Strzodka zu vermitteln. Aber Strzodka war nicht an einem Treffen interessiert.[40]

An dem Wochenende zwischen den beiden Besuchen in Freiberg feierten wir Uwes Konfirmation, die der Anlass unserer Reise gewesen war. Wir wohnten gut bei Uwes Großmutter Liesel Rotter. Vor dem Festessen in einer Gaststätte fragte ich sie, ob ich in einer kleinen Festansprache alles sagen dürfe, was ich meine, oder ob Uwe oder seinen Verwandten dadurch gegebenenfalls Schwierigkeiten entstehen könnten. Liesel antwortete, von den Gästen sei niemand für das DDR-Regime; die wenigen weitläufigen Verwandten, die nicht damit einverstanden waren, dass Uwe sich konfirmieren ließ und es darüber hinaus ablehnte, an der Jugendweihe[41] teilzunehmen, seien nicht eingeladen worden.

---

[40] Die Zeitschrift „Neue Bergtechnik" widmete ihm auf der Seite 388 in ihrem 22. Jahrgang - ich glaube, anlässlich seiner Emeritierung - eine Laudatio, in der es heißt: „Als eine Persönlichkeit mit außerordentlichen Anlagen und enormem Arbeits- und Organisationsvermögen war er auch in überdurchschnittlichem Maß in die gesellschaftlichen Strukturen der damaligen Gesellschaftsordnung eingebunden. Bei nachträglicher kritischer Würdigung dieses oder jenes Details ist jedoch die Beachtung und Würdigung der Gesamtleistung der Persönlichkeit unabdingbare Notwendigkeit, um ihr Gerechtigkeit widerfahren zu lassen."

[41] Über die Jugendweihe steht folgendes in der Brockhaus Enzyklopädie von 1990: „**Jugendweihe,** in der Dt. Dem. Rep. als fester Bestandteil des sozialist. Erziehungssystems eine Feier am Ende des 8. Schuljahres, bei der die Schüler in die Reihe der Erwachsenen aufgenommen werden und ein Gelöbnis zum Sozialismus und zur Dt. Dem Rep. ablegen. Der Vorbereitung dienen außerschul. Jugendstunden zur Aneignung des Marxismus-Leninismus und eine Klassenfahrt zu einer der nat. Mahn- und Gedenkstätten. Die ev. Kirchen lehnen die J. zwar prinzipiell ab, lassen aber Jugendliche, die sich der J. unterzogen haben, zur Konfirmation zu."

Uwe und seine Eltern waren sich bewusst, dass Uwes Ablehnung der Jugendweihe negative Auswirkungen auf seine Ausbildungsmöglichkeiten haben würde. Aber sie nahmen diese Nachteile in Kauf. In ihrem kleinen Wohnort Schellerhau gab es viele mutige Menschen, so hob der konfirmierende Pastor in seiner Predigt hervor, dass man weitreichende Entscheidungen im Konfliktfall nicht nach staatlichen Vorgaben, sondern nach dem eigenen Gewissen treffen müsse. Als ich mich Liesel gegenüber verwundert über den Mut des Pastors äußerte, sagte sie, er lebe so, wie er es von der Kanzel von jedermann gefordert habe; deshalb sei er mehr in Bautzen[42] als in Schellerhau.

Bei der Konfirmationsfeier in einer Gaststätte hielt ich eine kleine Rede. Darin hob ich besonders Uwes Festigkeit im Glauben hervor, die er durch seine weitreichende Entscheidung zur Konfirmation unter Beweis gestellt habe. Ich verkniff mir auch nicht zu sagen, dass die Teilnahme an der Konfirmation nach meiner Ansicht für viele evangelische Jugendliche in Westdeutschland keine Gewissensentscheidung bedeutet, sondern ein Fest, das sie feiern müssen, weil es dabei viele Geschenke gibt. Auf die Feier in der Gaststätte folgte ein Vergnügen, das mehr nach dem Geschmack der Kinder war. Unsere Kinder, die in Bochum eifrig in der Jugendarbeit tätig waren, hatten sich einige Spiele überlegt, die einen begeisterten Zuspruch der ganzen Gesellschaft fanden und vor allem alle Kinder schnell miteinander vertraut machten.

Am Tag nach der Konfirmation fuhren wir über Freiberg wieder nach Hause. Beim Abschied von Schellerhau konnte unsere zehnjährige Tochter ihre Tränen nicht zurückhalten. Ihr war wohl bewusst geworden, dass sie die Menschen, die ihr schon in der kurzen Zeit lieb geworden waren, vielleicht nie wieder sehen würde. Zum Glück fiel nach einem Dutzend Jahren völlig unerwartet die brutale Grenze. Und ganz kurz nach der Wende waren wir wieder in Schellerhau, denn nun feierte

---

[42] In der Brockhaus Enzyklopädie von 1996 wird über „Bautzen" folgendes berichtet: „Im 1904 errichteten größten sächs. Gefängnis bestand von Mai 1945 bis Februar/März 1950 ein sowjet. Internierungslager des NKWD/MHD (Speziallager Nr. 4; durchschnittlich 7.000, insgesamt etwa 30.000 Internierte und etwa 12.000 bis 17.000 Tote; wegen des gelben Klinkersteinbaus „Gelbes Elend" genannt.); nach seiner Übergabe an die DDR-Behörden im März 1950 (am 31.3.1950 Häftlingsaufstand) wurde es vor allem als berüchtigte Strafanstalt des Staatssicherheitsdienstes als für bes. „gefährlich" eingeschätzte Staatsgegner [...] fortgeführt."

Uwe seine Hochzeit. Auch zu diesem Anlass hielt ich eine kleine Rede. Da ich erfahren hatte, dass die meisten Hochzeitsgäste kaum etwas über den schweren Lebensweg von Uwes Großmutter wussten, erzählte ich, wie ich sie im Lazarett in Bärenfels kennen gelernt hatte, dass sie einen Tag danach die Nachricht vom „Heldentod" ihres Mannes erhielt, und wie sie es unter DDR-Bedingungen geschafft hat, ihre drei Kinder gut großzuziehen und dabei noch ihre Bäckerei mit Konditorei und Café in ihrer Hand zu behalten, um beides an ihre Kinder weitergeben zu können.

Beim dritten Mal waren wir mit Uwe im Schwarzwald zusammen. Auf einer Wanderung von Flensburg zum Bodensee hatte ich mit meiner Frau 1992 von Ostersamstag auf Ostersonntag in einem Hotel unmittelbar am Mummelsee übernachtet. Am nächsten Morgen wurde Gisela von dem Regen wach, der auf die Persennings der am Ufer liegenden Boote prasselte. Der Rundfunk prognostizierte für den gesamten Schwarzwald miserables Wetter. Dennoch wären wir weitergezogen, wenn wir uns nicht daran erinnert hätten, dass Uwe mit seiner Frau nach Freudenstadt gezogen war. Wir riefen ihn an, und er kam sofort mit dem Wagen, zünftig als Wanderer gekleidet. Da wir ohnehin am Ostermontag heimfahren wollten, wanderten wir nicht mit Uwe weiter auf dem Europawanderweg 1 - er hätte ja vom Endpunkt der Wanderung zum Wagen zurückgemusst -, sondern fuhren mit ihm nach Freudenstadt. Dort machten wir sofort in einem Hotel Quartier und verbrachten danach einen angenehmen Tag mit Uwe und seiner Frau. Am nächsten Tag fuhr uns Uwes Frau nach Baden-Baden. Dort sahen wir uns gemeinsam die Stadt und die Anlagen an, aßen in einem kleinen Restaurant und fuhren am späten Nachmittag mit dem Zug nach Hause. Nicht gefallen hat uns, dass der als Schreiner tätige Uwe eine Rostlaube fuhr, während seine in einem Hotel arbeitende Frau einen schicken neuen Sportwagen kutschierte. Etwa ein halbes Jahr später rief Uwe uns aus Schellerhau an und teilte uns mit, dass er sich von seiner Frau getrennt habe.

Noch einmal zurück zu Uwes Hochzeit. Da ich zu der Zeit ein Umweltinstitut leitete, war ich an der Umweltsituation im böhmischen Braunkohlenbergbau besonders interessiert. Gisela und ich fuhren deshalb durch das sächsische und böhmische Erzgebirge und sahen die verheerenden Folgen der Schwefeldioxidemissionen. Der früher schönen Stadt Brüx - heute Most - konnten wir nichts abgewinnen. Wir suchten und fanden das Werk, in dem zur deutschen Zeit Kohle hydriert worden war. Die Verwaltungs- und Werkstättengebäude sahen genau so aus wie bei dem Fischer-Tropsch-Werk in Bergkamen, in dem ich während des Krieges eine Laborantenlehre absolviert hatte. Wegen des Braunkohlenbergbaus hatte man in Brüx eine Kirche um mindestens hundert Meter verschoben. Die Stimmung war so trostlos, dass auch die Täschchen schwingend an den Straßen stehenden Mädchen und Frauen sie nicht aufhellen konnten. Gisela wollte deshalb noch etwas Freundlicheres sehen und schlug vor, nach Karlsbad zu fahren. Dort gefiel es uns, obwohl etliche Gebäude, auch in der Altstadt, dringend der Renovierung bedurften. Wir promenierten durch die Wandelhalle und kehrten im Hotel Pupp ein, in das ich 1945 als verwundeter Kurier aus dem Notlazarett Karlsbad Mayerhöfen Blut- und Urinproben gebracht hatte. Als wir danach über die Tepla gingen, konnte ich lange meinen Blick nicht vom hoch über dem Fluss liegenden Hotel Imperial lösen, in dem ich 45 Jahre vorher als Verwundeter gelegen hatte. Bei diesem Blick auf das Hotel kam mir der Gedanke, den Weg, den ich 1945 von Karlsbad nach Kamen zu Fuß zurückgelegt hatte, 50 Jahre danach, also in fünf Jahren, mit Gisela von Bochum aus in umgekehrter Richtung zu gehen.

Als ich das Rektoramt noch nicht ausübte, aber schon gewählt war, bat mich der amtierende Rektor Wolfgang Höhne, mit meiner Frau an seiner Stelle als Vertreter der FH Bergbau in Oberhausen an einer Barbarafeier der „Traditionsgemeinschaft Oberschlesische Bergschule" teilzunehmen. Meine Frau und ich erfüllten seine Bitte gern. Ich hielt dort eine kleine Ansprache und bekam, ebenso wie meine Frau, schnell guten Kontakt zu den schlesischen Bergleuten. Der Vorsitzende der Gemeinschaft, Ewald Nierobisch, lud uns danach jedes Jahr zum Frühlings- und zum Barbarafest ein.

Rektor der Fachhochschule Bergbau (1976 - 1985) 179

Bild 12: Barbarafeier der Traditionsgemeinschaft Oberschlesische Bergschule mit deren Vorsitzendem Ewald Nierobisch (links), Ernst Beier und dem aus Oberschlesien stammenden Prof. Dr. Albert Jogwich (1987)

Die Traditionsgemeinschaft war zur Erinnerung an die 1803 gegründete und mit dem Einmarsch der Roten Armee im Januar 1945 geschlossene Oberschlesische Bergschule von etwa 300 Lehrern und Studenten ins Leben gerufen worden. Da die Bergschule nach dem Krieg nicht mehr bestand, bekam die Traditionsgemeinschaft keinen Nachwuchs mehr, und deshalb schrumpfte ihre Mitgliederzahl, prozentual zunächst langsam, aber dann immer schneller. Weil der Vorsitzende befürchtete, dass die Gemeinschaft im Jahr 2003 zur 200-Jahr-Feier nicht mehr in der Lage sein würde, setzte er sich dafür ein, die 180. Wiederkehr des Gründungstages festlich zu begehen. Ich sah mich veranlasst, Herrn Nierobisch bei der Vorbereitung der Feier, so gut ich konnte, zu helfen, denn die Fachhochschule Bergbau hatte die Patenschaft über die Tarnowitzer Bergschule übernommen.[43] 1995 löste der Vorsitzende die Traditionsgemeinschaft mangels hinreichender Mitgliederzahl auf. Im

---

[43] Anlässlich des Jubiläums veröffentlichte ich in Bergbau 3/1983 einen Aufsatz mit dem Titel „Bergbau und Ausbildung für den Bergbau in Oberschlesien und an der Ruhr".

Jahr 2000 lebten nur noch drei von den ursprünglich 300 Mitgliedern, und im Jahr 2002 war Ewald Nierobisch das letzte noch lebende Mitglied. Er und ich wollten gemeinsam für das Jahr 2003 einen Text zur Erinnerung an den 200. Gründungstag der Bergschule Tarnowitz verfassen. Aber in diesem Jahr starb er, und deshalb schrieb ich allein einen Aufsatz über die oberschlesische Bergschule und gedachte dabei seiner ganz besonders.[44]

Der Vorstand der WBK gab jedes Jahr für die Geschäftsführer, Instituts- und Schulleiter sowie für Pensionäre, die eine solche Funktion wahrgenommen hatten, einen Neujahrsempfang. 1979 widerfuhr mir in der Gesellschaft „Harmonie" die Ehre, im Namen der Gäste dem Vorstand die Dankesrede zu halten. Da der Redner traditionsgemäß neben dem Vorsitzenden des Vorstands saß, hatte ich schon vor meiner Ansprache die Möglichkeit, mich mit dem Vorsitzenden Fritz Ziegler zu unterhalten und einiges, das ich dabei erfuhr, mir für meine Rede zu merken. Mit dem Beginn meiner Rede wartete ich, bis die ganze Runde wieder einmal schallend lachte, denn so konnte ich aus dem Stegreif mit einer Bemerkung beginnen, die die Anwesenden zur Fortsetzung ihres Gelächters animierte. Bei der Vorbereitung der Rede hatte ich mir große Mühe gegeben, vor allem hatte ich Bezug auf die Ruhrkohle AG genommen, die am 27.11.1968 mit 56 Zechen gegründet worden war. Nun trug ich zwar die mir besonders wichtig erscheinenden Punkte eindringlich vor, aber mit anderen als den vorgesehenen Formulierungen in einer gelösten Atmosphäre. Lockere Einwürfe Fritz Ziegler gestatteten es mir, in der Reaktion darauf die Wünsche der Fachhochschule an den Vorstand deutlicher zu präzisieren als in einer nüchternen Ansprache, in der sie möglicherweise weniger freundlich aufgenommen worden wären. Fritz Zieglers erste berufliche Stationen entsprachen den meinen, auch er war Bergschüler gewesen und hatte im Betrieb gearbeitet, aber dann war er in höhere Gefilde entwichen. U.a. war er Regierungspräsident in Arnsberg. Als Vorstandsvorsitzender der Vereinigten Elektrizitätswerke VEW trat er am 31. Dezember 1998 vorzeitig in den Ruhestand.

In meine zweite Amtszeit als Rektor fiel mein 25-jähriges Dienstjubiläum. Damit ich darüber nichts selbst zu formulieren brauche, lasse ich die RDB-Zeitschrift „bergbau" sprechen:

---

[44] „Zum Gedenken an die Oberschlesische Bergschule und ihren letzten Absolventen." In: Bergbau 54, November 2003, S.523 – 524.

"*Professor Dr. Ernst Beier wurde geehrt.*

Für seine 25jährigen Tätigkeiten in den Diensten der Westfälischen Berggewerkschaftskasse wurden Professor Dr. Ernst Beier, Rektor der Fachhochschule Bergbau in Bochum, am 15. April 1982 die gebührenden Ehrungen zuteil.

Die zahlreichen Gratulanten hatten sich in den Räumen der Fachhochschule Bergbau eingefunden, um ihre Glückwünsche persönlich zu überbringen. Mit herzlichen Worten wurde die Zeremonie von Herrn Fronz, Leiter des Geschäftsbereichs „Bergbauliche Schulen und Fortbildung" in der WBK und Kanzler der Fachhochschule Bergbau, eingeleitet, dem sich die Vertreter des Landesoberbergamtes, des Lehrerkollegiums, die Gremien der Schule und der Institutionen anschlossen. Dabei wurde der berufliche Werdegang des Jubilars ausgiebig dargestellt und besonders die Person Dr. Beier gewürdigt.

Die Grüße und Glückwünsche des RDB überbrachte der Vorsitzende Dargatz, der von den Vorstandsmitgliedern Ingenabel und Nitsch sowie Hauptschriftleiter John begleitet wurde. Neben den Glückwünschen des RDB wurde Dr. Beier eine besondere Anerkennung zuteil, weil er als früherer Bergschulabsolvent und heutiger Hochschullehrer ein Vorbild des Lernenden und Lehrenden zugleich geblieben ist, der dem Ansehen und der Ausbildung unseres Berufsstandes stets wesentliche neue Impulse gibt. Die Gradlinigkeit und Kontinuität seines Handelns hätten von Anfang an Prägendes im Denken und Wirken mit der Vokabel Verantwortung verknüpft, wobei er auch Vertrauen investiert und Vertrauen gewonnen hätte. Dem herzlichen Dank für die langjährige Zusammenarbeit und seine Bemühungen zum Wohle unserer Mitglieder wurde durch die Überreichung einer Ehrengabe besonderer Ausdruck verliehen. Die Glückwünsche des Bezirksvereins Wanne-Eickel, dem Dr. Beier als Mitglied angehört, überbrachte der BV-Vorsitzende Böhnke. [Helmut Böhnke ist mein Oberklassenschüler des Jahrgangs 1960. Am 30. Oktober 1987 hat er mir die Goldene Ehrennadel des RDB angesteckt].

Dr. Beier bedankte sich anschließend herzlich bei allen Gratulanten".

Im Anschluss an die offizielle Feier ließ ich mit meiner Frau, Kollegen, Mitarbeitern, augenblicklichen und früheren Studenten den Tag im verfahrenstechnischen Labor ausklingen. Für das leibliche Wohl meiner Gäste sorgten in bewährter Art das Team von der Mensa der Ruhruniversität. Sowohl der offizielle als auch der gesellige Teil meines Jubiläums haben mir viel Freude gemacht.

Nach der Amtsübergabe hatte ich wieder Zeit, meine Vorlesungen zu aktualisieren und mich meinen Forschungsprojekten hinzugeben. Aber als ich gerade damit begonnen hatte, bot mir der WBK-Vorstand eine neue Aufgabe an. Über diese werde ich im nächsten Kapitel berichten.

Zum Abschluss dieses Kapitels zähle ich auf, mit welchen Veranstaltungen ich mich während meiner Amtszeit als Rektor befassen musste:

Im Bereich der FH Bergbau selbst leitete ich 9 Konventssitzungen, 58 Sitzungen des Senats und 124 Sitzungen mit dem Prorektor und den Dekanen und nahm außerdem an 9 Sitzungen des Beirats der FH Bergbau, dessen Geschäftsführung ich innehatte, und 9 Wochenendseminaren des Geschäftsbereiches Ausbildung teil. Teilgenommen habe ich darüber hinaus an schätzungsweise

- 5 Westdeutschen Rektorenkonferenzen
- 10 Fachhochschulrektorenkonferenzen BRD
- 50 Landesrektorenkonferenzen NRW
- 10 Dienstbesprechungen im Ministerium für Wissenschaft und Forschung NRW
- 10 Abteilungsleitersitzungen Gesamt-WBK
- 50 Abteilungsleitersitzungen WBK, Bereich Ausbildung
- 200 Besprechungen mit dem Geschäftsführer des WBK-Bereichs Ausbildung.

Für nahezu alle Kollegen hielt ich eine Laudatio anlässlich eines runden Geburtstages und darüber hinaus allein im Jahr 1982 Laudationes für ein Viertel des Kollegiums zum 25-jährigen Dienstjubiläum. Die Erstsemester begrüßte ich jeweils zur Aufnahme ihres Studiums im Großen Saal des Deutschen Bergbau-Museums und legte dabei die Entwicklung des Bergschulwesens und der WBK sowie die Organisation der FH Bergbau dar. Die Anzahl der Besprechungen mit Vertretern der Studentenschaft wage ich nicht zu schätzen.

Rektor der Fachhochschule Bergbau (1976 - 1985) 183

Als ich bereits in Pension gegangen war, hielt ich noch etliche Vorträge über das Ingenieurstudium und über Umweltfragen und schrieb einige Bücher sowie diesen, dem Leser vorliegenden Bericht.

Bild 13: Verabschiedung der letzten fünf ehemaligen Bergschullehrer 1991 (von links: Dürrer, Bischoff, Jogwich, Beier, Grönegräs)

Leiter des Instituts für Chemie
der Westfälischen Berggewerkschaftskasse
(1986-1988)

Nachdem ich das Amt des Rektors an meinen Nachfolger, den Bergmann Professor Dr. Wilfried Ufer, weitergegeben hatte, nahm ich Verbindungen zu Kollegen in der Praxis auf, um meine anwendungstechnischen Vorlesungen zu aktualisieren. Ich war noch voll mit deren Überarbeitung beschäftigt, als mich eines späten Abends nach einer Sitzung des WBK-Vorstands der Geschäftsführer Manfred Fronz anrief und mir mitteilte, der Vorstand würde es sehr begrüßen, wenn ich noch einmal die Ärmel aufkrempelte und die Leitung des Instituts für Chemie übernähme. Der bisherige Leiter des Instituts Dr. Hans Mertens war vorzeitig in Pension gegangen und die kommissarische Leitung hatte sein Vertreter Dr. Klaus Wörsdorfer inne. In diesem Institut hatte ich von 1957 bis 1962 meine Doktorarbeit durchgeführt und die Verbindung zu den Mitarbeitern über Jahrzehnte aufrecht erhalten. Allerdings war ich mit der modernen Analytik nicht allzu vertraut, d.h. falls ich die Leitung übernähme, würde ich mich noch einmal ganz erheblich anstrengen müssen, um mich in diese einzuarbeiten. Nach Beratung mit meiner Frau und meinen Kindern stimmte ich am nächsten Morgen der Übernahme des Amtes unter der Voraussetzung zu, dass die im Folgenden genannten Einzelheiten noch geregelt werden müssten.

Regelbedürftig waren u.a. besoldungsrechtliche Fragen. Da mir bereits mehr als 35 besoldungsrechtlich wirksame Dienstjahre anerkannt worden waren, hätte ich den Vorschlag der WBK akzeptieren können, ganz aus den Diensten der FH Bergbau auszuscheiden. Mir war jedoch daran gelegen, an der Fachhochschule weiterhin Seminare zu halten und zur Fortführung meiner Forschungsprojekte Diplomarbeiten zu betreuen. Schließlich wurde eine Regelung gefunden, die vor allem für die WBK den Vorteil hatte, dass das Land trotz meiner Tätigkeit als Institutsleiter den größten Teil meines Gehaltes zahlte. Diese Regelung geht aus einem Schreiben der Geschäftsführung vom 26.6.1986 hervor:

Leiter des Instituts für Chemie (1986 - 1988)

Betr.: Teilbeurlaubung aus Ihrer Tätigkeit als Professor an unserer Fachhochschule Bergbau

„Sehr geehrter Herr Dr. Beier,

ab 01. März 1986 beurlauben wir Sie teilweise aus Ihrer o.a. Tätigkeit für die Leitung unseres Instituts für Chemie mit der Maßgabe, daß Sie weiterhin mit 10 Vorlesungsstunden/Woche an unserer Fachhochschule Bergbau tätig sind.

Das Ministerium für Wissenschaft und Forschung NW hat mit Schreiben vom 18. Juni 1986 Ihrer Teilbeurlaubung unter Fortfall der Dienstbezüge zugestimmt und gleichzeitig anerkannt, daß die während der Teilbeurlaubung ausgeübte Tätigkeit als Leiter unseres Instituts für Chemie öffentlichen Interessen dient. [...] Da sie mit mehr als der Hälfte der Sollstunden an der Fachhochschule Bergbau eingesetzt sind, tritt hinsichtlich der Beihilfeberechtigung keine Änderung ein."

Am 1. März 1986 übernahm ich die Leitung des Labors. Bevor ich über die Arbeiten des Instituts berichte, gebe ich einen kurzen Überblick über die Geschichte dieses Instituts und der Westfälischen Berggewerkschaftskasse. Wie ich im Kapitel „Lehrer an der Bergsschule" dargestellt habe, wurde im Jahre 1816 in Bochum eine Bergschule gegründet. Zur Finanzierung solcher Schulen und anderer Aufgaben bestanden Berggewerkschaftskassen, in die die Bergbauunternehmen, die damals Berggewerkschaften hießen, ihrer Kohlenförderung entsprechende Beträge einzahlen mussten. Im Jahre 1864 wurden die Essen-Werdensche und die Märkische Berggewerkschaftskasse zur Westfälischen Berggewerkschaftskasse WBK zusammengeschlossen. Die WBK nahm sich der Ausbildung der Bergschüler an und richtete außerdem im Laufe der Jahre folgende „Institute" ein:

1869 Chemisches Laboratorium mit Kohlenversuchsstation
1872 Markscheiderei
1888 Metereologische Station
1891 Geologische Abteilung
1894 Bergbauversuchsstrecke
1908 Geophysikalische Warte
1919 Geologisches Museum
1921 Wasserwirtschaftsstelle
1923 Seilprüfstelle
1923 Prüfstelle für Grubenbewetterung
1924 Maschinentechnische Abteilung
1930 Bergbau-Museum

Im Laufe von mehr als hundert Jahren wurden einige Institute entsprechend der Änderung ihrer Aufgaben umbenannt oder mit anderen Instituten zusammengelegt. Die einzelnen Institute gehörten entweder dem Bereich Prüfinstitute oder Technisch-Wissenschaftliche Institute an. Neben der WBK war im Jahre 1958 die Bergbauforschung mit ähnlichen Aufgaben gegründet worden. Die WBK und die Bergbauforschung wurden zum 1.Januar 1990 zur Deutschen MontanTechnologie DMT vereinigt und damit wurde auch das WBK-Institut für Chemie mit entsprechenden Instituten der Bergbauforschung zusammengefasst.

Das Chemische Institut, das 1869 zunächst „Chemisches Laboratorium mit Kohlenversuchsstation" hieß, hatte sich nach seiner Gründung zur bedeutendsten Institution des Ruhrgebiets für die Untersuchung von Steinkohlen entwickelt. Heute noch übliche Verfahren zur Kohlenuntersuchung und Begriffe für die Kohlentechnologie stammen aus diesem Institut. Beginnend mit der Gründung von Buntes Gasinstitut im Jahre 1907 und später vor allem durch die Gründung der Essener Bergbauforschung und von gut eingerichteten Zechenlaboratorien erwuchsen dem WBK-Institut für Chemie in seinem Arbeitsbereich Konkurrenten. Da es nicht sinnvoll erschien, das Institut so auszubauen, dass es auf allen Gebieten mit der Konkurrenz Schritt halten konnte, spezialisierte es sich immer stärker und befasste sich in den letzten Jahren, ausgehend von Umweltproblemen, die durch den Steinkohlenbergbau aufgetreten waren, ganz allgemein mit Umweltanalytik, wobei die Umwelt des Bergmanns einen Schwerpunkt bildete. In den letzten Jahren vor der Vereinigung mit Instituten der Bergbauforschung führte es keine Routineuntersuchungen mehr durch, sondern befasste sich mit der Verbesserung der Arbeitsbedingungen, z.B. der Wetter, und untersuchte besondere Situationen an Ort und Stelle oder simulierte sie im Labor. Dabei arbeitete es in vielen Fällen mit anderen WBK-Instituten sowie dem Landesoberbergamt NW, der Bergbauforschung GmbH, den Bergwerken und dem Rheinisch-Westfälischen Technischen Überwachungsverein e.V. zusammen. An Forschungsprojekten der letzten Zeit sind besonders zu nennen:

- die Beeinflussungsmöglichkeiten der Zusammensetzung der Abgase von Dieselmotoren,

- das Zersetzungsverhalten von Kunststoffen und Hydraulikflüssigkeiten im Brandfall,

- die Mobilisierung von Stoffen aus Bergen durch hindurchsickerndes Wasser

- die Verwitterung von Steinkohlen.

Leiter des Instituts für Chemie (1986 - 1988)

Nach der Übernahme der Stelle des Institutsleiters musste ich mich mit dem Stand der Umweltanalytik vertraut machen. Da ich wohl die Entwicklung der Verfahren verfolgt, mir aber nicht die Abkürzungen der Verfahrensbezeichnungen eingeprägt hatte, bat ich zunächst meinen Mitarbeiter Albert Althaus, mir eine Liste mit den gebräuchlichen Abkürzungen zu erstellen. Einige Wochen dauerte es, bis ich mit diesen vertraut war.

Mit der Leitung des Instituts übernahm ich es auch, zwei umfangreiche Arbeiten, für die die WBK schon vor meiner Zeit Zuwendungen erhalten hatte, zum Abschluss zu bringen. Für die erste Arbeit lag das Analysenmaterial vor, aber ich hatte wochenlang zu tun, um es auszuwerten und den - nach meiner Erinnerung nahezu 100 Seiten umfassenden - Text zu formulieren. Mit der zweiten Arbeit, „Pyrolyse von Werkstoffen unter dem Einfluß von Luft", hatte sich Dr. Klaus Wörsdorfer befasst, der inzwischen aus den Diensten der WBK ausgeschieden war. Ich wurde als Leiter des Instituts vom Landesoberbergamt aufgefordert, die Arbeit, deren Abgabetermin längst überschritten war, einzureichen. Diese Aufforderung gab ich an den Verantwortlichen Dr. Wörsdorfer weiter. Dieser war aber nur unter der Voraussetzung zur Fertigstellung der Arbeit bereit, dass das Institut ihm dafür 12.000 DM bezahlte. Der Geschäftsführer Franz Rudolf Limper teilte mir zu dieser Forderung mit, dass ihm Dr. Wörsdorfer bei den Verhandlungen über sein Ausscheiden aus den Diensten der WBK zugesagt habe, die Arbeit zum Abschluss zu bringen. Da hierüber kein Schriftstück vorlag, hatte die WBK kein Druckmittel in der Hand. Um die Verpflichtungen der WBK gegenüber dem Landesoberbergamt zu erfüllen, sagte ich Herrn Dr. Wörsdorfer die Bezahlung zu, und dieser lieferte die Arbeit ab. Die Bezahlung erfolgte zu Lasten von Anschaffungen für das Institut.

Als ich die Leitung des Instituts übernahm, hatten bereits Besprechungen mit dem Landesoberbergamt über ein Projekt stattgefunden, mit dem das Verhalten von Hydraulikflüssigkeiten - das sind Flüssigkeiten, die in Maschinen zur Kraft- und Leistungsübertragung dienen - im Brandfall untersucht werden sollte. Hauptziel des Projektes war es zu erkennen, in welchem Maße untertage Beschäftigte in einem solchen Fall gefährdet wären. Ich setzte mich sehr für dieses Projekt ein. Der Minister für Wirtschaft, Mittelstand und Technologie des Landes Nordrhein-Westfalen genehmigte es und stellte dafür, wenn ich mich richtig erinnere, etwa 700.000 DM zur Verfügung. Für die Projektbegleitung war das Landesoberbergamt zuständig.

An entsprechenden Untersuchungen über das Verhalten der zu der Zeit überwiegend eingesetzten Hydraulikflüssigkeiten bestand im Bergbau besonderes Interesse, weil nicht auszuschließen war, dass aus diesen im Brandfall überaus giftige polychlorierte Dibenzodioxine PCDD und polychlorierte Dibenzofurane PCDF entstehen. Nach vielen Besprechungen, u.a. in der Hauptstelle für Grubenbewetterung des Steinkohlenbergbauvereins, der Versuchsgrube Tremonia, bei der Deutschen BP AG in Wedel und der Firma Theunissen entwickelten und verbesserten mein Mitarbeiter Albert Althaus und ich eine Apparatur, mit der die Verhältnisse untertage befriedigend simuliert werden konnten.

Wenn bei einem Feuer die in Brand geratenen Stoffe vollständig verbrennen würden, bestünde bei den meisten Stoffen keine Vergiftungsgefahr durch Brandgase. Anders ist es bei unvollständigen Verbrennungen.

Alle organischen Stoffe zersetzen sich, wenn sie unter Luftabschluss stark genug erhitzt werden. Dieser Vorgang heißt Pyrolyse (von grch. pyros = Feuer, lysis = Lösung, Auflösung, Zersetzung)). Steht bei einem Brand für eine vollständige Verbrennung nicht genügend Sauerstoff zur Verfügung, dann bilden sich aus kohlenstoff- und wasserstoffhaltigen Verbindungen nicht nur die in der Regel harmlosen Verbrennungsprodukte Kohlendioxid und Wasser, sondern auch giftige Stoffe wie z.b. das Kohlenmonoxid. Noch größer ist die Gefahr der Entstehung giftiger Stoffe, wenn die brennenden Stoffe nicht nur aus Kohlenstoff, Wasserstoff und Sauerstoff bestehen. Die unvollständige Verbrennung, oder anders ausgedrückt, die Pyrolyse in Anwesenheit von Luftsauerstoff, dessen Menge jedoch nicht für eine vollständige Oxidation ausreicht, bezeichneten wir als Oxipyrolyse.

Die exakte Zusammensetzung der verschiedenen Hydraulikflüssigkeiten wurde von den Firmen im allgemeinen nicht bekannt gegeben; es war jedoch bekannt, dass die meisten von ihnen sowohl Benzolringe als auch Chlor enthielten, dass also die Gefahr der Bildung von PCDD und PCDF bestand.

Wir führten Oxipyrolysen unter verschiedenen Bedingungen ohne und mit Einsatz von Filterselbstrettern durch und fingen dabei die Reaktionsprodukte auf und untersuchten sie. Da wir ausrüstungsmäßig nicht in der Lage waren, die PCDD und PCDF selbst zu bestimmen, arbeiteten wir zur Ermittlung dieser Stoffe mit der Münsterschen „Gesellschaft für Arbeitsplatz- und Umweltanalytik" zusammen. Eine einzige Analyse auf PCDF- und PCDD-Verbindungen kostete uns 3.000 DM.

Die Arbeit zeigte, dass nicht die extrem giftigen PCDF und PCDD die größte akute Gefahr bei einem Brand von Hydraulikflüssigkeiten darstellen, sondern bei chlorhaltigen Flüssigkeiten der dabei entstehende Chlorwasserstoff. Bei anderen Hydraulikflüssigkeiten wurden gefährliche Aldehydkonzentrationen gemessen, immer auch Kohlenmonoxid. Chlorwasserstoff und Aldehyde sind wegen ihrer Reizwirkung gefährlich, denn dadurch können Betroffene die Orientierung verlieren. Die Kohlenmonoxidgehalte waren so gering, dass sie sich bei einem gesunden jungen Mann innerhalb einiger Minuten gar nicht auf sein Befinden auswirken würden. Bei Grubenbränden dürfte eine Kohlenmonoxidbildung aus der Kohle eine größere Rolle als aus Hydraulikflüssigkeiten spielen.[45]

Um die Bekanntheit des Instituts zu steigern und die Mitarbeiter in Arbeit zu halten, bemühte ich mich erfolgreich, für das Institut die „Bekanntgabe als Messstelle gemäß §§ 26 und 28 BImSchG" vom 24.5.1988 zu erreichen. Voraussetzung für die Anerkennung war eine nachzuweisende Qualifikation des Leiters, die keine Schwierigkeiten bereitete, da ich seit 15 Jahren das Fachhochschul-Labor für Analytische und Präparative Chemie, seit 12 Jahren das Labor für Chemische und Thermische Verfahrenstechnik und seit 3 Jahren das WBK-Institut für Chemie leitete und darüber hinaus 40 technische Veröffentlichungen vorweisen konnte, die sich überwiegend mit Umweltfragen befassten. Weiterhin hatte sich unser Institut entsprechend den gesetzlichen Forderungen erfolgreich an Ringversuchen[46] beteiligt.

---

[45] Eine Kurzfassung dieser Arbeit wurde in Glückauf-Forschungshefte 51 (1990) Nr. 4, S 163-171 veröffentlicht: Ernst Beier und Albert Althaus: „Verhalten von Hydraulikflüssigkeiten bei Bränden."

[46] Bei Ringversuchen handelt es sich um Reihenuntersuchungen zur Beurteilung von Analysenverfahren oder der Qualifikation von Laboratorien. Bei einem Ringversuch bekommen alle Teilnehmer die gleiche Probe und melden ihre Analysenergebnisse an den Leiter des Ringversuchs. Anschließend werden die Ergebnisse und die Analysenverfahren diskutiert.

Bild 14: Ernst Beier an seinem 60. Geburtstag mit Mitarbeitern seines Instituts (1987)

Am 8.4.1988 bat mich der Vorstand des Steinkohlenbergbauvereins, als Gast an den Sitzungen des Fachausschusses „Chemische Kohlenveredlung und Analytik" teilzunehmen. Über meine Tätigkeit in Ausschüssen und Arbeitskreisen berichte ich in einem besonderen Kapitel.

Wissenschaftliche Arbeiten

Meine erste umfangreiche schriftliche Arbeit war eine einschließlich der Zeichnungen 95 Seiten umfassende Beschreibung einer Fischer-Tropsch-Anlage zur Umwandlung von Steinkohlen in Kohlenwasserstoffe, die ich als Lehrling mit 16/17 Jahren, anfangs gemeinsam mit Fritz Kampmann erstellte, der gerade seine Lehre abgeschlossen hatte. Allerdings darf ich diese Arbeit noch nicht wissenschaftlich nennen, denn sie war rein beschreibend, enthielt also keinerlei neue Erkenntnisse. Immerhin diente sie vielen Mitarbeitern von Fischer-Tropsch-Anlagen zur Information über die einzelnen Betriebe dieser Anlagen und ist noch Jahrzehnte später, als eine Entscheidung darüber zu fällen war, welches Kohlenveredelungsverfahren technisch weiter entwickelt werden sollte, zu Rate gezogen worden. Das Gleiche gilt für andere beschreibende Arbeiten, mit denen ich erfolgreich an technischen Wettbewerben teilnahm (s. Kapitel „Bergschulstudium").

Meine erste wissenschaftliche Arbeit befasste sich mit einem analytischen Verfahren zur Überwachung von Entphenolungsanlagen, über das ich ebenfalls im Kapitel „Bergschulstudium" berichtete.

Meine Diplomarbeit, bei der es um die Bestimmung von Molekulargewichten von Huminsäuren ging, war zwar wissenschaftlich, aber um sie für Laien verständlich darzustellen, brauchte ich mehr Raum, als es dieser Biografie gut täte. Auf einen Aspekt dieser Arbeit bin ich allerdings im Kapitel „Hochschulstudium (1952 -1957)" eingegangen.

Meine Doktorarbeit über die Verwitterung von Steinkohlen bot hingegen einige Aspekte, die einen größeren Kreis von Lesern interessieren dürften. Aus der Doktorarbeit entwickelten sich Fragestellungen, die ich, gewissermaßen als Hobby, neben meiner eigentlichen Arbeit als Lehrer in einem Zeitraum von vierzig Jahren zu lösen versuchte. Auf meine Lösungsversuche werde ich in dieser Reihenfolge eingehen:

1) Sauerstoffaufnahme und Abgabe von Kohlenoxiden beim Lagern von Kohlen an Luft

2) Änderung der Eigenschaften von Kohlen durch Oxidation an Luft

3) Katalysierung der Kohlenoxidation durch Eisensalze

4) Einsatz von Mikroben zur Entschweflung von Kohlen

5) Einsatz von Mikroben zur Enteisenung von Wässern

6) Einsatz von Mikroben bei der Rekultivierung von Braunkohlentagebauen

7) Einsatz von Mikroben zur Entfernung von Kohlenmonoxid aus Luft

Zu 1): Mehr als 50 Kohlen und einige andere Stoffe lagerte ich in geschlossenen Behältern, sogenannten Exsikkatoren bei unterschiedlichen Luftfeuchtigkeiten und Temperaturen. Die Exsikkatoren waren mit einem Hahn versehen, durch den ihnen Gas entnommen oder Luft in sie eingelassen werden konnte. Alle Kohlen und die meisten anderen organischen Stoffe nahmen beim Lagern aus der Luft Sauerstoff auf und gaben Kohlendioxid ab, und zwar in der Regel am meisten in sehr feuchter und ganz wenig in völlig trockener Luft. Als Beispiel für die Größenordnung dieser Effekte sei angegeben, dass 100 Gramm einer Gaskohle in 37 Jahren in sehr feuchter Luft 5 Gramm Sauerstoff aufnahmen und 1,5 Gramm Kohlendioxid abgaben. An Kohlenmonoxid emittierten sie in derselben Zeit nur 0,05 Gramm. Bei einigen Versuchen stellten sich in den Gefäßen für Menschen tödliche Konzentrationen an Kohlenmonoxid ein. Weshalb trotzdem in Kohlenkellern keine tödlichen Vergiftungen mit Kohlenmonoxid auftreten, lege ich unter „Zu 6)" dar. Dass Kohlenmonoxid beim Lagern von Kohlen an Luft gewöhnlicher Temperatur entsteht, war zu Beginn meiner Versuche noch nicht bekannt. Nicht bekannt war ebenfalls, in welchem Maße die Oxidationsgeschwindigkeit von der Luftfeuchtigkeit abhängt, und überraschend war die geringe Sauerstoffaufnahme von 5 Gramm je 100 Gramm Kohle bei gewöhnlicher Temperatur und für die Oxidation günstigsten Luftfeuchtigkeiten in dem sehr langen Zeitraum von 36 Jahren.

Zu 2) Damit aus Steinkohlen gute Kokse entstehen, müssen sie bestimmte Eigenschaften besitzen, die unter dem Begriff Verkokungsvermögen zusammengefasst werden. Dieses Verkokungsvermögen geht beim Lagern von Kohlen in feuchter Luft schon im Laufe eines halben Jahres weitgehend verloren. Nahezu unverändert waren hingegen nach einer Lagerzeit von 37 Jahren der Gehalt der Kohlen an Flüchtigen Bestandteilen und der Heizwert. Die Flüchtigen Bestandteile geben den prozentualen Massenverlust an, den die Kohlen beim Erhitzen unter festgelegten Bedingungen erleiden. Da sich die Eigenschaften der Kohlen schon in verhältnismäßig kurzer Lagerzeit ändern, kann die chemische Zusammensetzung nicht erhalten bleiben. Das bedeutet, dass nach der Lagerzeit von 37 Jahren zwar je 100 Gramm gelagerter Kohle beim Erhitzen eine ebenso große Stoffmenge entweicht wie aus 100 Gramm grubenfrischer Kohle, dass die flüchtigen Stoffe nach der Lagerung der Kohlen aber anders zusammengesetzt sein müssen. Dass sich der Heizwert der untersuchten Kohle selbst nach einer Lagerzeit von 37 Jahren und einer Sauerstoffaufnahme von 5 Gramm je 100 Gramm Kohle nur um etwa 2 % vermindert hat, hat selbst Fachleute überrascht. Diese Erscheinung sei an Hand eines einfachen Beispiels erläutert:

Durch Oxidation von Toluol $C_6H_5CH_3$ entsteht Benzoesäure C_6H_5COOH. Der Heizwert von Benzoesäure ist um 38 % geringer als der Heizwert des Toluols. Entsprechend sollte man auch bei der Kohle annehmen, dass ihr Heizwert durch Oxidation sinkt. Wenn die Benzoesäure jedoch Kohlendioxid abspaltet, dann entsteht Benzol C_6H_6, und dessen Heizwert ist fast ganz genau so hoch wie der des Toluols. Dementsprechend steigt auch der Heizwert der Kohle durch Abspaltung von Kohlendioxid an. Nicht der Heizwert der Kohle hat sich während der mit einer Kohlendioxidabspaltung verbundenen Oxidation vermindert, sondern die Masse der Kohle. In dem Rechenbeispiel über die Oxidation von Toluol unter Bildung von Benzol sind aus 1000 g Toluol 847 g Benzol entstanden.

Zu 3) Es hat etliche Jahre gedauert, bis ich bewiesen hatte, dass die Oxidation der Kohle durch Eisensalze katalysiert wird. Auf den Weg gebracht wurde ich durch einen Fehler, der in einem Verfahren zur Bestimmung von Peroxiden in der Kohle lag. Der Peroxidgehalt der Kohlen interessierte mich, weil ich wie auch andere Kohlenforscher vermutete, dass der erste Schritt in der Kohlenoxidation in der Bildung von Peroxiden besteht. Sehr vereinfacht dargestellt, ließ ich eine farblose Eisen(II)-rhodanidlösung durch fein gemahlene vorher an der Luft gelagerte Kohlen sickern. Durch die Peroxide entstand rotes Eisen(III)-rhodanid. In einem Fall hatte ich die Kohle unbeabsichtigt so fein gemahlen, dass die Lösung nicht durch sie hindurchsickerte. Sie färbte sich aber über der Kohle durch die Reaktion mit den Peroxiden in den obersten Kohlenschichten rot. Da ich den Versuch aus Zeitmangel nicht mehr abschließen konnte, ließ ich die Versuchsanordnung über ein Wochenende stehen, und in der Zeit entfärbte sich die Lösung wieder. Ich hielt es für wahrscheinlich, dass die Kohle auf zwei Arten mit der Lösung reagierte: einmal in einer schnellen Reaktion, in der die Peroxide die zweiwertigen Eisensalze unter Rotfärbung zu dreiwertigen Eisensalzen oxidieren, und zum anderen in einer langsamen Reaktion, bei der die Kohle die entstandenen dreiwertigen Eisensalze unter Entfärbung wieder reduziert. Durch weitere Versuche konnte ich diese Annahme bestätigen.

Wasserlösliche Eisensalze müssen demnach die Oxidation der Kohlen folgendermaßen katalysieren: Dreiwertige Eisensalze oxidieren die Kohlen, wobei sie zu zweiwertigen Salzen reduziert werden. Die zweiwertigen Eisensalze werden wieder an der Luft zu dreiwertigen Eisensalzen oxidiert usw.

Es war bekannt, dass die Steinkohlen Eisen enthalten, allerdings überwiegend in Form nicht wasserlöslicher sulfidischer Erze, wie Pyrit. Unter sterilen Bedingungen oxidiert sich der Pyrit an der Luft praktisch nicht, wohl aber unter natürlichen Bedingungen, unter denen fast immer Mikroben mitwirken. An 13 verschiedenen Fundorten entnommene Kohlen- und Erzproben enthielten ausnahmslos den Thiobacillus ferrooxidans. Dieser Bacillus oxidiert vorzugsweise lösliche zweiwertige Eisensalze zu dreiwertigen, er oxidiert aber auch Pyrit unter Bildung löslicher Salze. Die bei diesen Oxidationsprozessen frei werdende Energie braucht der Thiobacillus zum Leben.

Wissenschaftliche Arbeiten 195

Bild 15: Ernst Beier demonstriert die Fresssucht von Thiobazillen (1988) vor ehemaligen Oberklassenschülern aus dem Jahr 1960

Ein Weg der natürlichen Kohlenoxidation ist demnach folgender: Durch Mikroben wird Pyrit unter Bildung dreiwertiger Eisensalze oxidiert, diese oxidieren die Kohlen, und der Prozess läuft weiter wie oben beschrieben. Welche Bedeutung diese Erkenntnis nicht zuletzt für die Sicherheit der Bergleute hat, beschrieb ich im Kapitel „Dozent an der Ingenieurschule für Bergwesen".

Zu 4) Zu der Zeit, als ich mich mit diesen Untersuchungen befasste, durfte schwefelarme Kohle ohne besondere Maßnahmen zur Entschwefelung der Rauchgase in Kraftwerken verfeuert werden. Kohlen mit ursprünglich höherem Schwefelgehalt durften nach Verminderung ihres Schwefelgehalts eingesetzt werden. In jahrelangen Untersuchungen ermittelte ich deshalb die günstigsten Bedingungen für die Entpyritisierung von Kohlen, also der Entfernung eines Anteils des Kohlenschwefels, mit Hilfe des Thiobacillus ferrooxidans. Um die Versuche und deren Ergebnisse darzustellen, müsste ich weiter auf theoretische Vorstellungen eingehen, als es mir für diese Erinnerungen angebracht erscheint. Ich verweise deshalb auf meine im letzten Kapitel aufgeführten Veröffentlichungen, zu denen ein 18-seitiger Beitrag in einem amerikanischen Lehrbuch gehört.

Über diese Arbeiten hielt ich im In- und Ausland mehrere Vorträge. Für die Zeit vom 13. bis 17. Oktober 1985 hatte mich die Ohio State University in Columbus zu einem Vortrag über die Entfernung von Pyrit aus Kohlen mit Hilfe von Mikroben eingeladen. Ich nahm die Einladung an. Da ich Englisch nur im Selbststudium gelernt hatte, trug ich Bedenken, in der Diskussion in Englisch nach dem Vortrag meinen Mann zu stehen. Deshalb flog ich im März des Jahres für 14 Tage nach Cambridge und nahm an einem „full-time course in English" teil. In diesen Tagen sprach ich mit Lehrerinnen, Lehrern und anderen Kursteilnehmern ausschließlich Englisch; vor allem wurde ich dabei immer wieder aufgefordert, über meine wissenschaftlichen Arbeiten zu berichten.

Da mein Vortrag in Columbus großes Interesse fand, wurde ich gebeten, ihn in einer erweiterten Fassung zu einer Veröffentlichung einzureichen. Er erschien mit einem Umfang von 20 Seiten in Band 9 der Reihe „Coal Science and Technology".

Wissenschaftliche Arbeiten 197

Bild 16: Ernst Beier bei einem Gespräch mit dem Pressesprecher der State University Columbus/Ohio nach seinem Vortrag

Zu 5) Insbesondere im Erz- und Braunkohlenbergbau fallen gewaltige Mengen an Wässern mit *zweiwertigen* Eisensalzen an, die im Gegensatz zu *dreiwertigen* Eisensalzen nicht leicht als Hydroxide ausgefällt werden können. Eine einfache Oxidation der zweiwertigen Eisensalze durch Luftsauerstoff ist möglich, wenn die Wässer nicht sauer sind; aber die meisten Wässer sind sauer. In der Aufbereitungsanlage für Grubenwässer wurden solche Wässer deshalb bis zur schwach alkalischen Reaktion mit Kalkmilch versetzt, und durch Einblasen von Luft wurde das Eisen als Eisen(III)-hydroxid abgeschieden.

Da der Thiobacillus ferrooxidans zweiwertiges Eisen auch im sauren Bereich bis hinunter zu pH-Werten von 1,8 oxidiert, konnte bei Einsatz dieser Bazillen auf den Zusatz von Kalk verzichtet werden. In Anwesenheit der Thiobazillen entstand durch Belüftung dreiwertiges Eisen, das an Kalkstein in Form seines Hydroxids abgeschieden werden konnte:

$3\ CaCO_3 + Fe_2(SO_4)_3 + 3\ H_2O = 3\ CaSO_4 + 2\ Fe(OH)_3 + 3\ CO2$

Der verbleibende, stark eisenhaltige Kalkstein erschien mir als Hochofenzuschlag geeignet. Versuche habe ich nicht mit ihm durchgeführt.

Im rheinischen Braunkohlentagebau hat sich ein anderes, aber ebenfalls auf die Wirkung von Mikroben zurückzuführendes Verfahren bewährt. Vor dem Braunkohlenabbau werden die Lagerstätten mit Hilfe von Bohrlöchern entwässert. Beim Bohren werden zwangsläufig Thiobazillen mit eingeschleppt. Diese Bazillen siedeln sich in den Gesteinsporen an. Wird nun einfach das Grundwasser aus dem Gestein abgesaugt, dann können die Thiobazillen die in ihm enthaltenen zweiwertigen Eisensalze nicht oxidieren, weil ihnen kein Sauerstoff zur Verfügung steht. Unterbricht man jedoch die Absaugung des Grubenwassers und presst statt dessen gut belüftetes Wasser ein, dann halten die Bazillen Sauerstoff fest. Wird nun das eingepresste Wasser und wieder Grubenwasser mit nicht zu großer Geschwindigkeit abgesaugt, dann nehmen die Bazillen die zweiwertigen Eisensalze auf und oxidieren sie mit Hilfe des von ihnen vorher aufgenommenen Sauerstoffs und scheiden dafür dreiwertige Eisensalze aus. Diese hydrolysieren sofort unter Bildung unlöslichen Eisen(III)-hydroxids, das sich in den Poren ablagert und so dem Wasser entzogen wird. Es dauert etliche Jahre, bis die Bohrlöcher nicht mehr betrieben werden können, weil die Poren durch Eisenhydroxid verstopft sind.

Zu 6) Im Rahmen von Rekultivierungsmaßnahmen im Braunkohlentagebau werden Deckgestein und Boden, die vorher abgetragen worden waren, nach landschaftsgärtnerischen Gesichtspunkten zur Neugestaltung der ausgekohlten Flächen genutzt. Dabei werden häufig Seen angelegt. Das verbleibende Land wird durch Aussaaten und Anpflanzungen begrünt. Nicht selten gehen die Pflanzen zunächst gut an und sterben dann aber ab. Dies ist in aller Regel darauf zurückzuführen, dass durch Oxidation von Pyrit, der durch die Bearbeitung des Materials in obere Bodenschichten gelangt ist, Schwefelsäure entsteht, an der die Pflanzen zu Grunde gehen. An der Pyritoxidation sind die Thiobazillen maßgeblich beteiligt. Da es nicht möglich ist, die Thiobazillen von großen Freiflächen fernzuhalten, empfiehlt es sich, den für die Abdeckung vorgesehenen Boden schon vor seinem Einsatz mit in einer Kultur von Thiobazillen anzureichern, gut feucht zu halten, zu belüften und zum Schluss gründlich zu wässern. Dadurch wird der Pyrit oxidiert und die dabei entstehende Schwefelsäure ausgewaschen, so dass der Boden nach einiger Zeit zur Abdeckung eingesetzt werden kann.

Zu 7) Schon im Kapitel „Doktorarbeit" ging ich auf die Oxidation von Kohlenmonoxid durch Mikroben ein. Nach Abschluss dieser Arbeit entwickelte ich im verfahrenstechnischen Labor der FH Bergbau mit meinen Mitarbeitern verschiedene Apparate, in denen es uns gelang, mit Hilfe von Mikrobensuspensionen Kohlenmonoxid mit akzeptabler Geschwindigkeit aus verunreinigter Luft auszuwaschen. Das Bundesforschungsministerium lehnte in den siebziger Jahren einen Antrag zur Förderung dieser Arbeiten mit dem Hinweis ab, derartige Mikroben gäbe es nicht. Reichlich zehn Jahre später erzählte ich einem Mikrobiologen etwas von meinem Antrag. Er sagte mir daraufhin: „Das Forschungsministerium hatte Recht; diese Mikroben gibt es erst seit 1980". 1997 las ich in den VDI-Nachrichten, dass die Luft im Hamburger Elbtunnel mikrobiologisch von Kohlenmonoxid und anderen Schadstoffen befreit werden soll.

In der Endphase wurden meine Forschungen, die ich lange Zeit als Hobby und dann mit Hilfe von Diplomanden durchführte, unterstützt: einmal mit einem größeren Betrag vom Minister für Wissenschaft und Forschung des Landes Nordrhein-Westfalen und neunmal mit kleinen Beträgen des Stifterverbandes für die deutsche Wissenschaft. Ein abschließender Bericht über meine Forschungsarbeiten erschien im November 2001 in den Glückauf-Forschungsheften.

Mitarbeit in Arbeitskreisen und Ausschüssen

Im Laufe meines Berufslebens wirkte ich an der Bergschule, der Ingenieurschule für Bergwesen und an der Fachhochschule Bergbau in vielen ihrer Arbeitskreise und Ausschüsse mit. Über diese berichtete ich bereits in den entsprechenden Kapiteln. Darüber hinaus war ich in folgenden Gremien tätig:

BIA	Arbeitskreis „Messstellen"
DIN*	Arbeitsausschuß „Chemische Terminologie"
DIN	Arbeitskreis „Bestimmung von Vinylchlorid in Wasser"
FI	Gesprächskreis „Forschung und Industrie"
FV*	Arbeitskreis „Bochum"
IHK*	Arbeitskreis „Umweltschutz"
K2G*	Wissenschaftlicher Beirat
StBV	Fachausschuß „Analytik von Rohstoffen und Produkten"
StBV	Arbeitskreis „Chemische Kohlenveredlung und Analytik"
StBV*	Kohlenpetrographische Arbeitsgemeinschaft
STUVA	Arbeitskreis „Meßstrategie"
VDEh	Chemikerausschuß
VDI*	Beirat der Bezirksvereine
VDI-Bo*	Arbeitskreis „Umwelt und Technik"
VG	Arbeitskreis „Sicherheitliche Anforderungen an Bergbaubetriebsmittel aus Kunststoffen"

Die Abkürzungen haben folgende Bedeutungen:

BIA:	Berufsgenossenschaftliches Institut für Arbeitssicherheit
DIN:	Deutsches Institut für Normung
FI	Gesprächskreis Forschung und Industrie in der GdF

FV:	Förderverein Bergbauhistorischer Stätten Ruhrrevier e.V.
IHK:	Industrie- und Handelskammer
K2G:	Studiengesellschaft Kohlegewinnung 2. Generation
StBV:	Steinkohlenbergbauverein
STUVA:	Studiengesellschaft für unterirdische Verkehrsanlagen
VDEh:	Verein Deutscher Eisenhüttenleute
VDI-Bo:	Verein Deutscher Ingenieure, Bochumer Bezirksverein
VG:	Versuchsgrubengesellschaft

Im Rahmen dieser Erinnerungen würde es zu weit führen, meine Tätigkeit in allen Gremien zu beschreiben, auf die markierten Gremien (*) werde ich jedoch eingehen:

DIN-Arbeitsausschuss „Chemische Terminologie" AChT:

Als mein Kollege Dr. Bernard Braukmann Mitte der 70er Jahre in Pension ging, fragte er mich, ob ich als sein Nachfolger in diesem „selbstständigen Arbeitsausschuss" mitarbeiten wolle. Der Arbeitsausschuss befasste sich mit den wissenschaftlichen Fachwörtern der Chemie, den Termini und deren Normung auf nationaler und internationaler Ebene sowie mit den Verfahren der chemischen Analytik und deren Auswertung. Ich war nicht zuletzt im Interesse meiner Studenten zur Mitarbeit bereit, denn dadurch blieb ich in der Entwicklung der chemischen Terminologie, die ich für meine Vorlesungen brauchte, auf dem Laufenden. Ich nahm zunächst als Gast und nach dem Ausscheiden meines Kollegen als Mitglied an den Sitzungen teil.

Nach der „Richtlinie für Normenausschüsse" von Juli 1987 hat ein Arbeitsausschuss „... darüber zu wachen, daß seine zu erarbeitenden und bereits vorhandenen Normen im Einklang mit dem Stand der Technik, den Erkenntnissen der Wissenschaft sowie mit den anderen Deutschen Normen stehen". „Normenausschüsse" und „selbstständige Arbeitsausschüsse" im DIN tragen verantwortlich die nationale Normung auf ihren Fach- und Wissensgebieten und „nehmen auf diesen auch die Mitarbeit bei der europäischen und internationalen Normung wahr". Außerdem setzen sie sich für die Einführung der deutschen Normen ihres Fachgebietes in den davon berührten Lebensbereichen ein.

Obwohl nahezu alle Mitglieder des Ausschusses in Westdeutschland wohnten und tätig waren, fanden alle Sitzungen - jährlich zwei - bis zur Wende aus politischen Gründen im DIN-Institut in Berlin statt.

Bei einigen Tagesordnungspunkten war ich wegen anderer Aufgaben, u.a. als Rektor, nicht in der Lage, mich vor den Sitzungen hinreichend mit der manchmal schwierigen Materie zu befassen. Dann hielt ich mich bei den Besprechungen zurück. Auf Grund meiner mangelhaften Vorbereitung fielen mir komplizierte Formulierungen besonders auf. Ich bemühte mich dann um eine einfachere Darstellung der Norm.

Um etwas von dem darzustellen, das ich neben der Normungsarbeit in Berlin erlebte, entnehme ich einige Sätze einem Brief, mit dem ich mich am 12. März 1997 für die Glückwünsche des Arbeitskreises zu meinem 70. Geburtstag bedankte: „In den 20 Jahren meiner Mitarbeit [im AChT] bin ich jedes Mal, meist mit meiner Frau, trotz oft entwürdigender Behandlung an den Grenzübergängen, nach Ostberlin hinüber gefahren und habe Kontakt zu DDR-Bürgern gesucht. Zur Zeit der Wende sah ich, wie Amerikaner und NVA-Soldaten sich durch einen Mauerspalt die Hände reichten. Ein Handflächen großes Stück der Mauer steht zur Erinnerung, insbesondere an diese Tage, in meinem Wohnzimmer. An einem anderen Sitzungstag erlebten wir den Jubel der Berliner mit, als der Bundestag beschlossen hatte: Berlin ist die Hauptstadt der Bundesrepublik Deutschland! Unter den promenierenden überwiegend jungen Leuten fiel ich wohl durch mein weißes Haar auf, denn Reporter zweier ausländischer Sender baten mich um ein Interview. Meine Frau und ich standen gegenüber der Anzeigetafel am Café Kranzler, und als uns die Beine lahm wurden, waren wir überrascht, dass wir, obwohl eine riesige Menschenmenge hin und her wogte, im Cranzler zwei Fensterplätze fanden. Von dort sahen wir besser als mitten im Gewühle, auf welche Weise die Berliner ihre Freude zeigten."

Nach meiner Pensionierung im Jahre 1991 trug ich die Reisekosten für meine Mitarbeit im DIN selbst. 1996 verlangte das DIN zur Deckung seiner Unkosten von den Mitgliedern des Arbeitskreises - wenn ich mich nicht irre - einen Beitrag von 1000 DM, von dem das DIN annahm, dass die Arbeitgeber der Mitglieder diesen Beitrag zahlen würden. Ich teilte dem DIN mit, dass ich nicht bereit sei, zu meinen Reisekosten auch noch den genannten Kostenbeitrag an das DIN zu entrichten. Dennoch wurde ich weiterhin zu den Sitzungen eingeladen. Der Vorsitzende des AChT, Professor Dr. Gerhard Schulze, erbat zur Sicherung der Weiterarbeit des Arbeitsausschusses vom Verband der Chemischen Industrie VCI eine Zusage zu dessen Finanzierung. Da der VCI diese Zusage nicht gab, stellte der AChT mit dem 30. Juni 1997 seine Arbeit ein.

Zur Festveranstaltung anlässlich des 50Jährigen Bestehens des Normen-ausschusses Materialprüfung (NMP) im DIN, die am 23. Oktober 1997 in Berlin stattfand, war ich eingeladen und hatte auch zugesagt, mit meiner Frau daran teilzunehmen. Kurz nach meiner Zusage erhielt ich eine Einladung des Bundespräsidenten zum „Fest der Ideen" in seinem Amtssitz im Berliner Schloss Bellevue am 12. September 1997. Da mir zwei Fahrten nach Berlin in einem so kurzen zeitlichen Abstand zu kostspielig waren, meldete ich mich von der Jubiläumsveranstaltung des DIN wieder ab und nahm die Einladung des Bundespräsidenten Roman Herzog an. Dieser erwähnte bei seiner Ansprache die Arbeit der Normenausschüsse mit folgenden Worten: „Was der Gesetzgeber nicht im Einzelnen geregelt hat, nehmen sich die DIN-Ausschüsse vor".

Förderkreis Bergbauhistorische Stätten Ruhrrevier e.V.

Den Bochumer Arbeitskreis dieses Vereins habe ich zeitweilig geleitet und befasse mich auch jetzt noch aktiv mit der Planung, Anlage und Pflege eines Bergbauwanderweges. Diesem Förderkreis widme ich ein besonderes Kapitel.

Erfa-Gruppe „Umweltschutz" der Industrie- und Handelskammer zu Bochum

In die Erfahrungsaustauschgruppe „Umweltschutz" trat ich 1986 ein, als ich die Leitung des im Wesentlichen mit Umweltfragen befassten WBK-Instituts für Chemie übernommen hatte. In einer Sonderveranstaltung hielt ich vor der etwa 50 Personen starken Gruppe einen Vortrag über die „Problematik von Probenahme, Analytik und Gefahrenabschätzung" und stellte den Mitgliedern mein Institut vor. Durch meine Mitarbeit war ich auch nach meiner Pensionierung mit vielen gegenwärtigen Problemen vertraut, was sich positiv auf die Aktualität meines Umweltlexikons auswirkte, das im Jahr 2002 in dritter Auflage erschienen ist. 2003 arbeite ich immer noch mit, melde mich als ältestes Mitglied allerdings meist nur noch dann zu Wort, wenn Fragen über die historische Entwicklung der Umweltsituation auftreten.

Wissenschaftlicher Beirat der Studiengesellschaft Kohlegewinnung 2. Generation

Die Studiengesellschaft Kohlegewinnung Zweite Generation (K2G) wurde nach meiner Erinnerung vom Vorstandsvorsitzenden der Ruhrkohle AG Dr. Karlheinz Bund ins Leben gerufen. Bund übernahm auch den Vorsitz. Am 5.11.1984 wurde ich in den Wissenschaftlichen Beirat berufen. Die acht anderen Mitglieder stammten aus folgenden Unternehmen oder Institutionen:

BASF (Eigentümer des Bergwerks Auguste Victoria, Marl), Preussag, Siemens AG, Bergbau-Forschung, RWTH Aachen und den Technischen Universitäten Braunschweig, Clausthal und Karlsruhe.

Die K2G hatte den Zweck, die Vorhaben der Forschung und Entwicklung auf dem Gebiet der Kohlenumwandlung mit dem Ziel der Nutzung bergmännisch gar nicht oder nicht wirtschaftlich gewinnbarer Steinkohle zu koordinieren und durchzuführen.

Sie befasste sich vor allem mit der Theorie und Praxis der Kohlenvergasung unter Tage. Wenn es gelingt, die Kohle unter Tage wirtschaftlich zu vergasen, dann braucht sie nicht bergmännisch abgebaut zu werden, sondern das Kohlengas kann nach über Tage gefördert und dort chemisch oder thermisch verwendet werden. Bei den Vorüberlegungen zu den Versuchen war man davon ausgegangen, dass „gute" Flöze in nicht zu großer Teufe weiterhin bergmännisch abgebaut werden sollten, dass aber gering mächtige oder sehr tief liegende Flöze besser zu vergasen seien. Schon Lenin hatte seine Fachleute aufgefordert, sich um eine untertägige Vergasung der Kohlen zu bemühen, damit die schwere und gefährliche Arbeit der Bergleute überflüssig würde. Der K2G ist die untertägige Vergasung der Steinkohle zwar nach verschiedenen Verfahren gelungen, aber nicht unter wirtschaftlichen Bedingungen. Seit der Durchführung dieser Arbeiten sind derart riesige Erdgasfelder entdeckt worden, dass die statische Lebensdauer der Erdgasvorräte, d. h. die auf gleichbleibenden Verbrauch bezogene Lebensdauer, noch größer ist als damals. Da für eine absehbare Zeit keine Chance für eine wirtschaftliche Umwandlung von Kohlen unter Tage bestand, wurde die K2G aufgelöst.

Kohlenpetrographische Arbeitsgemeinschaft

Während meines Studiums belegte ich Lehrveranstaltungen über Kohlenpetrographie und isolierte in mühevoller Arbeit für weitere Untersuchungen Gefügebestandteile von Steinkohlen. Dadurch war ich mit der Materie hinreichend vertraut und konnte guten Gewissens auf ein Angebot eingehen, in der Arbeitsgemeinschaft mitzuwirken. Allerdings konnte ich mich im Laufe meiner Tätigkeit, insbesondere als Rektor und Institutsleiter, immer weniger mit der Kohlenpetrographie befassen und nahm zuletzt nicht mehr regelmäßig und dann meist nur rezeptiv an den Sitzungen teil. Allerdings erhielt ich trotzdem für meine eigenen

Forschungsarbeiten wertvolle Anregungen. In der Einladung zur 60. Sitzung der Arbeitsgemeinschaft am 25.11.1995 wies deren Leiterin Frau Prof. Wolf darauf hin, „daß aufgrund der Lage im deutschen Steinkohlenbergbau kaum noch jüngere Wissenschaftler aus diesem Arbeitsbereich kommen und daß die Arbeitsmethoden der angewandten Kohlenpetrographie heute in vielen anderen Feldern zu finden sind. Es scheint daher gegeben, eine Namensänderung vorzunehmen, die das erweiterte Arbeitsfeld der angewandten Kohlenpetrographie beschreibt." Nach eingehender Diskussion wurde als neuer Name „Arbeitsgemeinschaft für organische Petrologie" gewählt. Im Herbst 1997 nahm ich an einer interessanten Exkursion des Arbeitskreises in die Lausitz mit Quartier in Görlitz teil.

VDI: Beirat der Bezirksvereine

VDI: Sprecher der Region Westfalen-Ruhr

VDI Bochum: Arbeitskreis Umwelt und Technik

Über diese Gremien werde ich im Kapitel „Mitarbeit im VDI" berichten.

Mitarbeit im Verein Deutscher Ingenieure VDI

Der Vorstand der Westfälischen Berggewerkschaftskasse beschloss im Jahre 1970, die Ingenieurschule für Bergwesen in die Fachhochschule Bergbau umzuwandeln. Diese Umwandlung bedeutete für mich, dass die Mathematik aus meinem Katalog der Lehrfächer ausschied und sich das Gewicht meiner Lehre mehr in die ingenieurwissenschaftlichen Fächer verlagerte. Deshalb stellte ich einen Antrag zur Aufnahme in den VDI. Ich brauchte nicht mehr, wie es zur Zeit des Abschlusses meines ersten Ingenieurstudiums vom VDI verlangt wurde, zwei dem VDI angehörende Bürgen zur Bezeugung meiner Unbescholtenheit zu benennen. Aber immerhin wurde mein Antrag noch einem Aufnahmeausschuss vorgelegt. Dieser befürwortete meine Aufnahme zum 1.1.1971.

Die Mitgliedsbeiträge waren damals nach dem Einkommen gestaffelt, das allerdings nicht kontrolliert wurde:

Monatseinkommen bis 1400 DM = 50 DM

bis 2000 DM = 60 DM

bis 3000 DM = 70 DM

über 3000 DM = 90 DM

In den ersten Jahren war ich nur passives Mitglied, nahm also nur teil an den Veranstaltungen des Vereins, ohne selbst Aufgaben zu übernehmen. Ab 1976 bekam ich als Rektor der Fachhochschule Bergbau engeren Kontakt zu VDI-Mitgliedern, und diese, insbesondere der Vorsitzende des Bochumer VDI-Bezirksvereins, Professor Hans Osenberg von der Fachhochschule Bochum, bemühten sich, mich zu einer Kandidatur um das Amt des Vorsitzenden dieses Bezirksvereins zu bewegen. Hans Osenberg hatte das Amt schon im neunten Jahr inne und wollte es in andere Hände legen. Nach Rücksprache mit dem Geschäftsführer meines Arbeitgebers und meinen Kollegen, insbesondere mit dem Prorektor, stimmte ich der Kandidatur zu und wurde am 9. März 1984 in der ordentlichen Mitgliederversammlung - wie es bei Ehrenämtern die Regel ist - ohne Gegenstimme gewählt. Sofort nach der Wahl tauschten Hans Osenberg und ich die Plätze auf dem Podium und ich übernahm die Leitung der laufenden Mitgliederversammlung.

Ich habe nicht vor, die gesamte Geschichte des Bochumer Bezirksvereins während meiner neunjährigen Amtszeit als Vorsitzender darzustellen, sondern lediglich meinen Part. Folgende Routineveranstaltungen habe ich geleitet:

9 Ordentliche Mitgliederversammlungen

9 Herbstversammlungen mit Jubilarehrungen

26 Ordentliche und einige Außerordentliche Sitzungen des Erweiterten Vorstands

4 Regionssitzungen

Darüber hinaus habe ich teilgenommen an nahezu

30 Vorstandsversammlungen (Gesamt-VDI, meist in Düsseldorf)

nahezu 30 Sitzungen der Region Ruhr und an

9 Deutschen Ingenieurtagen (Nürnberg, Stuttgart, München, Aachen, Berlin, Hamburg, Leipzig, Hannover und Münster)

4 Sitzungen des Beirats der Bezirksvereine

Ich bemühte mich, zum Abschluss der Ordentlichen Mitglieder- und der Herbstversammlungen renommierte Referenten zu gewinnen. In chronologischer Reihenfolge haben diese u.a. folgende Vorträge gehalten:

- Dr. Karl Scheele, Rheinisch-Westfälischer TÜV: Die Aufgaben der Technischen Überwachungsvereine und die Darstellung aktueller Probleme.

- Prof. Dr. Jürgen Gramke, Verbandsdirektor des Kommunalverbandes Ruhrgebiet: Der Kommunalverband Ruhrgebiet - Instrument der Region.

- Prof. Dr. Heinrich Stratmann, Präsident der Landesanstalt für Immissionsschutz des Landes NRW: Stand und Beurteilung der Luftbelastung im Revier.

- Thomas Junichi Takeda, Geschäftsführer der japanischen IHK Düsseldorf: Die japanische Wirtschaft - ein Mythos?

- Prof. Reinhard Billet, Inhaber des Lehrstuhls für Thermische Stofftrennverfahren der Ruhr-Universität: Womit befasst sich die Verfahrenstechnik?

- Prof. Dr. Wolfgang Maßberg, Rektor der Ruhr-Universität: 100 Jahre Bochumer VDI-Bezirksverein – 100 Jahre des Wandels in der Produktionstechnik (Festvortrag zum Jubiläum)

- Dipl.-Ing. Wolfgang Strinz, Direktor der Bochumer Opelwerke: Quantensprung in der Produktivität - Gelingt die Revolution in der deutschen Autoindustrie?
- Dr. Norbert Lammert, Staatssekretär bei verschiedenen Ministern: Bildungspolitik für den Standort Deutschland.
- Prof. Dr. Bartholms, Mitglied des Präsidiums der Univ. Witten-Herdecke: Organisation und Struktur der Privat-Universität Witten-Herdecke
- Prof. Dr. Dietmar Petzina, Rektor der Ruhr-Universität: Probleme und Entwicklungsperspektiven der Ruhr-Universität.

Später, nachdem der Bezirksverein die Verleihung von Preisen für besondere Diplomarbeiten beschlossen hatte, berichteten auf den ordentlichen Mitgliederversammlungen statt renommierter Fachleute die geehrten Absolventen über ihre Arbeiten.

Professor Stratmann ließ sich nach seinem Vortrag von mir, seinem ehemaligen Schüler, für den Bochumer VDI-Bezirksverein anwerben, obwohl er in Essen wohnte. Am 9.7.2002 ist er gestorben.[47]

Der Bezirksverein gratuliert seinen Mitgliedern zu besonderen Geburtstagen, beginnend mit dem siebzigsten. In den Sitzungen des Erweiterten Vorstands wurde immer viel Zeit aufgewendet, um Gratulanten zu finden. Zur Verkürzung dieser Sitzungen, die von 18 Uhr häufig bis tief in die Nacht dauerten, erklärte ich mich nach meinem Ausscheiden als Vorsitzender in der Sitzung des Erweiterten Vorstands am 20.9.1994 bereit, allein die Koordination der Gratulationen zu übernehmen.

Außer den ordentlichen Mitglieder- und Herbstversammlungen fanden in meiner Amtszeit nahezu in jedem Jahr ein Festball und ein Sommerausflug statt, bei deren Vorbereitung mich in vielen Fällen Mitglieder des Erweiterten Vorstands unterstützten. Die meiste Unterstützung gewährten mir der Zweite Vorsitzende Hans Osenberg und der Schatzmeister Karlheinz Kreckel, der über mehrere Jahre gleichzeitig Schriftführer war, und vor allem meine Frau. Die Festbälle, die vorher immer in Bochum stattgefunden hatten, organisierte ich auch in anderen Städten des Bochumer Bezirksvereins.

---

[47] Ernst Beier: Heinrich Stratmann 14.9.1923 – 9.7.2002. In: Ingenieurforum Westfalen-Ruhr 2002, Ausgabe 3, Seite XV.

Mitarbeit im Verein Deutscher Ingenieure VDI 209

Für Vorträge und Besichtigungen waren in der Regel der Veranstaltungswart und die Arbeitskreisleiter zuständig. Am erfolgreichsten arbeitete ich mit dem Veranstaltungswart W. Hempelmann zusammen, der unter anderen folgende Vortragsreihen geplant und durchgeführt hat:

1987 „Baum und Wald" mit 4 Vorträgen und Begehungen

1988 „Verkehr „2000" mit 4 Einzelvorträgen: Eisenbahn, Straße, Wasser, Luft

1989 „Medizin und Technik" mit 4 mit Vorführungen verbundenen Vorträgen:

Kernspintomographie, Herzschrittmacher, Zertrümmerung von Harn- und Gallensteinen sowie Gelenk- und Gefäßprothetik.

Die Vorträge dieser Reihe wurden insbesondere von Mitgliedern besucht, die die Vorstellung für sie selbst wichtiger Methoden erwarteten. Tatsächlich begaben sich nach diesen in einem Herner Krankenhaus gehaltenen

Vorträgen mehrere Mitglieder in eine Behandlung, z.b. zur Zerstörung von Gallen- oder Nierensteinen durch Ultraschall.

1990/91 „EDV 2000" mit 13 Einzelvorträgen über die Wirkungsweise und den Einsatz von Computern sowie über deren Entwicklungstendenzen.

Gemeinsam mit der Fachhochschule Bergbau, deren Rektor ich neun Jahre lang war, und einige Jahre lang auch mit dem Ring Deutscher Bergingenieure RDB führte der Bochumer Bezirksverein zwölf gemeinsame Veranstaltungsreihen durch, von denen ich die vier von Herrn Hempelmann organisierten Reihen auch schon oben genannt habe:

1. Ausbildung und Einsatz von Ingenieuren (4 Vorträge)

2. Die historische Entwicklung des Ruhrgebiets unter besonderer Berücksichtigung der Städte im Gebiet des Bochumer VDI-Bezirksvereins (10 Vorträge)

3. Historische Stätten der Industrie (6 mit Wanderungen verbundene Besichtigungen)

4. Kraftwerkstechnik einschl. Gasreinigung und Energieverteilung (8 Veranstalt.)

5. Entsorgungstechnik (6 Besichtigungen)

6. Baum und Wald (4 Vorträge mit Begehungen)
7. Verkehr 2000 (4 Vorträge)
8. Medizin und Technik (4 Vorträge mit Demonstrationen)
9. EDV 2000 (13 Vorträge)
10. Steine und Erden (6 Veranstaltungen, meist mit Besichtigungen)
11. Besichtigungen zur Technikgeschichte (12 Besichtigungen)
12. Umweltpflege (14 Vorträge + 6 Altlastenseminare und 14 Besichtigungen)

Die Eröffnungsreihe „Ausbildung und Einsatz von Ingenieuren" bestand aus folgenden Vorträgen:

- Prof. Dr.-Ing. Heinz Duddeck, TU Braunschweig:

Grundkonzept zukünftigen Ingenieurstudiums

- Grubeninspektor Dipl.-Ing. Kurt Ingenabel (RDB):

Der Übergang von der Hochschule in den Betrieb

- Dipl.-Ing. Wilhelm Nehrenheim:

Reintegration von Studenten aus der Dritten Welt nach Studium in der BRD

- Dr. Wolfgang König, VDI Düsseldorf: Technikbewertung

Im selben Jahr wie die erste Reihe führten wir das Seminar „Moderne Rhetorik in Theorie und Praxis" durch. Geleitet wurde es von Dr. Siegfried Gnichwitz, der beim pädagogischen Dienst der Westfälischen Berggewerkschaftskasse angestellt war. Um die Durchführung dieser Seminare bemühten sich vor allem Frau Anneliese Krull und später Frau Andrea Cypel.

Die zweite - sehr umfangreiche - Reihe organisierte und leitete ich als VDI-Vorsitzender 1985/86 gemeinsam mit der FH Bergbau, dem Ring Deutscher Bergingenieure RDB und den Bürgermeistern und Oberbürgermeistern der Städte, die zu meinem VDI-Bezirk gehörten. In dieser Reihe stellten kompetente Referenten die historische Entwicklung des Ruhrgebiets und der Städte dar, wobei sie auf meinen Wunsch für ihren Bereich auf die Bedeutung des Bergbaus besonders intensiv eingingen. Die Bürgermeister der Städte überließen uns meist kostenlos attraktive

Räume: in Sprockhövel die Glückauf-Halle, in Hattingen das Alte Rathaus, in Bochum das Museum, in Herne das Emschertalmuseum, in Castrop-Rauxel und Recklinghausen jeweils die Sitzungssäle in den Rathäusern. Sofern es den Städten möglich war, gaben sie den Teilnehmern nach den Vorträgen einen kleinen Empfang.

Prof. Dr. jur. Jürgen Gramke, Verbandsdirektor des Kommunalverbandes Ruhrgebiet[48], ging in seinem Vortrag auf die Entwicklung der Technik im gesamten Ruhrrevier und dabei besonders auf die Probleme ein, die sich für die Ruhrkohle aus der Konkurrenz billigerer Energieträger ergaben.

Vor den Vorträgen wurden die Gäste von den Bürgermeistern oder Oberbürgermeistern der vorzustellenden Städte begrüßt. Die Städte und die Referenten habe ich in der folgenden Aufstellung in der Reihenfolge aufgelistet, die sich aus dem Fortschritt des Bergbaus von Süden nach Norden ergeben hat.

Sprockhövel: Prof. Dr. Diethelm Düsterloh, Geograph an der Universität Paderborn

Hattingen: Dr. Kurt Pfläging, Leiter des Instituts für Markscheidewesen der WBK

Witten: Bruno Sobotka, Heimatforscher und Planer von Renovierungen histor. Gebäude

Bochum: Dr. Horst M. Bronny, Geograph an der Ruhr-Universität Bochum

Herne: Dr. Alexander von Knorre, Direktor des Emschertalmuseums in Herne

Castrop-Rauxel: Herbert Koch, Stadtdirektor Castrop-Rauxel

In Ergänzung seines Vortrages führte Prof. Dr. Düsterloh eine ganztägige Exkursion durch, insbesondere zu Bergbaurelikten im Sprockhöveler Raum, die ebenso wie sein Vortrag in der Glückauf-Halle Sprockhövels einen besonders starken Zuspruch fand. Der Vortrag Düsterlohs

---

[48] Der Kommunalverband Ruhrgebiet hat am 1.10.1979 den Siedlungsverband Ruhrkohlenbezirk abgelöst. Im Jahr 2004 wurde der Kommunalverband durch eine andere Institution ersetzt.

wurde in den Brockhaus Enzyklopädien von 1988 und 1998 als Quelle zu Sprockhövel angegeben.

Die Reihe gewann von Vortrag zu Vortrag an Zugkraft. Der letzte Vortrag wurde in der kleinsten Stadt - in Sprockhövel - gehalten und fand mit 150 Teilnehmern die meisten Hörer. Rege Nachfrage nach schriftlichen Fassungen der Vorträge veranlasste mich, diese nach einer Überarbeitung durch die Autoren als Buch herauszugeben. Dieses erschien in einer Auflage von 5000 Exemplaren und war nach kurzer Zeit vergriffen. Deshalb plante ich eine neue Auflage und trug dabei zwei Wünschen Rechnung. Da nach Ansicht von Bergleuten der Bergbau im Vortrag über Bochum zu kurz gekommen war, bat ich den Leiter des Bochumer Bergamtes, Bergdirektor Dipl.-Ing. Karl-Heinz Bader, über Bochum zu sprechen. Außerdem war der Bürgermeister der Stadt Recklinghausen, Dipl.-Soz. Jochen Welt, daran interessiert, dass seine Stadt mit in ein neues Büchlein aufgenommen würde. Im Rathaus Recklinghausen führten wir deshalb eine Vortragsveranstaltung durch, in der Jochen Welt über die Entwicklung der Stadt und Professor Dr.-Ing. Hermann Lautsch über die Entwicklung des Bergbaus im Recklinghäuser Bereich sprachen. Die drei genannten Vorträge übernahm ich in die 1988 erschienene Neuauflage des Buches. Auch die 5000 Exemplare dieser Auflage waren schnell vergriffen.

Nach der Serie mit Bergbauvorträgen organisierte ich - wiederum in Zusammenarbeit mit der FH Bergbau und dem Ring Deutscher Bergingenieure - eine Veranstaltungsreihe unter dem Titel „Historische Stätten der Industrie", für die ich ebenfalls ausgezeichnete Fachleute gewinnen konnte. Es handelte sich um sechs meist mit Wanderungen verbundene Besichtigungen, die in der Zeit von September 1986 bis Januar 1987 stattfanden.

Anschließend an die beiden „historischen Serien" führte ich eine „Kraftwerksreihe" mit acht Veranstaltungen und im Herbst 1987 eine Reihe unter dem Titel „Entsorgung" mit sechs Veranstaltungen durch. In der ersten Reihe besichtigten wir Kohlen-, Kern- und Wasserkraftwerke und befassten uns mit den verschiedenen Arten der Rauchgasreinigung und der Energieverteilung. Nach seinem Ausscheiden als Zweiter Vorsitzender führt Hans Osenberg die Kraftwerksreihe in einem von ihm gegründeten Arbeitskreis „Energietechnik" fort, in welchem er die VDI-Mitglieder über die Entwicklung auf dem Gebiet der Energie-Erzeugung auf dem Laufenden hält.

Die umfangreichste Veranstaltungsreihe organisierte und leitete ich unter dem Titel „Umweltpflege". Sie umfasste 14 Besichtigungen bei verschiedenen Firmen und darüber hinaus 14 Vorträge. Zusätzlich nahmen wir an Altlastenseminaren teil, zu denen uns Professor Dr. H.L. Jessberger, Ordinarius für Grundbau und Bodenmechanik an der Ruhr-Universität, eingeladen hatte. Insbesondere Studenten profitierten von diesen Seminaren, denn ihnen hatte Jessberger die Gebühren erlassen. Schon vor der Einrichtung seiner Altlastenseminare - bereits am 14. Mai 1984 - hatte Jessberger uns einen spannenden Diavortrag gehalten über „Erlebnisse in der Antarktis und Erfahrungen bei Verformungsmessungen an Bauwerken und im Eis".

Eine weitere Reihe, die an die bergbauhistorischen Vorträge anknüpfte, bestand aus 13 Besichtigungen zur Technikgeschichte. Nach Abschluss dieser Reihe richtete Dr. Hartmut Herbst[49] einen Arbeitskreis „Technikgeschichte" ein und hielt oder organisierte entsprechende Vorträge und führte Besichtigungen durch.

Nachdem an der FH Bergbau die Studienrichtung „Steine und Erden" eingeführt worden war, führte der VDI gemeinsam mit der Fachhochschule unter diesem Titel sieben vom Rektor der Fachhochschule Prof. Jürgen Großekemper organisierte Veranstaltungen - meist Besichtigungen - durch.

Gemeinsame Veranstaltungen mit dem Bochumer Bezirksverband des REFA - Verband für Arbeitsstudien und Betriebsorganisation - organisierten wir ab März 1991. Die Kosten für die Vortragenden trugen REFA und wir zu gleichen Anteilen.

Schon vor meiner Amtszeit als Vorsitzender fanden jährlich ein Lichtbildervortrag auf Breitleinwand von besonders renommierten Referenten und eine Fahrt zur Hannover-Messe, insbesondere für Studenten, statt. Diese Veranstaltungen wurden über meine Amtszeit hinaus weitergeführt. Die Organisation lag immer bei Hans Osenberg und den Leitern des Arbeitskreises „Studenten und Jungingenieure", dem zunächst Anneliese Krull und dann Uwe Tratzig vorstand. Frau Krull gründete außerdem die Arbeitskreise „Frauen im Ingenieurberuf" und „Technik und Recht", organisierte einige größere Fahrten und Seminare, betreute ausländische Studentengruppen, führte die Protokolle der Sitzungen des Erweiterten Vorstands und der Region Westfalen-Ruhr und schrieb Berichte über unsere Veranstaltungen für die VDI-Nachrichten.

---

[49] Nach der Jahrhundertwende erwarb Dr. Herbst einen zweiten Doktortitel.

Ohne ihre Verdienste im Einzelnen zu würdigen, nenne ich als meine Mitarbeiter außerdem den ehemaligen Direktor der Bochumer Fuhrparkbetriebe Dipl.-Ing. Herbert Mahlke, seinen Nachfolger in diesem Amt Alfons Enseling, der bis 1986 im Erweiterten Vorstand mitarbeitete, den Prokuristen der Bochumer Firma Wedag Dipl.-Ing. Hans Redeker und die Professoren der FH Bergbau Dr. Gerd Falkenhain und Dr. Joseph Kwiatkowski.

Für unsere Vortragsveranstaltungen nutzen wir gratis verschiedene Räume, vor allem in der Ruhr-Universität, in der Fachhochschule Bochum, in der Fachhochschule Bergbau, im Technologiezentrum an der Ruhr-Universität und bei Firmen. Seit einigen Jahren finden die Sitzungen des erweiterten Vorstands im Hotel Oekey statt. Wir zahlen auch dort keine Raummiete, bestellen aber zum Schluss der Veranstaltungen einen Imbiss.

Die Anzahl an Vorträgen und Besichtigungen *ohne* Mitglieder- und Herbstversammlungen, Sommer- und Winterfeste sowie Messefahrten und Veranstaltungen, die nur innerhalb der Arbeitskreise angeboten wurden, entwickelte sich in meiner Amtszeit (März 1984 bis März 1993) folgendermaßen:

1983	6	1988	14
1984	8	1989	12
1985	14	1990	25
1986	16	1991	31
1987	16	1992	30

Auch nach meiner Amtszeit als Vorsitzender des Bezirksvereins habe ich neben Sommer-Exkursionen andere ausgebuchte Veranstaltungen organisiert und geleitet, im Jahr 1994 zum Beispiel:

1.2.:   Deutsche Forschungsanstalt für Luft- und Raumfahrt in Köln

24.3.:   Werk Scholven der Ruhroel GmbH

29.3.:   GEA Bochum

28.4.:   Deutsche Welle in Köln

22.11.: Urananreicherungsanlage in Gronau

29.11.: Hattingen im Strukturwandel

Bei meiner Arbeit für den VDI unterstützte mich meine Frau als meine „Sekretärin" und übernahm für Damen des VDI - Mitglieder und Partnerinnen von Mitgliedern - die Leitung von Exkursionen und Wanderungen. Die Reaktionen auf ihre Aktivitäten waren nicht nur positiv, z.B. erhielt sie den Brief eines Ehepaares vom 24.7.85 mit folgendem Inhalt:

In Ihrem Brief vom 8.6.85 haben Sie für die weiblichen Mitglieder des VDI und die Frauen der männlichen Mitglieder des VDI zu einer Besichtigung der Mensa-Großküche der RUB eingeladen. Ihre „Frauen-Initiative" im Rahmen des Bochumer Bezirksvereins ist zunächst zu begrüßen. Jedoch ist nach unserer Ansicht die Art sehr diskreminierend [sic!], da Sie die Ingenieurinnen und die Frauen der Ingenieure „in einen Topf werfen". Für die Ingenieurinnen ist dies eine Zweit-Klassifizierung. [...]

1985 schlug ich vor, hervorragende Diplomarbeiten von Absolventen der drei Bochumer Hochschulen mit technischen Fakultäten zu prämiieren. Dadurch sollen die Ingenieurstudenten auf den VDI aufmerksam und zu besonderen Leistungen angespornt werden. Die heute - im Jahr 2004 - noch gültige „Ordnung für die Vergabe von Sachprämien an Hochschulabsolventen" wurde am 16.1.1989 vom Erweiterten Vorstand verabschiedet. Bis zum Jahr 2001 war ich für die Abwicklung der Prämiierung zuständig.

Bild 17: Ernst Beier im Gespräch mit einer Diplom-Ingenieurin und zwei Diplom-Ingenieuren nach der Prämiierung ihrer Diplomarbeiten (1988)

Ein beeindruckendes Ereignis war für mich das „1. Treffen des VDI für Ingenieure in der DDR" am 23. Juni 1990 in der AGRA-Halle 5 in Leipzig-Markkleeberg. Dargestellt wurden in Vorträgen „Angebote und Leistungen des VDI für den Ingenieur" und „Chancen und Wege zur Technologie-Kooperation zwischen Unternehmen und Ingenieuren in beiden Teilen Deutschlands". Weil die Raumgröße nicht für alle Interessenten ausreichte, konnten nur 1300 Ingenieurinnen und Ingenieure zugelassen werden. 800 Interessenten wurde abgesagt. Das Angebot zum Erfahrungsaustausch wurde von den Ingenieuren der DDR in hohem Maße wahrgenommen. Viele Ingenieurinnen kamen zu meiner Frau, weil sie sie für eine Ingenieurin aus Westdeutschland hielten. Meine Frau ist zwar keine Ingenieurin, aber da sie nahezu den gesamten Schriftverkehr für mich erledigt hat, war sie mit den Entwicklungen innerhalb des VDI vertraut und konnte gut Rede und Antwort stehen. Schon damals wurde geschätzt, dass im DDR-Gebiet 30 bis 50 % der

Beschäftigten durch eine Wirtschaftsunion BRD-DDR ihre Arbeit verlieren würden. Am Rande dieses Treffens nahm ich ein Foto auf: Sorgfältig ausgerichtet stehen in einer Reihe etwa 20 Trabbis der Teilnehmer - darunter kein anderer Wagen.

100 JAHRE BOCHUMER VDI-BEZIRKSVEREIN

Als 1990 die Wahl des Vorsitzenden des Bochumer Bezirksvereins anstand, war mir klar, dass der zu wählende Vorsitzende ein besonderes Arbeitspensum zu bewältigen haben würde, denn der Bezirksverein wurde 1991 einhundert Jahre alt, und dieses Jubiläum musste gefeiert werden. Von vielen Seiten, insbesondere von meinem Amtsvorgänger Hans Osenberg, wurde mir Honig um den Mund geschmiert: ich sei erfahren und niemand könne eine solche Veranstaltung besser organisieren und leiten als ich; deshalb müsse ich noch einmal für das Amt des Vorsitzenden kandidieren. Ich tat es und wurde erwartungsgemäß gewählt. In etlichen Sitzungen des Erweiterten Vorstands diskutierten wir über die Durchführung des Festes. Wir kamen überein, vormittags eine offizielle Feier mit Grußworten, einem Festvortrag und einem Empfang durchzuführen. Diese Veranstaltung sollte musikalisch umrahmt werden. Hans Osenberg schlug vor, dazu Verbindung mit dem Dirigenten des Jugendsinfonieorchesters der Musikschule Bochum aufzunehmen. Abends sollte ein Festball stattfinden. Nach vielem Hin und Her einigten wir uns darauf, dass Hans Osenberg und Herbert Mahlke bei der ihnen gut bekannten in der Durchführung von Bällen erfahrenen Frau Lenz nachfragen sollten, ob sie bereit sei, bei unserem Fest die Gestaltung der Darbietungen zu übernehmen. Sie war bereit. Glücklicherweise fällt mir im Augenblick ein, dass ich für die Vorbereitung, Durchführung und Nacharbeitung des Jubiläums einen dicken Ordner angelegt habe. Mit Hilfe dieses Ordners werde ich nun das Jubiläum aus meiner Sicht rekapitulieren. Ich stelle zunächst dar, wie ich mich um möglichst hochrangige Sprecher von Grußworten bemühte und was die Kernpunkte ihrer Grußworte waren.

Mehr als ein Jahr vor dem Fest nahm ich Verbindungen zu Personen auf, von denen ich wünschte, dass sie zum Fest Grußworte sprächen. Den Ministerpräsidenten Johannes Rau kannte ich aus meiner Rektorzeit, in der er als Wissenschaftsminister Dienstbesprechungen der Fachhochschulrektoren geleitet und im Rahmen von besonderen Veranstaltungen, z.B. Bundesrektorenkonferenzen, an geselligen Abschlussabenden teilgenommen hatte. Als meine Frau am 30. August 1990, also weit mehr als ein Jahr vor dem Jubiläum, zu einer japanischen Ausstellung im Düsseldorfer Ehrenhof, die Rau eröffnen sollte, eingeladen war, fuhr ich mit ihr und fragte Herrn Rau, ob er bereit sei, zu unserem Jubiläum zu kommen und Grußworte zu sprechen. Er sagte, er habe nicht alle Termine im Kopf, ich möchte seiner Kanzlei einen möglichst genauen Plan unseres Festes mitteilen, und wenn es sich einrichten ließe, würde er gern kommen. Ich schickte Herrn Rau die Unterlagen und er bestätigte mir in einem freundlichen Brief, ich könne mit ihm rechnen. Aber: „Gewiß werden Sie Verständnis dafür haben, wenn ich heute, über ein Jahr vor der Veranstaltung, meine Zusage nur unter dem Vorbehalt gebe, dass das politische Tagesgeschehen am 30.11. des kommenden Jahres nicht eine andere Terminplanung erforderlich macht." Auf meine Bitte um die Zustellung eines Grußwortes für unsere Festschrift teilte mir der Leiter des Büros des Ministerpräsidenten, Herr Ulrich Kerkhof, am 18.4.1991 mit, dass Herr Rau frei sprechen und ein Text seiner Rede nicht vorhanden sein werde. Am 18.6.1991 sagte der Ministerpräsident wegen anderer Terminverpflichtungen ab, aber ließ mich wissen, dass der Chef der Staatskanzlei, Herr Minister Wolfgang Clement, an seiner Stelle die Landesregierung vertreten werde. Der persönliche Referent von Herrn Clement schickte mir am 11.9.1991 dessen Grußwort für unsere Festschrift. In seinem gesprochenen Grußwort legte Clement dar, in welchem Maße die Ingenieure in den letzten hundert Jahren die Erkenntnisse der Naturwissenschaften in die Praxis umgesetzt haben und trug dann engagiert seine Vorstellungen über die künftige Entwicklung der Technik vor.

Der Oberbürgermeister der Stadt Bochum, Heinz Eikelbeck, zu dem ich als Rektor der FH Bergbau durch gemeinsame Aktionen mit der Stadt gute Beziehungen hatte, erklärte schon mehr als ein Jahr vor dem Termin seine Bereitschaft, Grußworte zu sprechen, tat das auch und wies besonders darauf hin, dass Erfahrungsaustausch und Weiterbildung die Verbindung der Ingenieure zum aktuellen Stand der Technik sichern.

Der Präsident der Industrie- und Handelskammer zu Bochum, Dr. Franz Schulenberg, ist seit langem Mitglied unseres Bezirksvereins. Er stellte anschaulich dar, wie sich das Ruhrrevier vom „Ruß-Land" mit stinkenden Kokereien zu einem Land mit sauberer Luft und hochwertigen Verarbeitungen, Umwelttechniken und Dienstleistungen entwickelt hat.

Der Präsident des VDI, Dr. Joachim Pöppel, hatte mir schon am 23. Juni 1990 beim „1. Treffen des VDI für Ingenieure in der DDR" zugesichert, ein Grußwort zu sprechen. „Wir können auf dieser Erde nicht so

Mitarbeit im Verein Deutscher Ingenieure VDI

weiter wurschteln wie bisher. Die Probleme der Zukunft sind weniger ideologisch als technisch zu lösen. Hier sind die Ingenieure gefragt!" waren die Kernsätze seines Grußwortes. Eine schriftliche Fassung seiner interessanten Ausführungen konnte Herr Pöppel mir nicht schicken, da er nach einem Notizzettel frei formuliert hatte.

Der Sprecher der VDI-Region Ruhrgebiet, Direktor Dieter Lueg, stellte in seinem Grußwort insbesondere die Wichtigkeit einer vertrauensvollen Zusammenarbeit innerhalb der Region heraus.

Ganz besonders gefreut habe ich mich, dass der Rektor der Ruhr-Universität und Inhaber des Lehrstuhls für Produktionssysteme und Prozessleittechnik, Professor Dr.-Ing. Wolfgang Maßberg, den Festvortrag gehalten hat. Sein Thema lautete: „100 Jahre VDI-Bezirksverein Bochum - 100 Jahre des Wandels in der Produktionstechnik". Er fesselte seine Hörer mit einem historischen Überblick über die Entwicklung des VDI und der Produktionstechnik. Anlässlich seiner Emeritierung am 22. September 1997 überreichte ich ihm in dankbarer Anerkennung seiner Verdienste um den VDI eine Grubenlampe.

Selbstverständlich waren die genannten Herren unsere Ehrengäste. Als weitere Ehrengäste nahmen am Festakt teil:

von den Städten

Herr Ahuis, Vertreter des Bochumer Oberstadtdirektors

Stadtdirektor Koch, Castrop-Rauxel

Bürgermeisterin Mannke, als Vertreterin des Oberbürgermeisters der Stadt Herne

von den Hochschulen

Prof. Dr. Reinhard Billet, Mitglied und Unterstützer des Bochumer Bezirksverein

Prof. Dr. Diethelm Düsterloh, Referent über die Historie der Stadt Sprockhövel

Akad. Direktor Dr. Hans-Peter Müller, Verfasser eines Beitrages zur Festschrift

Dr. Bernhard Wiebel, Kanzler der Ruhr-Universität Bochum

Prof. Dr. Heinz Becker, Rektor der Fachhochschule Bochum

Prof. Dr. Bangert, Dekan des Fachbereichs Bauingenieurwesen der FH Bochum

Prof. Hans-Jürgen Großekemper, Rektor der FH Bergbau

Student Auf dem Kamp, AStA-Vorsitzender der FH Bergbau

Prof. Dr. Flessner, Universität Hamburg, vorher Vorsitzender des Bochumer VDI-BV

Prof. Dr. H. Unger, Dekan der Fakultät für Maschinenbau der Ruhr-Universität

vom VDI-Hauptverein und -Verlag

Dr. Gerber, VDI-Direktor

Dr. Schlösser, Abteilungsleiter

Dipl.-Ing. Benecke, Abteilungsleiter

Dr. Ludwig, VDI-Verlag

Frau Dr. Gisela Vetter, VDI-Verlag

von den benachbarten VDI-Vereinen der Region Ruhr

waren 23 Herren zum Festakt erschienen

von anderen Vereinen

Oberbergrat Dargatz, Vorsitzender des Ringes Deutscher Bergingenieure RDB

Dipl.-Ing. Helmut Böhnke, Vorsitzender des RDB-Bezirksvereins Wanne-Eickel

Dr. Gratzki, Vorsitzender des Vereins Deutscher Elektrotechniker

Dipl.-Ing. Galle, Vorsitzender des Bochumer REFA-Bezirksverbandes vom eigenen Bezirksverein

Carl Albert Bolenius, der Komponist der Ouvertüre, mit der der Festakt eingeleitet wurde.

Dipl.-Ing. Anneliese Krull, aus Paris hergeeiltes Mitglied des Bochumer Bezirksvereins

Dipl.-Ing. Wolfgang Malter, verdientes Mitglied des Bochumer Bezirksvereins

Dipl.-Ing. J. Diederich Neuhaus, den VDI unterstützender Fabrikant

Dipl-Ing. Enseling, früherer Leiter der Geschäftsstelle des Bochumer VDI-BV

Dipl.-Ing. Köppern, früher engagierter Arbeitskreisleiter

Dipl-Ing. Terbach, Verbindungsmann zum REFA

aus anderen Institutionen

Dipl.-Ing. Wolfgang Strinz, Direktor der Werke Bochum der Adam Opel AG

Dipl.- Ökonom Wüllner, Geschäftsführer in der IHK zu Bochum

und die Autoren jeweils eines Artikels der Broschüre „Die historische Entwicklung des Ruhrgebiets und seiner Städte ..."

Dr. Kurt Pfläging,

Herr Bruno Sobotka

Dr. Alexander von Knorre

Dr. Horst Bronny

Einige der eingeladenen Ehrengäste konnten nicht zum Festakt kommen, nahmen aber mit ihren Damen am Festball teil, darunter Dr. Norbert Lammert, damals Parlamentarischer Staatssekretär beim Bundesminister für Bildung und Wissenschaft, im Jahr 2004 Vizepräsident des Deutschen Bundestages. Verbindlich angemeldet hatten sich 73 nicht zum Bochumer Bezirksverein gehörende Ehrengäste.

Das Jugendsinfonieorchester der Musikschule Bochum unter Leitung von Herrn Guido van den Bosch umrahmte festlich die vormittägliche Veranstaltung. Da mir Hans Osenberg mitgeteilt hatte, dass unser altes verdientes Mitglied Carl Albert Bolenius eine Festouvertüre komponiert hat, bat ich Herrn van den Bosch, in Änderung des bereits ausgedruckten Programms diese Festouvertüre einzustudieren. Das Jugendsinfonieorchester hatte mit der Darbietung der Ouvertüre und anderer Kompositionen einen derartigen Erfolg, dass der Bezirksverein sich veranlasst sah, das abgesprochene Honorar von 3000 DM um 1000 DM zu erhöhen.

Bild 18: Ernst Beier während seiner Ansprache bei der Feier zum 100-jährigen Bestehen des Bochumer VDI-Bezirksvereins (1991)

Verbindungen zu den Medien hatte ich schon mehr als einen Monat vor dem Jubiläum aufgenommen, zunächst mit dem Leiter der Öffentlichkeitsarbeit im VDI Herrn Peter Hermann. Für einen Tag vor dem Fest hatte ich die Redaktion der VDI-Nachrichten und die Redaktionen aller Zeitungen im Bereich des Bochumer Bezirksverein und dreier Rundfunksender sowie den Hauptgeschäftsführer der IHK zu Bochum Herrn Assessor Klausjürgen Schilling in das Bochumer Parkhausrestaurant eingeladen. Mit der Einladung erhielten die Medienvertreter

Informationen zur Geschichte des Bochumer Bezirksvereins und zu aktuellen Entwicklungen. Offensichtlich war das Gespräch, das mit einem kleinen Imbiss verbunden war, erfolgreich, denn die Presse berichtete ausführlich über den Festakt.

Der das Jubiläum abschließende Festball war ein großes gesellschaftliches Ereignis. Frau Lenz war es gelungen, international bekannte Tanzgruppen wie Schwarz-Gelb Aachen, die Vize-Europameister in latein-amerikanischen Tänzen, für unterhaltsame Darbietungen zu gewinnen. Wegen dieser Gruppe hatte ich mit Frau Lenz ein Problem. Sie brauchte eine große Tanzfläche für deren Aufführungen, und ich wollte möglichst viele Sitzplätze für Gäste haben. Wir einigten uns schließlich auf eine Begrenzung der Gästezahl auf 400 Personen.

Mit der Wiedergabe des Inhaltsverzeichnisses der Festschrift beende ich die Darstellung der 100-Jahr-Feier des Bochumer VDI-Bezirksvereins.

GRUSSWORTE

Chef der Staatskanzlei des Landes Nordrhein-Westfalen

Herr Minister Wolfgang Clement

Oberbürgermeister der Stadt Bochum

Herr Heinz Eikelbeck

Präsident der Industrie- und Handelskammer zu Bochum

Herr Dr. Franz Schulenberg

Präsident des Vereins Deutscher Ingenieure VDI

Herr Dr. Joachim Pöppel

Sprecher der Region Ruhrgebiet

Herr Direktor Dieter Lueg

AUFSÄTZE IN DER FESTSCHRIFT

100 Jahre Bochumer VDI-Bezirksverein (Prof. Dr. Ernst Beier, 1. Vorsitzender)

Die Entwicklung der Ingenieurausbildung und ihrer rechtlichen Grundlagen (Beier)

Die Entwicklung der Ingenieurausbildung in Bochum

- Einführung
- Das bergbauliche Schulsystem
- Die Ingenieurfakultäten der Fachhochschule Bochum (Prof. Hans Osenberg)
- Die Ingenieurfakultäten der Ruhr-Universität (Akad. Direktor Dr. Peter Müller)

Zur Wirtschaftsgeschichte der Stadt Bochum im 19. Jahrhundert (Dr. Hartmut Herbst, Bundesanstalt für Arbeitsschutz Dortmund)

100 Jahre VDI-Bezirksverein Bochum - 100 Jahre des Wandels in der Produktionstechnik (Prof. Dr. Wolfgang Maßberg, Rektor der Ruhr-Universität)

JÄHRLICHE SOMMEREXKURSIONEN

Von den Sommerexkursionen habe ich diejenigen gemeinsam mit meiner Frau organisiert und geleitet, bei denen kein Namen angegeben ist:

1986 Schneller Brüter in Kalkar (Überzeichnung >200%, deshalb Wiederholungen)

1987 Wanderung im Hochsauerland (Gesamtleitung mit Kindern: Hempelmann)

1988 Erzbergwerk Ramsbeck (Gesamtleitung mit Fort Fun: Hempelmann)

1989 Wegen der großen Zahl von 170 Teilnehmern zwei Gruppen: 1. Gruppe Kraftwerk Edersee, Schiffsfahrt (Ernst Beier); 2. Gruppe: Kassel (Gisela Beier), beide Gruppen trafen sich zum gemeinsamen Abendessen im Schloss Waldeck

1990 Müngstener Brücke mit Wanderung nach Schloss Burg (Osenberg)

1991 Schiffsfahrt Mülheim Wasserbahnhof - Xanten (stark überzeichnet)

1992 Kanalkreuzfahrt Dortmunder Hafen - Henrichenburg (Schulte-Trux u.a.)

1993 Glockenmuseum Gescher mit Planwagenfahrt (Tratzig)

1994 Koblenz, Ehrenbreitstein und Loreley (Herbst)

Mitarbeit im Verein Deutscher Ingenieure VDI 225

1995 Schiffsfahrt von Kassel nach Hann. Münden auf der Fulda, Bad Driburg

1996 Delft: Porzellanmanufaktur, Stadtbesichtigung, Grachtenrundfahrt (überzeichnet)

1997 Luisenhütte bei Balve, Attahöhle, Schiffsfahrt auf dem Biggesee

1998 Photovoltaik-Anlagen des RWE, Rheinfahrt, Maria Laach

1999 Wasserkraftwerke an der Lahn, Bad Ems, Kloster Arnstein, Schiffsfahrt auf der Lahn

2000 Fahrt auf Weser und Mittellandkanal, Wasserstraßenkreuz, Minden mit Schiffsmühle

2001 Radio-Observatorium Effelsberg, Mittagessen in Bullay, Schiffsfahrt Bullay - Cochem

Während meiner Amtszeit veranstaltete der Bezirksverein jährlich einen Ball, anfangs im Winter, später - wegen der im Winter häufig auftretenden schlechten Fahrverhältnisse - im Frühling. 1991 gab ich den Einlassungen etlicher Mitglieder nach und verschob den bereits für den 2. Februar angekündigten Ball wegen des Golfkrieges auf den 27. April. Das Programm der Bälle wurde anfangs von einem Festausschuss organisiert, dem Herr Enseling vorstand, später habe ich mich mit Hilfe meiner Frau selbst um das Programm gekümmert.

Der VDI ließ mir drei Ehrungen zuteil werden: Für meinen ehrenamtlichen Einsatz verlieh er mir am 15. April 1988 seine Ehrenplakette und am 12. März 1993 seine Ehrenmedaille. Für meine wissenschaftlichen Arbeiten zur Aufklärung des Mechanismus der Kohlenoxidation bei gewöhnlichen Temperaturen verlieh er mir am 22. Mai 2002 sein Ehrenzeichen. Darüber habe ich am Ende des VDI-Kapitels besonders berichtet. Genauso wie über die "offiziellen" Ehrungen des VDI habe ich mich über Schreiben von Mitgliedern gefreut, die zu meiner Arbeit Stellung nahmen. Der Fahrlehrer aller Klassen Oberingenieur Heinz W. Rotthoff schrieb mir zum Beispiel am 28. September 1986: „Von Herzen möchte ich Ihnen Dank sagen für all' das neue Leben, das in unseren VDI-Bezirksverein eingezogen ist, seit Sie Hand angelegt haben. Es macht Spaß, dazugehören zu dürfen und mitmachen zu können."

Mit dem Tag der Verleihung der Ehrenmedaille endete meine neunjährige Amtszeit als Erster Vorsitzender des Bochumer Bezirksvereins. Mein erster Nachfolger war von 1993 bis 1996 Herr Dr. Christopher

Braun, der wegen beruflicher Veränderungen nicht noch einmal kandidieren konnte. Von 1996 bis 2002 nahm Herr Dr. Siegfried Müller, Stellvertretender Direktor des Deutschen Bergbau-Mmuseums und Leiter der dortigen Abteilung Bergbautechnik das Amt wahr. Im Jahr 2002 wurde Herr Dr.-Ing. Holger Klages, Professor an der Fachhochschule Bochum, in dieses Amt gewählt. Ich war von 1993 bis 2001 Zweiter Vorsitzender.

Soweit ich mich erinnern kann, wurden der Erste und der Zweite Vorsitzende in Bochum immer gleichzeitig gewählt. Da dieses Verfahren dann nachteilig ist, wenn beide Amtsinhaber noch ohne Erfahrung sind, habe ich vor meiner vorletzten Wahl meine normalerweise dreijährige Amtszeit auf zwei Jahre begrenzt, damit der Zweite Vorsitzende wenigstens schon ein Jahr im Amt ist, wenn ein neuer Erster Vorsitzender gewählt wird.

Am 17. April 1996 wurde ich in der Sitzung der Region Ruhr einstimmig in den Beirat der Bezirksvereine gewählt. Der Beirat tagt in der Regel zweimal im Jahr, greift von sich aus aktuelle Probleme auf und nimmt Vorschläge der Regionen entgegen. Der Vorsitzende des Beirats ist Mitglied des Präsidiums des VDI und hat dort die Aufgabe, die Vorstellungen des Beirats zu vertreten.

Am 18.2.1998 wurde ich zum Sprecher der Region Westfalen-Ruhr mit acht Bezirksvereinen und etwa 18.000 Mitgliedern gewählt. In dieser Funktion ging es mir darum, die Bezirksvereine der Region näher zueinander zu führen und junge Menschen für ein Studium der Ingenieurwissenschaften zu werben. Meine wichtigste Aktivität auf dem Gebiet ergibt sich aus dem Schreiben, das ich als Erfahrungsbericht an den VDI-Hauptverein geschickt habe und das dieser am 10.2.2000 allen VDI-Bezirksvereinen, allen Landesvertretungen und allen Beiratsmitgliedern als „Anlage 1 zur Niederschrift über die 51. Sitzung des Beirats der Bezirksvereine am 26. Oktober 1999 in Düsseldorf" zugestellt hat. Nur denjenigen Lesern empfehle ich die Lektüre dieses Berichtes, die erfahren wollen, welcher Aufwand mit der Organisation einer Veranstaltung verbunden sein kann.

VEREIN DEUTSCHER INGENIEURE **VDI**

Region Westfalen-Ruhr

Prof. Dr. Ernst Beier Vormholzstraße 32 44801 BOCHUM
Fon und Fax: 0234-701198

5.10.99

Erfahrungsbericht

über die Planung und den Verlauf der Auftaktveranstaltung

des Ingenieurforums am 1. September 1999 in Bochum

Am 18.2.1998 wurde Professor Dr. Ernst Beier in Hagen einstimmig zum Sprecher einer neu aus der Region Ruhr gebildeten, aber noch nicht von der Vorstandsversammlung bestätigten, VDI-Region gewählt.

Am 6.5.1998 brachte E. Beier zwecks Bestätigung einen Dringlichkeitsantrag in die Vorstandsversammlung ein und erläuterte diesen. Laut Protokoll „befürwortet die Vorstandsversammlung jeweils ohne Stimmenthaltung sowohl die beantragte Zuordnung des Münsterländer und des Teuburger VDI-Bezirksvereins zur VDI-Region Ruhr als auch die beantragte Namensänderung von VDI-Region Ruhr in VDI-Region Westfalen-Ruhr."

Im Laufe des Sommers teilte E. Beier den Bezirksvereinen seiner Region mit, dass er zur Verbesserung der Kontakte zwischen den Bezirksvereinen eine Reihe gemeinsamer Veranstaltungen vorschlagen werde. Zu einer ersten Besprechung über derartige Aktivitäten lud er die Vorstände der Bezirksvereine für den 19.9.1998 in die Wasserburg Kemnade ein mit dem Hinweis, dass dort nur diese eine Frage behandelt werden solle, dass es sich also nicht um eine normale Regionssitzung handele.

In der diesem Treffen vorausgehenden ersten Sitzung der neuen Region am 2.9.1998 plädierte Herr Lueg dafür, eine mögliche gemeinsame Veranstaltungsreihe in einer normalen Regionssitzung zu diskutieren, da es sich schließlich um eine Angelegenheit der Region handele. Die übrigen Teilnehmer sprachen sich für die von E. Beier vorgeschlagene Art der Durchführung aus.

An dem Treffen am 19.9.1998 nahmen Vertreter aller Bezirksvereine der Region, der beiden Beiräte und die Chefredakteurin des Ingenieurforums teil. Nach längerer Diskussion über die Schwerpunktbildungen in den Veranstaltungen wird vorgeschlagen, der Reihe folgenden Arbeitstitel zu geben:

„Ingenieure gestern, heute und morgen

in der industriellen Landschaft der Region Westfalen-Ruhr"

Unter Federführung von Herrn Dr. Jürgen-Peter Voigt wurde ein Ausschuss gebildet, der das gesamte Konzept für die Vortragsreihe formulieren, allgemeine Marketingstrategien festlegen und Referenten vorschlagen soll.

Die erste Sitzung dieses Ausschusses fand am 23.10.1998 in Dortmund statt. In einer Tischvorlage schlug Dr. Voigt folgende Themen vor:

- Chancen zur Steigerung der Technikakzeptanz und Technikfreundlichkeit
- Verbesserung der Chancen für junge Ingenieure in Anbetracht des sich abzeichnenden Mangels an Ingenieurnachwuchs
- Qualität des Standorts Westfalen/Ruhr für Neuansiedlungen und Erweiterungen

und verwies auf die Möglichkeit einer Podiumsdiskussion. „Referenten bzw. Teilnehmer der Podiumsdiskussion sollten möglichst Persönlichkeiten sein, die in der Region bereits bekannt sind und einen guten Namen haben. Professoren der Universitäten und Fachhochschulen können, ebenso wie Vorstände und Geschäftsführer namhafter Unternehmen, interessante Referenten und Diskussionsteilnehmer sein."

Als Titel für die Veranstaltungsreihe empfahl der Arbeitskreis

„Ingenieurforum Verein Deutscher Ingenieure..."

Schwerpunktthemen aktueller technischer und gesellschaftlicher Fragestellungen

Er benannte beispielhaft acht mögliche Schwerpunktthemen für die einzelnen Bezirksvereine und unterbreitete einen Gliederungsvorschlag für die Behandlung der einzelnen Schwerpunktthemen.

Er schlug vor, von September/Oktober 1999 bis September/Oktober 2000 vier oder fünf Veranstaltungen und danach die nächsten Veranstaltungen durchzuführen. Als Tageszeit hielt er den Zeitraum von 18.00 bis 20.30 Uhr für günstig.

Die zweite Sitzung fand am 11.11.1998 ebenfalls bei Krupp Hoesch in Dortmund statt. Dabei wurde die von Herrn Dr. Voigt gemäß den Festlegungen in der vorausgegangenen Sitzung formulierte Projektskizze noch einmal diskutiert und mit einigen Zusätzen, u. a. über die Art der Einladungen, verabschiedet mit der Bitte an E. Beier, sie nach redaktioneller Überarbeitung durch Herrn Dr. Voigt mit der Einladung zu einer außerordentlichen Regionssitzung am 20.1.1999 an die Vorsitzenden der Bezirksvereine zu schicken.

Um in dieser Regionssitzung möglichst schon für die am 1.9.1999 in Bochum vorgesehene Auftaktveranstaltung einen Referenten präsentieren zu können, hat E. Beier den Stellvertretenden Vorsitzenden der Adam Opel AG, Herrn Dipl.-Ing. Wolfgang Strinz, schriftlich um die Übernahme eines Vortrags gebeten. Herr Strinz hat E. Beier am 5.1.1999 mitgeteilt, daß er dazu leider terminlich nicht in der Lage sei, daß aber der Chef der Bochumer Opelwerke, Herr Dipl.-Ing. Rainald Hoben, diese Aufgabe gern übernehmen würde. Am 15.1.99 fand eine Besprechung von E. Beier mit Herrn Hoben statt, in der Herr Hoben sich nicht nur bereit erklärt hat, den Vortrag zu übernehmen, sondern auch alle interessierten Teilnehmer vor der Vortragsveranstaltung durch sein Werk führen zu lassen.

An der außerordentlichen Regionssitzung am 20.1.1999 nahmen außer Mitgliedern der Vorstände der Bezirksvereine die Mitglieder der Beiräte, Frau Jandel und Herr Benecke teil. Die meisten Bezirksvereine gaben bereits die Zeiträume, in denen ihre Veranstaltungen stattfinden sollen, und ihr Schwerpunktthema an. Lediglich „Herr Lueg berichtet, daß der Vorstand des RHR-BV für diese Veranstaltungen keine große Begeisterung zeige" (Protokolltext). Wegen der großen geographischen Distanzen zwischen den Bezirksvereinen sollen im Winter keine Veranstaltungen stattfinden. Möglichkeiten einer teilweisen Kostenerstattung des Hauptvereins wurden diskutiert.

Am 26.1.1999 schickte E. Beier Herrn Benecke einen „Antrag auf Unterstützung einer Veranstaltung der Region Westfalen-Ruhr" mit einer Aufschlüsselung der erwarteten Kosten und der Bitte an den Hauptverein, einen Kostenanteil von 4.400 DM zu übernehmen. Dem Antrag wurde am 20.4.1999 in der 50. Sitzung des Beirats der Bezirksvereine stattgegeben.

Am 26.1.1999 hat E. Beier den Ministerpräsidenten NW angeschrieben und ihn gebeten, die Schirmherrschaft über die gesamte Vortragsreihe zu übernehmen und in der Auftaktveranstaltung ein Grußwort zu sprechen. Da der Ministerpräsident auf dieses Schreiben nicht reagiert hat, hat sich E. Beier bei mehreren Stellen der Landesregierung nach dem Verbleib des Schreibens erkundigt. Von dort wurde die Vermutung geäußert, dass es wohl beim Umzug der Staatskanzlei verloren gegangen sein müsse. Deshalb hat E. Beier Herrn Horn (aus der Staatskanzlei?) am 22.2.1999 ein Fax der Kopie seines Schreibens vom 26.1. geschickt. Darauf kam am 26.2. ein Schreiben des Leiters des Büros des Ministerpräsidenten, Herrn Udo Wloka, an, in dem er mitteilte, dass „der Terminkalender des Herrn Ministerpräsidenten an dem Tag schon ‚ausgebucht' ist. Herr Ministerpräsident Clement bittet um Verständnis für seine Verhinderung. Er ist jedoch gern bereit, Ihrer Veranstaltung seinen Schutz und Schirm zu gewähren. Darüber hinaus möchte er Ihnen gern eine Vertretung der Landesregierung vermitteln." Am 24.3. schreibt der Leiter des Büros des Ministerpräsidenten: „Ich freue mich, Ihnen heute mitteilen zu können, daß der Staatssekretär im Ministerium für Wirtschaft, Mittelstand, Technologie und Verkehr, Herr Joachim Westermann, der Bitte des Ministerpräsidenten gern folgend, das Grußwort der Landesregierung überbringen und an der anschließenden Podiumsdiskussion teilnehmen wird." Einzelheiten möge E. Beier mit dem Büro des Staatssekretärs absprechen. Am 3.4. stand in der WAZ: Der Staatssekretär „wurde gegen seinen Willen in den einstweiligen Ruhestand versetzt." Deshalb nahm E. Beier Verbindung mit dem Leiter des Büros des Staatssekretärs, Herrn Dieter Döring, auf. Herr Döring teilte ihm daraufhin am 14.4. mit, dass der neue Staatssekretär Georg Wilhelm Adamowitsch gern bereit sei, den Termin am 1.9. zu übernehmen. Am 26.4. hat E. Beier Herrn Adamowitsch schriftlich ausführlich über die Veranstaltung informiert. Am 15.5. hat Herr Adamowitsch anlässlich der Feier zum 50-jährigen Bestehen des Ringes Deutscher Bergingenieure RDB in Vertretung des Wirtschaftsministers NW gesprochen. Bei dieser Gelegenheit hat er E. Beier die Schwerpunkte genannt, auf die er eingehen wolle. Die von Beier genannte Zeit von fünf Minuten für ein Grußwort erschien ihm nicht ausreichend: Er brauche wenigstens eine Viertelstunde. Da Beier den Eindruck hatte, dass er es nicht kürzer machen würde, hat er widerstrebend zugestimmt. Etwa am 1.7. stand in der Zeitung, dass Herr Adamowitsch zum Chef der Staatskanzlei ernannt worden ist. Um zu erfahren, ob Herr Adamowitsch auch in dieser neuen Funktion das Grußwort der Landesregierung sprechen wird, rief E. Beier etwa am 10.7. die Staatskanzlei an. Man sagte ihm, dass Herr Adamowitsch wohl nicht sprechen werde, sondern der neue noch zu ernennende Staatssekretär. Etwa am 20.7. teilte das Büro des Staatssekretärs E. Beier auf seinen Anruf mit, dass noch kein neuer Staatssekretär ernannt worden sei. Die gleiche Antwort erhielt er etwa am 1.8. und zusätzlich teilte ihm Herr Döring mit, dass für den Fall, dass bis zum 1.9. noch kein Staatssekretär ernannt worden sei, ein Abteilungsleiter kommen werde. Etwa am 12.8. rief Herr Voigt vom Wirtschaftsministerium E. Beier an und teilte ihm mit, dass Herr Dr. Speier, Leiter der Abteilung Industrie, Technologie und Außenwirtschaft im Wirtschaftsministerium zu uns kommen werde, um das Grußwort der Landesregierung zu sprechen, nicht aber, um an der Podiumsdiskussion teilzunehmen. Da Herr Voigt die Ansprache von

Herrn Speier vorbereitete, legte E.Beier ihm dar, worum es uns geht. Am 16.8. teilte Herr Voigt E. Beier mit, dass Herr Heinz Krommen, Leiter der Gruppe „Grundsatzangelegenheiten des Hochschulwesens, Hochschulplanung, Statistik, Qualität der Lehre, Kapazitäten" im Ministerium für Schule und Weiterbildung, Wissenschaft und Forschung NRW" an der Podiumsdiskussion teilnehmen werde. Unmittelbar nach dieser Miteilung hat E. Beier Herrn Krommen angerufen, aber dieser hatte sich zu diesem Zeitpunkt noch nicht entschieden. Eine positive Antwort gab er ihm auf seinen Anruf am 19.8. Am 20.8. hat E. Beier ihm das erneut aktualisierte Programm geschickt. Am 23.8. hat Herr Döring E. Beier schriftlich die Teilnahme von Herrn Krommen bestätigt. Bei der Besetzung Speier/Krommen ist es dann geblieben.

Unerwartet zeitaufwendig war es auch, zu einer endgültigen Absprache mit einer als Moderator geeigneten Person zu kommen. Der Altrektor der Ruhr-Universität, Herr Prof. Dr. Wollfgang Maßberg, hatte sich zunächst dazu bereit erklärt, dann aber absagen müssen, weil der Termin einer fachlichen Reise in die USA vorverlegt worden war. Er hat E. Beier seinen Nachfolger auf seinem Lehrstuhl, Herrn Prof. Dr. Horst Meier, Träger des VDI-Ehrenringes vorgeschlagen. H. Meier sollte am 1.5. sein Amt an der Ruhr-Universität antreten. Infolge von Schwierigkeiten bei den Verhandlungen über die Ausstattung des Lehrstuhls ist es zu dem genannten Termin nicht dazu gekommen. E. Beier konnte H. Meier lange nicht erreichen und hat deshalb beim Rektor und Kanzler nach dem Stand der Verhandlungen gefragt. Als E. Beier schon ins Auge gefasst hatte, selbst die Podiumsdiskussion zu moderieren, hat H. Meier seinen Dienst in Bochum angetreten und E. Beier zu einem Gespräch eingeladen. In diesem Gespräch wurde vollständige Übereinstimmung für die Durchführung der Podiumsdiskussion erzielt.

Die „Verpflichtung" weiterer Podiumsteilnehmer verlief zwar auch nicht immer unkompliziert, aber der Aufwand hielt sich in Grenzen.

Auf Anregung von E. Beier hat am 16.8. eine Vorbesprechung aller Podiumsdiskutanten stattgefunden, an der auch der Vorsitzende des Bochumer Bezirksvereins Dr. Siegfried Müller, Ober-Ingenieur Dr. Dieter Kreimeier und E. Beier teilgenommen haben. Zu dieser Besprechung hatte der Opelchef Dipl.-Ing. Rainald Hoben in das Opelwerk I eingeladen. Teilgenommen haben folgende Personen:

Beier, Sprecher der VDI-Region Westfalen-Ruhr

Bergert, Studentin, Sprecherin des AStA der TFH Bochum

Hoben, Dipl.-Ing., Leiter der Bochumer Opelwerke

Köning, Dipl.-Ing., Personalleiter der Kfz.-Elektrik der Fa. Hella in Lippstadt

Kreimeier, Dr., Oberingenieur Fakultät Maschinenbau der Ruhr-Universität

Meier, Prof. Dr.-Ing., Lehrstuhlinhaber Produktionssysteme der Ruhr-Universität **(Moderator)**

Müller, Dr.-Ing., Vorsitzender des Bochumer VDI-Bezirksvereins

Roddeck, Prof. Dr.-Ing., Prodekan der Fakultät Maschinenbau der FH Bochum

Senf, OStD., Vorsitzender der Konferenz der Direktoren der Bochumer Gymnasien

Welp, Prof. Dr.-Ing., design. Dekan der Fakultät Maschinenbau der Ruhr-Universität

Es wurde diskutiert, welche Fragen auf dem Podium angesprochen werden sollten und welche zusätzlichen Aktivitäten zu planen seien. Die Vertreter der beiden Firmen, der drei Hochschulen und des VDI kamen überein, dass jede dieser sechs Gruppen einen Stand mit Informationen aufbauen und nach Möglichkeit etwa fünf junge Ingenieure oder Ingenieurinnen für eine Diskussion mit den Teilnehmern des Forums bereitstellen sollte. Herr Hoben sagte zu, Opel würde dafür Stellwände anfertigen lassen.

Bereits vor der Vorbereitung der Podiumsdiskussion fand am 11.8. zwischen E. Beier und dem PR-Chef der Firma Opel Graf Praschma und seinem Mitarbeiter Löhrmann eine Besprechung über den Ablauf der als Vorprogramm geplanten Besichtigung des Opelwerkes I statt, zu der sich 188 Teilnehmer angemeldet hatten, von denen 118 Personen den Bustransfer vom Bergbau-Museum in Anspruch nehmen und 70 Personen mit dem eigenen Wagen fahren wollten. Von den Opel-Herren wurde ein minuziöser Ablaufplan mit fünf Führern für die Besichtigung erstellt. Opel hat die Kosten für die Busse übernommen und alle Teilnehmer nach der Besichtigung bewirtet, damit diese nicht hungrig an der anschließenden Hauptversammlung teilnehmen mussten.

Dr. Müller hat E. Beier bei der Vorbereitung des Gesamtprojekts immer mit Rat und Tat zur Seite gestanden. Besonders eingesetzt hat er sich bei der Vorbereitung der Veranstaltung im Bergbau-Museum selbst, das der VDI durch seine Initiative kostenlos benutzen durfte. Er hat dafür gesorgt, dass die Podiumsdiskutanten gut sitzen, gesehen und gehört werden konnten, dass für die Informationsstände gute Plätze frei

gehalten wurden, dass alle Teilnehmer etwas Ordentliches zu essen und zu trinken bekamen und sich dafür nicht anstellen mussten.
Der Bochumer Bezirksverein hat keine Einladungen zum Forum drucken lassen, sondern E. Beier hat alle Gäste persönlich angeschrieben. Eingegangen sind insgesamt **281 Anmeldungen**, die sich folgendermaßen zusammensetzten:

VDI-Mitglieder

BOC	61
BRG	15
EMR	21
LEN	3
MST	10
TEU	3
RHR	1
WFN	28
Region	142
Hauptverein	3
VDI, ges.	145

Nichtmitglieder

Schüler	45
Lehrer/Professoren	18
Informanten	15
Ingenieure	8
Studenten	7
Bürgermeister + Stv.	3
Landesregierung	2
IHK	2
Schulverwaltung	1

Arbeitsamt	1
ohne Zuordnung	34
Nichtmitglieder, ges.	136

106 der angemeldeten 145 VDI-Mitglieder hatten für ihre Anmeldung das Formblatt aus dem Ingenieurforum Westfalen-Ruhr benutzt. Die meisten der nicht dem VDI angehörenden Teilnehmer hatten sich aufgrund der persönlichen Einladung E. Beiers, der neben vielen anderen die Leiter von 16 Gymnasien und Gesamtschulen angeschrieben hatte, angemeldet. Verhältnismäßig wenige Anmeldungen waren aufgrund von Ankündigungen in Zeitungen eingegangen.

Pünktlich um 18.00 Uhr eröffnete E. Beier die Veranstaltungsreihe „Ingenieurforum Westfalen-Ruhr". Danach begrüßte Dr. Siegfried Müller als Vorsitzender des Bochumer Bezirksvereins alle Teilnehmer. Grußworte sprachen die Herren

Ltd. Ministerialrat Dr. Frank Speier, Wirtschaftsministerium NRW

Ernst-Otto Stüber, Oberbürgermeister der Stadt Bochum

Prof. Dr. Frank Schneeberger, Prorektor der Ruhr-Universität

Dr. Willi Fuchs, Direktor des Vereins Deutscher Ingenieure

Prof. Dr. Rainer Slotta, Direktor des Deutschen Bergbau-Museums

Es folgte der Vortrag

> **Dipl.-Ing. Reinald Hoben, Leiter der Bochumer Opelwerke:**
>
> **100 Jahre Automobilbau bei Opel -**
> **100 Jahre des Wandels der Produktionstechnik**

Daran schloss sich die Podiumsdiskussion an mit dem Thema:

> **Ingenieur - ein Beruf mit Zukunft**

Teilnehmer waren

Bergert, Studentin, Sprecherin des AStA der TFH Bochum

Hoben, Dipl.-Ing., Leiter der Bochumer Opelwerke

Köning, Dipl.-Ing., Personalleiter der Kfz.-Elektrik der Fa. Hella in Lippstadt

Krommen, Dipl.-Volkswirt, Gruppenleiter im Wissenschaftsministerium NRW

Mitarbeit im Verein Deutscher Ingenieure VDI 235

Meier, Prof. Dr.-Ing., Lehrstuhlinhaber Produktionssysteme **(Moderator)**

Roddeck, Prof. Dr.-Ing., Prodekan der Fakultät Maschinenbau der FH Bochum

Senf, OStD., Vorsitzender der Konferenz der Direktoren der Bochumer Gymnasien

Sußebach, Dipl.-Ing., Assistent der Fakultät Maschinenbau der Ruhr-Universität

Welp, Prof. Dr.-Ing., design. Dekan der Fakultät Maschinenbau der Ruhr-Universität

Kernsätze aus der Podiumsdiskussion wurden am 10.9. in den VDI-Nachrichten auf Seite 71 wiedergegeben. Außerdem wurde dort ein Satz aus den Grußworten des VDI-Direktors Dr. Willi Fuchs zitiert: „Dies ist die erste Veranstaltung, die Jugendliche und Technik in den Mittelpunkt stellt."

Pünktlich um 20.00 Uhr schloss Prof. Meier die Podiumsdiskussion, die er hervorragend moderiert hatte. Dr. Müller bedankte sich abschließend bei allen Teilnehmern, insbesondere bei den Sprechern der Grußworte, dem Referenten Herrn Hoben, den Podiumsdiskutanten und dem Organisator der Veranstaltung und lud alle Personen, vor allem die Schüler, ein, sich an den von den Firmen, den Hochschulen und dem VDI aufgebauten Ständen anhand der Poster ein noch deutlicheres Bild von den Aufgaben des Ingenieurs und dem Ingenieurstudium zu verschaffen, mit den dazu bereitstehenden jungen Ingenieuren zu diskutieren und mit ihnen Treffen im kleineren Kreis zu verabreden.

Für Speis' und Trank war gesorgt. Damit die Teilnehmer sich nicht festsetzten, sondern ihre Gesprächspartner wechselten, waren keine Sitzmöbel aufgestellt. Erst etwa eine Stunde nach den Schlussworten Dr. Müllers begann sich das Bergbau-Museum langsam zu leeren. Dr. Müller und E. Beier sind bisher ausschließlich positive Reaktionen über die Veranstaltung zu Ohren gekommen.

Da das Forum nur die Funktion einer Initialzündung haben sollte, gilt es nun, die dort geknüpften Kontakte zu nutzen, um junge Menschen für ein Ingenieurstudium zu interessieren. E. Beier hat deshalb Vertreter der Schulen angeschrieben mit dem Ziel, gemeinsam mit diesen Informationsveranstaltungen an den Schulen durchzuführen und Treffen von Schülern mit Ingenieuren und Betriebsbesichtigungen zu organisieren. Eine erste Besprechung über eine von Herrn OStR Wohlgemuth von der Goetheschule in Bochum geplante „Technikmesse" wird voraussichtlich am 13.10. im Deutschen Bergbau-Museum zwischen den Herren Müller, Wohlgemuth und Beier stattfinden.

Ende des Erfahrungsberichts

Inzwischen haben alle geplanten Ingenieurforen mit großem Erfolg stattgefunden, die letzte am 25.10.2002 beim Bergischen VDI-Bezirksverein in Wuppertal, an dem ich mit 33 Senioren des Bochumer Bezirksvereins teilgenommen habe.

Verleihung des Ehrenzeichens des VDI

Vom Direktor des VDI Herrn Dr. Willi Fuchs erhielt ich mit Datum 22.11.2001 folgendes Schreiben:

„Sehr geehrter Herr Professor Beier,

der VDI hat 1931, anläßlich seiner 75-Jahrfeier, das Ehrenzeichen des VDI als eine Auszeichnung für Ingenieure gestiftet, die besondere berufliche Leistungen aufzuweisen oder sich Verdienste auf dem Gebiet der technisch-wissenschaftlichen Arbeit im In- und Ausland erworben haben.

Es ist mir eine große Freude, Sie davon in Kenntnis zu setzen, daß die Vorstandsversammlung des VDI am 21. November 2001 den Beschluß des Präsidiums bestätigt hat, Ihnen das Ehrenzeichen des VDI zu verleihen.

Die Ehrungsveranstaltung, in deren Rahmen Ihnen die Auszeichnung überreicht werden soll, wird am Mittwoch, dem 22. Mai 2002 im VDI-Haus in Düsseldorf stattfinden.

Bitte lassen Sie mich wissen, ob Sie bereit sind, die Ehrung anzunehmen."

Da ich bereit war, schrieb mir der Präsident des VDI Herr Prof. Dr.-Ing. Hubertus Christ am 14. Februar 2002:

„Sehr geehrter Herr Professor Beier,

es wird mir eine große Freude sein, Ihnen am Mittwoch, dem 22. Mai 2002, in Anwesenheit des Präsidiums und der Vorstandsversammlung des VDI das Ehrenzeichen des VDI zu überreichen.

Die Ehrungsveranstaltung beginnt um 9.30 Uhr im VDI-Haus Düsseldorf. Sie wird eingeleitet durch einen Vortrag von Herrn Professor Dr. Christoph Hubig, Prorektor Struktur/Controlling der Universität Stuttgart, zum Thema „Ethik der Technik: Ja! – Ehrenkodex für Ingenieure: Nein?" – Probleme und Chancen ethischer Leitbilder im Ingenieurberuf.

Wir würden uns freuen, auch Ihre Frau Gemahlin zu diesem Anlass begrüßen zu können.

Das Präsidium des VDI gibt für die neuen Inhaber der Ehrungen am Vorabend

Dienstag, dem 21. Mai, um 19.00 Uhr

im Industrie-Club, Elberfelder Str. 6, Düsseldorf,

einen Empfang mit anschließendem Essen, zu dem ich Sie und Ihre Frau Gemahlin herzlich einlade."

Der Düsseldorfer Industrie-Club ist ein historisches Haus. Hier legte Hitler vor seiner Machtübernahme den Ruhr-Industriellen seine Pläne für eine wirtschaftliche Gesundung des Deutschen Reiches dar.

Gisela und ich bezogen am Dienstag des abendlichen Empfangs in dem vom VDI vermittelten Hotel „Haus am Zoo" in der Nähe des VDI-Hauses ein schönes Zimmer und spazierten dann langsam zum Industrie-Club.

Nach dem Empfang setzten wir uns zum Essen auf die vorgesehenen Plätze; Gisela zur Rechten saß der Präsident und zu meiner Linken der Vorsitzende des Bochumer Bezirksvereins Prof. Dr. Holger Klages. Mir gegenüber saß der Vorsitzende des Beirats der Bezirksvereine Prof. Hoppe. Auf der auf jedem Platz liegenden Karte waren die „Teilnehmer am festlichen Abendessen, 21. Mai, Vorabend der Ehrungsveranstaltung 2002" aufgeführt, darunter natürlich die drei künftigen Träger des Ehrenzeichens und die drei künftigen Träger des Ehrenringes mit den ihnen zu Ehren eingeladenen Gästen. Für mich waren neben Gisela eingeladen Prof. Klages als 1. Vorsitzender des Bochumer BV, Dr. Siegfried Müller als Vorschlagender und 2. Vorsitzender und der Leiter des VDI-Bereichs Mitgliederservice & Marketing Dipl.-Ing. Hechinger. Bei dieser Zusammensetzung ergaben sich während des vorzüglichen Essens ausgezeichnete Möglichkeiten zu interessanten Gesprächen.

Anschließend gingen Gisela und ich mit den beiden anderen künftigen Trägern des Ehrenzeichens Prof. Rudolf Priegert vom Westsächsischen VDI-Bezirksverein Chemnitz und dem aus Ungarn stammenden Prof. Tibor Rákóczy sowie einem der Ehrenringträger und den zugehörigen Damen in die Altstadt und tranken bei guter Stimmung noch einige Gläser Altbier.

Am nächsten Morgen nahm Gisela und mich ein ebenfalls zu ehrender Kollege mit seinem Wagen zum VDI-Haus mit. Es berührte mich eigenartig, im VDI-Haus vor den alten Kollegen im Mittelpunkt zu stehen, aber selbst nach 18 Jahren nicht mehr an Entscheidungen des Hauses mitwirken zu können. Die Ehrung erfolgte nach dem interessanten Vortrag von Professor Hubig.

Als ich meinte, ich sei nun an der Reihe, irritierte mich, dass der Präsident von einem Oberbaurat sprach. Es dauerte wohl zwei Sekunden bis ich mich erinnerte, dass ich auch einmal ein solcher gewesen war, also ich gemeint sei. Nachdem Herr Christ mich zu sich nach vorne gebeten hatte, sagte er Folgendes:

„Von der Ausbildung zum Chemiewerker und Chemielaborant über den Besuch der Bergschule Bochum und betrieblicher Arbeit als Kokereisteiger führte Sie Ihr Studium zur RWTH Aachen und zum Abschluss als Diplom-Chemiker. Nach Ihrer Dozententätigkeit als Bergschullehrer und nach Ihrer Promotion lehrten Sie als Oberbaurat an der Ingenieurschule für Bergwesen in Bochum. 1971 wurden Sie als Professor für Chemie sowie Chemische und Thermische Verfahrenstechnik an die FH Bergbau berufen, später auch zum Dekan des Fachbereichs Verfahrenstechnik und zum Rektor. 1986 bis 1989 leiteten Sie das Institut für Chemie der Westfälischen Berggewerkschaftskasse.

Im Rahmen Ihrer Versuchsarbeiten ist es Ihnen gelungen, den Mechanismus der Kohlenoxidation an Luft aufzuklären und so zur Vermeidung von Gruben- und Haldenbränden beizutragen. Die Liste Ihrer Publikationen umfasst 65 Veröffentlichungen. Besonders herausheben möchte ich Ihr Buch „Historische Entwicklung des Ruhrgebiets", Ihr Umweltwörterbuch sowie ein Umweltlexikon für Ingenieure und Techniker.

Trotz dieser intensiven wissenschaftlichen Arbeit haben Sie sich in hohem Ausmaß ehrenamtlich engagiert: als Vorsitzender und stellvertretender Vorsitzender der Bochumer Bezirksvereins, Mitglied des Beirats der Bezirksvereine, Sprecher der Region Westfalen-Ruhr und erst jüngst als Mitinitiator der Veranstaltungsreihe „Ingenieurforum".

Neben vielen Ehrungen von anderer Seite hat der VDI Ihnen bereits seine Ehrenplakette und die Ehrenmedaille verliehen.

Für die heutige Ehrung hat Sie der Bochumer Bezirksverein vorgeschlagen.

In Ihrer **Ehrungsurkunde** heißt es:

Mitarbeit im Verein Deutscher Ingenieure VDI

„Ernst Beier ist es in jahrzehntelangen Versuchen gelungen, den Mechanismus der Kohlenoxidation an Luft aufzuklären, der zur Selbstentzündung der Kohlen und damit zu Gruben- und Haldenbränden führen kann. Im Rahmen dieser Untersuchungen hat er nachgewiesen, dass alle Kohlen an Luft schon bei normaler Temperatur neben Kohlendioxid das giftige Kohlenmonoxid emittieren, dass dieses aber an feuchter Luft durch weit verbreitete Mikroben zu Kohlendioxid oxidiert wird. Aufbauend auf diese Erkenntnissen hat er mikrobiologische Verfahren zur Entpyritisierung von Steinkohlen und zur Auswaschung von CO aus Luft entwickelt. Begleitet wurde dies von ständigem ehrenamtlichen Engagement."

Ich gratuliere Ihnen, Herr Professor Beier, sehr herzlich zu dieser Ehrung und danke Ihnen für Ihre engagierte Arbeit für den VDI.

Bild 19: Übergabe des VDI-Ehrenzeichens durch den Präsidenten des VDI Professor Dr. Hubertus Christ (2002) an Ernst Beier

Nach Abschluss der offiziellen Ehrung der drei Ehrenring- und drei Ehrenzeichenträger nahm sich der Präsident noch Zeit zu einem kurzen Gespräch mit uns, bevor er die Vorstandsversammlung eröffnete. Der Ehrenring wird nur an Personen verliehen, die das 40. Lebensjahr noch nicht überschritten haben. Da der VDI etwa 130.000 Mitglieder hat, ergibt sich, dass auf etwa 40.000 Mitglieder je eine der beiden Ehrungsarten entfällt. Bevor ein Antrag auf Verleihung einer der beiden genannten Ehrungen dem Präsidium vorgelegt wird, durchläuft er die zuständigen Fachgremien des VDI.

Gründung und Leitung des Seniorenkreises

Nachdem ich keine Vorstandsfunktion mehr wahrnehme, kümmere ich mich um die Senioren des Bochumer VDI-Bezirksvereins, gratuliere zu Geburtstagen und führe besondere Veranstaltungen durch, an denen die Mitglieder mit jeweils einer Begleitperson, das ist in der Regel die Ehefrau, teilnehmen können. Ich nenne nur die Ehefrauen und keine Ehemänner, weil wir in der Seniorenstufe noch keine Ingenieurinnen haben, die ihre Ehemänner mitbringen könnten.

Folgende Veranstaltungen haben bisher stattgefunden oder sind geplant:

Seniorenveranstaltungen des Bochumer VDI-Bezirksvereins

Stand: 24.12.03

01.	28.08.01	Fraunhofer-Institut Schmallenberg + Kahler Asten + Hoher Knochen	
02.	11.09.	Zeche Nachtigall + Stollen + Wanderung Muttental	
03.	10.10.	Wittener Edelstahlwerke + Wanderung im Wittener Stadtwald	
04.	23.10.	Sanierungsmaßnahme „Unser Fritz" + Kanalwanderung	
05.	22.11.	Photovoltaik-Infozentrum in Gelsenkirchen + Schloss Wittringen	
06.	11.12.	Bergbaurundweg „Ruhr-Uni" + Führung durch Botanischen Garten	
07.	22.01.02	Nixdorf MuseumForum + Stadtbes. Paderborn	41 a
08.	20.02.	Europa-Parlament + VDI in Brüssel	45 a
09.	05.03.	VDI-Ingenieurforum in Hagen, vorher DP-Logistikzentrum	32 a
10.	16.04.	Karstadt-Warenverteilzentrum + Stadtbesichtigung Kamen	34 a
11.	07.05.	Berufskolleg Glas, Keramik in Rheinbach + Petersberg	44
12.	15.07.	ZDF in Mainz + Stadtbesichtigung Mainz, insb. Dom	50 a
13.	20.08.	Bramsche: Tuchmachermuseum + Varus-	46

Mitarbeit im Verein Deutscher Ingenieure VDI 241

14.	24.09.	schlachtmuseum Deutsche Bergbautechnik Lünen + Stiftskirche Cappenberg + Wanderung	30 a
15.	25.10.	VDI-Ingenieurforum in Wuppertal, vorher Vaillant in Remscheid	33 a
16.	19.11.	„Arena auf Schalke" + Museum und Info-Center	49
17.	09.12.	Deutsche Flugsicherung DFS in Düsseldorf	16 a
18.	28.01.03	Lichtbildervortrag über eine Reise nach Tansania (E. Beier)	74
19.	24.03.	Bayer AG in Wuppertal + Mariendom in Neviges + Wanderung	42 a
20.	08.04.	Braunkohlentagebau in Inden + Achener Dom und Altstadt	40 a
21.	30.04.	Kernkraftwerk Lingen + Speichersee, ausgebucht	31 a
22.	12.05.	Deutscher Ingenieurtag in Münster	27
23.	12.06.	Planetarium in Bochum + Stadtpark	43
24.	10.07.	Stahlwerke Bochum + Jahrhunderthalle	32 a
25.	07.08.	Kettenschmiede Thiele in Kalthof + Danzturm	32 a
26.	03.09.	Miele in Bielefeld + Sparrenburg + Hermannsdenkmal + W Detmold	32 a
27.	13.10.	Sonderfahrt mit der BOGESTRA + Werkstätten (Gatte)	29 a
28.	14.11.	Kernkraftwerk-Simulator in Essen-Kupferdreh (H. Küster)	
29.	15.12.	Krombacher Bierbrauerei (Reith)	
30.	14.01.04	Lesung E. Beier: Kindheit und Jugend im Ruhrrevier (1933 –1948)	a
31.	17.02.	Bekleidungsunternehmen Steilmann in Wattenscheid	a
32.	02.03.	Westfälisches Wirtschaftsarchiv + Zechensiedlungen (Unverferth)	a
33.	20.04.	Sperrmauer Möhnesee, Drüggelter Kapelle und Soest; mit Wanderung	
34.	06.05.	Braunk.-KW Niederaußem (Küster) + Abtei Brauweiler (Schneider)	a
35.	08.06.	Kokerei Schwelgern	
36.	07.	Dr. C. Otto – Feuerfest (Hilmer)	
37.	08.		
38.	23.09.	Wasserhaltung im Ruhrbergbau	

a = ausgebucht   W= Wanderung

Bei der Arbeit mit dem Seniorenkreis freue ich mich besonders über Mitglieder, die nach Rücksprache mit mir Veranstaltungen organisieren und durchführen. Ich muss dabei nur dafür sorgen, dass alle Mitglieder benachrichtigt werden. Anlässlich unserer 25. Seniorenveranstaltung überreichte ich fünf Herren als symbolische Anerkennung für Ihren Einsatz am Danzturm in Iserlohn eine Flasche Bochumer Rotspon.

Bild 20: Ernst Beier mit dem VDI-Seniorenkreis im Europaparlament in Brüssel (2002)

Zum Abschluss dieses Kapitels gebe ich zusammenfassend an, welche Funktionen ich im VDI wahrgenommen habe:

1. Vorsitzender des Bochumer Bezirksvereins: 1984 - 1993

2. Vorsitzender des Bochumer Bezirksvereins: 1993 - 2001

   Mitglied des Beirats der Bezirksvereine: 1996 - 1999

   Sprecher der Region Westfalen-Ruhr: 1998 - 2000

   Leiter des Seniorenkreises des Bo-BV   2001 -

Mitarbeit im Ring Deutscher Bergingenieure RDB

Falls mich meine Erinnerung nicht trügt, trat ich während meiner Bergschulzeit als studierendes Mitglied in den Ring ehemaliger Bergschüler ReB ein; Vollmitglied wurde ich erst nach Abschluss meiner Bergschulausbildung am 1.11.1952. Während meines Hochschulstudiums war ich Einzelmitglied; nach der Aufnahme meiner Lehrtätigkeit an der Bergschule ließ ich mich dem Bezirksverein (BV) Bochum-Süd zuordnen. Durch die Einstellung des Bergbaus in Bochum nahm die Mitgliederzahl dieses BV so stark ab, dass er aufgelöst wurde. Die Mitglieder wurden auf andere BVs verteilt; ich kam zum BV Wanne-Eickel.

Da die Bergschule von zwei anderen Schulen abgelöst wurde - 1963 wurde die Ingenieurschule für Bergwesen und 1964 die Bergfachschule gegründet -, gab es ab 1966 für den ReB keinen Nachwuchs mehr, für den die Bezeichnung „ehemalige Bergschüler" zutraf. Der ReB änderte deshalb seine Satzung und benannte sich um in „Ring Deutscher Bergingenieure RDB".

Während meines Studiums in Aachen nahm ich an keinen ReB-Veranstaltungen teil, schrieb allerdings Aufsätze für die ReB-Zeitschrift „bergbau". Der erste Aufsatz befasste sich unter dem Titel „Atomenergie" mit deren theoretischen Grundlagen und der zweite unter dem Titel „Energiegewinnung aus Atomen" mit Atomkraftwerken. Die Aufsätze erschienen im Oktober und im November 1956. Bis zum Jahre 2003 veröffentlichte ich insgesamt 21 Aufsätze in „bergbau".

Außerdem hielt ich nach meiner Wahl zum Leiter des Fachbereichs Verfahrens-technik und dann besonders nach meiner Wahl zum Rektor vor RDB-Gremien Vorträge über Kohlenveredlung, Umwelttechnik und die Ausbildung von Ingenieuren. Zu einer Ansprache zum Barbaratag wurde ich 1999 in Schlema im Erzgebirge gebeten.

Erheblich warb ich für den RDB. Der Erfolg geht aus meinem Brief an den Geschäftsführer des RDB Franz Nitsch vom 2. Oktober 1978 hervor, in dem es heißt: „Ich freue mich, daß ich Ihnen ein dickes Paket mit 102 Aufnahmeanträgen für den RDB schicken kann. [...] Damit die Studenten nicht nur passive Mitglieder werden, würde ich es sehr begrüßen, wenn die Bezirksvereine in besonderen Veranstaltungen versuchten, die studentischen Mitglieder anzusprechen. Das Kollegium der Fachhochschule Bergbau ist bereit, Sie bei derartigen Veranstaltungen zu unterstützen." In den folgenden Jahren schickte ich Herrn Nitsch wohl ähnlich dicke Pakete mit Aufnahmeanträgen, denn zum Jahresende 1984 waren 357 Studenten der FH Bergbau Mitglieder des RDB, das entspricht ziemlich genau der damaligen Gesamtzahl der Studenten im Fachbereich Bergtechnik. Alle Studenten waren Bezirksvereinen zugeordnet. Am 1.1.1991 hatten nur 196 von insgesamt 11.919 Mitgliedern des RDB an der FHB studiert. Inzwischen hat die „Technische Fachhochschule Georg Agricola zu Bochum", das ist der neue Name der ehemaligen FH Bergbau, einen eigenen Bezirksverein, den BV TFH, gegründet, dem im Jahr 2004 meines Wissens etwa 40 Studenten angehören.

Die Gründung eines Bezirksvereins der FH Bergbau hatte 1978 schon der Geschäftsführer für den Schul- und Ausbildungsbereich der Westfälischen Berggewerkschaftskasse, Manfred Fronz, angeregt, indem er unter eine Kopie meines oben angeführten Briefes schrieb: „Wäre nicht eine Ortsgruppe FHS[50] zur Betreuung zweckmäßig?" Ich hielt einen eigenen BV „FH Bergbau" nicht für zweckmäßig, denn mir erschien es wichtig, dass die studierenden Mitglieder in den Bezirksvereinen Kontakte zu aktiven im Bergbau tätigen Mitgliedern knüpfen konnten. Die Situation ist nun, im Jahr 2004, anders, denn in den Bezirksvereinen befinden sich kaum noch aktive Bergleute.

Mit meiner Wahl zum Rektor der FH Bergbau im Jahr 1975 wurde ich Mitglied des Erweiterten Vorstands des RDB, dem ich bis zu meiner Pensionierung im Jahr 1991 angehörte. Zu den Delegiertentagen des RDB werde ich immer noch (2003) als Ehrengast eingeladen.

Über die fortlaufende Darstellung der Entwicklung der FH Bergbau und die Angabe der dort durchgeführten Diplomarbeiten im RDB-Organ „bergbau" berichtete ich im Kapitel „Rektor der Fachhochschule Bergbau". Die umfangreichen Vortrags- und Besichtigungsreihen, die ich als Rektor der FHB, als Vorsitzender des Bochumer VDI-Bezirksvereins und als Mitglied des Erweiterten RDB-Vorstands gemeinsam für alle drei Institutionen plante und durchführte, habe ich im Kapitel „Mitarbeit im VDI" beschrieben.

Im Jahre 1990 bestand der „Fachbereich Maschinentechnik" im bergbaulichen Schulsystem seit hundert Jahren. Zur Feier des Jubiläums war der VDI auf meinen Vorschlag hin bereit, 2000 DM zuzusteuern,

---

[50] FHS war das Kurzzeichen für Fachhochschule, das an Stelle des sonst üblichen FH von einigen akademisch ausgebildeten Bergbauangestellten benutzt wurde, weil es sich besser als FH von TH für Technische Hochschule abhob.

und auch der RDB wollte nicht beiseite stehen, er erbat von mir allerdings einen Ablaufplan. Leider sah sich der Fachbereich nach anfänglicher Zustimmung nicht in der Lage, eine Feier durchzuführen.

Nicht als Organisator, sondern nur als Mitreisender, nahm ich mit meiner Frau an vier Exkursionen des RDB-Bezirksvereins Langendreer in die neuen Bundesländer teil. Diese Exkursionen hatte der langjährige Vorsitzende dieses Bezirksvereins, Rudi Soboll, hervorragend organisiert.

1995 führte uns die Reise in den Braunkohlentagebau Mitteldeutschlands mit einem zusätzlichen Besichtigungsprogramm. Besonders beeindruckten mich Rudi Sobolls gute Kontakte zu den Bergleuten der Mitteldeutschen Braunkohlen AG Mibrag, aus denen sich für uns zahlreiche Einladungen mit interessanten Gesprächen mit den Gastgebern ergaben. Als wir mit dem RDB durch Leipzig bummelten, registrierten meine Frau und ich, dass der Kern der Stadt ein wesentlich freundlicheres Bild bot, als 1992 bei unserem Besuch der winterlichen Musiktage. Der unvergessliche Abschluss dieser Reise war für mich ein romantischer Abend auf der Rudelsburg, auf der uns bei einem Ritterschmaus und fröhlichen Weisen ein vorzüglicher trockener Silvaner von der Unstrut kredenzt wurde. Rudi ließ es sich nicht nehmen, den Text des Studentenliedes von der Rudelsburg vorzutragen.

1996 lag unser Ziel nicht weit vom Bereich des Vorjahres entfernt, aber die Reise war von anderer Art. Die Attraktion war der 500. Bergstreittag in Schneeberg. Am Vorabend dieses Tages erlebten wir auf dem Schneeberger Marktplatz vor dem imposanten Rathaus mit Bergkapellen und vielen Bergleuten in ihrer Tracht einen Großen Zapfenstreich. Am nächsten Mittag sollte der Festzug in der Stadt ankommen. Um dem Gewühle in der Stadt zu entgehen, zog ich mit meiner Frau dem Zug entgegen. Überraschenderweise trafen wir nach 20 Minuten auf ein Straßencafé. Die an einem Tisch sitzenden Einheimischen und ein Arbeitsdirektor aus dem Westen rückten zusammen, wir holten uns aus dem Café zwei Stühle und hatten für den Festzug einen Logenplatz und eine angeregte Unterhaltung über die Probleme der Region. Die unterschiedlichen Bergtrachten und die zahlreichen Gruppen aus dem Ausland, besonders aus der benachbarten Tschechei, fesselten anhaltend unsere Aufmerksamkeit. Die große Hitze des Tages machte uns an der Straße Sitzenden nicht viel aus, denn wir konnten uns an einem kühlen Bier erlaben. Nur wenigen der in schwerer Tracht schwitzend an uns vorüberziehenden Bergleuten konnten wir einen erfrischenden Schluck zukommen lassen. Nach dem Festzug wechselte ich einige Worte mit dem sächsischen Ministerpräsidenten Kurt Biedenkopf, der vor reichlich 20 Jahren Rektor der Ruhr-Universität gewesen war. Am nächsten Tag fuhren wir mit unserem Bus nach Karlsbad, mit dem mich Erinnerungen an das Kriegsende und an eine Wanderung, die ich mit meiner Frau von Bochum ausgehend unternommen hatte, verbanden. Über beides berichtete ich ausführlich an anderer Stelle[51].

1997 fuhren wir mit Rudi Soboll nach Schlesien und in einige Städte außerhalb dieser früher deutschen Provinz. Die erste Nacht verbrachten wir in Liegnitz. Da wir dort spät ankamen, reichte die Zeit nur noch zu einem kurzen Abendspaziergang, auf dem wir aber immerhin die ansprechende Umgebung unseres Hotels Cuprum kennen lernten. Sehr angetan war ich von Breslau, das wir am Vormittag des nächsten Tages erreichten. Hitler hatte diese Stadt zur Festung erklärt, und dementsprechend wurde sie so lange verteidigt - vom 15.2. bis zum 6.5. 1945 -, bis sie vollständig zerstört war. Im Zentrum merkt man von diesen Zerstörungen nichts mehr, denn die Polen haben es originalgetreu wieder aufgebaut. In der Stadt selbst war vom Hochwasser der Oder, das im Juli zu schweren Schäden geführt hatte, nur noch wenig zu sehen. Allerdings lagen am Ufer der Oder noch Sandsäcke und etwas abseits der Stadt türmten sich auf einigen Plätzen durch Wasserschäden nicht mehr brauchbare Möbel. In der Breslauer Universität Leopoldina hat man die Hochwassergefahr wohl unterschätzt, denn ich sah noch, wie ein junger Mann, der eine Atemschutzmaske trug, einem anderen Mann aus einem unter der Straßenoberfläche liegendem Kellerfenster wassertriefende alte Folianten anreichte.[52] Sehr beeindruckten uns die 1913 erbaute in einer weiten Grünanlage liegende riesige Jahrhunderthalle, der gotische Dom St. Johannes, die barocke Aula der Leopoldina, das Rathaus und zum Schluss der ganze Marktplatz mit seinen großzügig angelegten Bürgerhäusern.

Am Nachmittag fuhren wir weiter zu unserem vor einem Buchenwald liegenden Hotel in Rudy - deutsch Groß Rauden - etwa 30 km südwest-

---

[51] Siehe Kapitel „Kriegsdienst" in meinem Buch „Als das Kohleöl noch floss" und „Jubiläumswanderung Ruhrgebiet - Karlsbad" in meinem unveröffentlichten Band „Große Wanderungen".

[52] Der Rektor der Ruhr-Universität, Prof. Dr. Manfred Bormann, teilte am 4.9.1997 den Mitgliedern der Gesellschaft der Freunde der Ruhr-Universität mit, dass u.a. die rechtswissenschaftliche Bibliothek der Partner-Universität Leopoldina vollkommen zerstört worden sei, und rief deshalb zu Spenden auf.

lich von Gleiwitz. Das Hotel diente früher als Bergmannserholungsheim und danach als Trainingslager der polnischen Fußballnationalmannschaft. Auf dieser Fahrt und auch später sahen wir die enormen Schäden, die das Hochwasser insbesondere an kleineren Häusern angerichtet hat. Die „Wasserlinie" lag an manchen Häusern oberhalb des Erdgeschosses. Die einfachen Häuser sahen in Oberschlesien besser aus als früher in der DDR, vor allem war ich vom Blumenschmuck an vielen Fenstern überrascht. Die Friedhöfe waren durchweg sehr gepflegt; umso mehr gruselte es uns, als wir langsam an einem Friedhof vorbeifuhren, auf dem alle Grabsteine, Sträucher und Pflanzen durch das Hochwasser so fest von graubraunem getrocknetem Schlamm überzogen waren, dass es keinem Blümchen gelungen war, die Schlammkruste zu durchdringen, um so die Trostlosigkeit zu mildern.

Der dritte Tag bot uns mit dem Bergwerk Wieliczka und der Stadt Krakau zwei Höhepunkte. In einem Bereich des Bergwerks wird noch Salz gefördert; der andere Bereich wurde 1935 zu einem Besucherbergwerk ausgebaut. Ein Förderkorb brachte uns in einem Schacht, mit dessen Abteufung schon 1638 begonnen worden war, auf die 64-m-Sohle des Besucherbergwerks, das zur Zeit jährlich von mehr als 500.000 Menschen besucht wird. Bei unserem unterirdischen Gang beeindruckte uns ein Dom von 54 m Länge, 17 m Breite und 12 m Höhe durch seine Ausmaße und durch große aus Salz geschlagene Sagen- und Märchenfiguren, die von riesigen Lüstern - ebenfalls aus Salz - beleuchtet wurden. Auf einer unterirdischen Bühne, die über einen Solesee gebaut war, empfing uns eine Bergkapelle mit Glückauf und uns allen bekannten Weisen polnisch-tschechischen Ursprungs sowie mit einem Wodka. Nach der Grubenfahrt brachte uns unser Bus nach Krakau, deren Altstadt wie das Bergwerk Wieliczka 1978 zum Weltkulturerbe erklärt worden war. Ich hätte dort gern den Rektor der Bergakademie besucht, der vor Jahren in Bochum mein privater Gast gewesen war, aber dann hätte ich in den drei Stunden, die uns zur Verfügung standen, keine Zeit gehabt, mir die Stadt anzusehen. Fast alle Teilnehmer spazierten zunächst, geführt von einer jungen Dame, über den quadratischen Marktplatz von 200 m Seitenlänge und durch die Tuchhallen, in denen eine geradezu orientalische Basaratmosphäre herrschte. Nachdem wir die gotische Marienkirche, in der sich ein Veit-Stoß-Altar befindet, besichtigt hatten, teilte uns unsere Führerin auf Anfrage mit, dass sie mit uns nicht zum Wavel, das ist der Burgberg mit Königsschloss und Dom, ginge. Da meine Frau und ich aber daran besonders interessiert waren, lösten wir uns von der Gruppe und ließen uns von einem gut deutsch sprechenden Studenten mit einer Elektro-Rikscha zum Wavel bringen. Damit uns genügend Zeit blieb, die Außenanlagen und einen Blick über die Weichsel zu genießen, verzichteten wir auf einen Rundgang durch das Schloss.

Am vierten Tag teilte sich die Gruppe auf, wobei ich mit meiner Frau die Fahrt zum Annaberg mitmachte. Durch Umleitungen wurde uns die Zeit so knapp, dass wir wohl die Wallfahrtskirche, aber nicht das Denkmal besichtigen konnten, dessen Inschrift ich mir wegen der wechselvollen Geschichte dieses Berges gern übersetzen lassen hätte. Umwege waren während der ganzen Fahrt durch Oberschlesien häufig erforderlich, weil die Straßen- und Brückenschäden nach dem Hochwasser noch nicht restlos beseitigt waren. Den Abschluss des Tages bildete ein Bergmannsabend mit unseren polnischen Kollegen, von denen einige deutschstämmig waren. Der letzte Tag diente uns zur Rückfahrt.

1999 fuhren meine Frau und ich wieder mit einer von Rudi Soboll organisierten Reisegruppe ins Erzgebirge, um das Schneeberger Lichtlfest mitzufeiern. Einige Programmpunkte entsprachen der 1997er Fahrt zum Bergstreittag. Ganz neu war für uns ein riesiger Pferdegöpel an der böhmischen Grenze. Während unserer Barbarafeier in Schlema wurden einige Herren von uns vom mitteldeutschen Fernsehen interviewt.

Über die Hervorhebung der jeweils mehrtägigen Fahrten mit Rudi Soboll darf ich nicht vergessen, dass ich mit dem RDB-Bezirksverein Wanne-Eickel unter Leitung von Helmut Böhnke und anderen RDB-Kameraden an etlichen interessanten Tagesfahrten und Wanderungen teilgenommen habe. Die Wanderungen waren vor allem deshalb für mich reizvoll, weil Helmut Böhnke als Jäger in der Lage war, uns Wanderern die meist mit Wald und Wild zusammenhängenden Fragen zu beantworten. Zu seiner Unterstützung brachte er häufig einen Förster mit. Einige dieser Fahrten wiederholte ich anschließend mit dem VDI. Oben stellte ich bereits dar, dass ich einige Veranstaltungsreihen gemeinsam mit dem RDB und dem VDI geplant habe, wobei oft für den RDB dessen Bezirksverein Wanne-Eickel stand.

Über ehrende Worte, die mir anlässlich von runden Geburtstagen, Jubiläen, Amtsantritten und zu meiner Pensionierung von RDB-Vorsitzenden oder anderen Vorstandsmitgliedern des RDB gewidmet wurden, berichtete ich schon an anderer Stelle. Seine Goldene Ehrennadel verlieh mir der RDB „in dankbarer Würdigung [s]einer Verdienste um den RDB" am 31. Oktober 1987. Ganz besonders habe ich mich darüber gefreut, dass der RDB mir in seinem Organ „bergbau" zu meinem 70. Geburtstag einen fünfseitigen Artikel widmete, der eine Kurzfassung meiner Erinnerungen darstellt.

Mitarbeit im Förderverein Bergbauhistorischer Stätten Ruhrrevier e.V.

Der Förderverein wurde 1982 in Witten gegründet mit dem Ziel, „bergbauhistorische Stätten zu erhalten, vorhandene Anlagen zu restaurieren, neue Anschauungseinrichtungen zu erstellen, die Bergbaugeschichte des Ruhrgebiets zu erforschen und durch Veröffentlichungen der Bevölkerung zugänglich zu machen."

Zum 28. Oktober 1992 lud Herr Dipl.-Ing. Roos im Namen der Unteren Denkmalbehörde der Stadt Bochum mich als den Vorsitzenden des Bochumer VDI-Bezirksvereins mit 25 anderen Freunden des Bergbaus in das Bochumer Rathaus ein. Ziel dieses Treffens war es, die Aktivitäten aller am Bergbau interessierten Personen und Vereinigungen zu erfassen, damit sich Maßnahmen, die zur Erhaltung von Bergbaurelikten und zur Erinnerung an den Bergbau dienen können, besser auf bestimmte Projekte konzentrieren lassen.

Als VDI-Vertreter war ich eingeladen worden, weil ich zu der Zeit im VDI ein Programm mit zwei Vortragsreihen über den Steinkohlenbergbau im Ruhrrevier und 20 Besichtigungen mit Bezug zum Bergbau durchgeführt hatte. Die Vorträge der genannten Reihen waren - wie im Kapitel „Mitarbeit im Verein Deutscher Ingenieure" dargestellt - als Büchlein erschienen.

Während des Treffens wurde beschlossen, einen Arbeitskreis Bochum im „Förderverein Bergbauhistorischer Stätten Ruhrrevier e.V." zu gründen. Da sich kein anderes Mitglied des Arbeitskreises bereit fand, dessen Vorsitz zu übernehmen, kandidierte ich in der dritten Sitzung am 4.3.1993 für den Vorsitz und wurde gewählt. Damit war ich gleichzeitig Vorsitzender des Bochumer VDI-Bezirksvereins und des Arbeitskreises Bochum im Förderverein und hatte somit eine gute Möglichkeit, die bergbaubezogenen Aktivitäten beider Vereine zu koordinieren. Mein Stellvertreter wurde der 1998 verstorbene Max Kuhn, der in Personalunion Vorsitzender des Gesamtvereins war. Unmittelbar nach meiner Wahl schickte ich den Schriftleitern der Medien folgender Institutionen gleichlautende Schreiben, in denen ich ihnen den Förderverein, insbesondere den Arbeitskreis Bochum und dessen Programm, vorstellte und sie bat, in ihren Medien darüber zu berichten:

Ring Deutscher Bergingenieure RDB
Westdeutsche Allgemeine Zeitung WAZ
Ruhrnachrichten RN

Deutsche MontanTechnologie DMT
Ruhrkohle AG RAG

Dieser Bitte entsprachen die Schriftleiter weitgehend.

Die Mitglieder des Arbeitskreises Bochum gehörten folgenden Institutionen an:

andere Fördervereinen,
Bergmannstisch Bochum-Süd,
Deutsches Bergbau-Museum,
Heimatvereine,
Hochschulen,
Knappenvereine,
Ring Deutscher Bergingenieure RDB,
Untere Denkmalbehörde der Stadt Bochum,
Verein Deutscher Ingenieure VDI,
Westfälisches Industriemuseum.

Außerdem arbeiteten Personen mit, die keiner der genannten Institutionen angehören, einige davon hatten nie eine berufliche Bindung an den Bergbau.

In der ersten von mir geleiteten Sitzung listeten wir die vom Arbeitskreis zu betreuenden Bergbaurelikte und die bestehenden oder geplanten Aktivitäten der Mitglieder des Arbeitskreises auf und diskutierten, welche Schwerpunkte gesetzt werden sollten. In der vierten Sitzung besprachen wir u.a. die Aufstellung von Tafeln an zu Tage tretenden Flözen und am Malakoffturm der Zeche Julius Philipp. Die Formulierung des Textes für die Malakofftafel beschäftigte uns in vielen Sitzungen. Im Zusammenhang mit der Anlage eines Bergbauwanderweges beschlossen wir in der vierten Sitzung eine Inspektion von Bergbaurelikten im Bereich des Ölbaches, die am 17.4.1993 durchgeführt wurde. In der fünften Sitzung des Arbeitskreises am 7.10.1993 bot ich an, einen Bergbauwanderweg auszuarbeiten und fand die Zustimmung der Mitglieder des Arbeitskreises. In den folgenden Wochen unternahmen wir einige Begehungen der von mir vorgeschlagenen Strecke. Schwierigkeiten in der Zuordnung einiger Punkte am geplanten Wanderweg waren neben Anderem der Anlass zu Diskussionen in der sechsten Sitzung.

Die Leitung des Arbeitskreises Bochum, mit der auch die Teilnahme an Sitzungen und Gesprächsrunden des Vorstands des Gesamtvereins, die im monatlichen Wechsel stattfanden, verbunden war, hatte ich übernommen, weil kein anderer dazu bereit gewesen war. Inzwischen hatte ich engeren Kontakt zu Herrn Dr.-Ing. Siegfried Müller gewonnen, der mir als Leiter der Abteilung Bergbautechnik des Deutschen Bergbau-Museums hervorragend als Leiter des Arbeitskreises geeignet erschien. Herr Müller war, nachdem ich ihm zugesichert hatte, dass ich ihn nach bestem Vermögen unterstützen würde, zur Kandidatur bereit und wurde in der siebten Sitzung einstimmig gewählt. Ich kümmere mich von diesem Zeitpunkt an besonders intensiv um den von mir vorgeschlagenen Bergbauwanderweg.

Zunächst musste ich mich um die Identifizierung der am Wege liegenden Bergbaurelikte und um Aussagen über dort früher befindliche „Bergwerke" bemühen. Das gestaltete sich erheblich schwieriger, als ich angenommen hatte. Aber schließlich erreichte ich dank der Hilfe von Mitarbeitern der Bergämter, der VEBA, der Ruhrkohle AG, der Deutschen MontanTechnologie DMT und vor allem vieler Bergbaupensionäre doch ein befriedigendes Ergebnis.

Für die Wegezeichnung ist das Landschaftsgesetz (LG) des Landes Nordrhein-Westfalen verbindlich. Die zugehörige Durchführungsverordnung (DVO) vom

22.10.1986 regelt in

§ 18 die Duldungspflicht zur Markierung von Wanderwegen,

§ 19 die Befugnis zur Kennzeichnung (hier Sauerländischer Gebirgsverein SGV),

§ 20 die Markierungszeichen, die in Anlage 4 der DVO aufgeführt sind.

Um dem § 20 Genüge zu tun, nahm ich mit dem SGV Verbindung auf und malte gemeinsam mit den Wegezeichnern dieses Vereins oder allein mit meiner Frau die erforderlichen Wanderzeichen. Wie ich unten darstellte, musste ich Ende 1996 den Wanderweg umlegen. Um die Wegezeichnung trotzdem im Winter 1996/97 abschließen zu können, klebte ich, da ein Aufmalen der Zeichen im Winter nicht gut möglich war, Wanderzeichen auf und in einigen Fällen heftete ich sie mit unauffälligen weißen Heftzwecken an Bäume. Die aufgeklebten Zeichen haben sich im Allgemeinen gut bewährt, allerdings nicht im nahen Einzugsbereich der Ruhr-Universität. Dort wurden sie häufig abgerissen, was meist nur unter ihrer Zerstörung möglich war. Für die Wegezeichnung mit Pinsel und Farbe stellte der SGV dem Förderverein bis zum 11.6.1997 für Arbeit, Verpflegung, Material- und Fahrtkosten 458,22 DM in Rechnung.

Den zunächst von mir geplanten und gemeinsam mit Wanderfreunden des Sauerländischen Gebirgsvereins SGV gezeichneten Wanderweg von der Ruhr-Universität über den Berg Kalwes zur ehemaligen Zeche Gibraltar mussten wir aufgeben, denn der interessanteste Punkt des Weges, der obere Rand des Steinbruches am Kalwes, war für die Allgemeinheit nicht mehr zugänglich, weil die Ruhr-Universität aus Sicherheitsgründen einen Zaun gezogen hatte. Ich konzipierte den Weg deshalb neu, nun als Rundweg. Eine von mir erstellte Beschreibung des Weges mit Hervorhebung von 20 Punkten, etlichen Bildern und einer Wanderkarte ließ Herr Tilo Cramm vom Förderverein im Jahr 2002 ins Internet setzen. Dort ist sie folgendermaßen abrufbar:

www.bergbauhistorischer-verein.de
wählen und dann der Reihe nach anklicken:

Die Arbeitskreise stellen sich vor

Arbeitskreis Bochum

Bergbaurundweg Teil 1 bis Teil 5

2003 erschien mit Unterstützung der Sparkasse Bochum eine Broschüre mit etwa dem gleichen Text mit dem Titel „Bergbaurundweg ‚Ruhr-Uni'", die im Buchhandel zu beziehen ist. Der Text der Broschüre kann nicht aktualisiert werden, wohl aber der Internettext. Eine Aktualisierung wird erfolgen, sobald eine Baumaßnahme der Ruhr-Universität abgeschlossen ist, die uns zu einer Verlegung des Wanderweges zwingt.

Als aktives Mitglied des Fördervereins erhielt ich im Herbst 1995 eine Einladung zu einer dreitägigen Wanderung über den Emscherpark-Wanderweg von Kamen zum Tetraeder auf der Halde von Bottrop. Ich nahm gern - als Ältester - mit meiner Frau an der Wanderung teil. Bei der Wanderung, die an unserem heimatlichen Kamener Bahnhof begann, stellten sich bei uns viele Erinnerungen an unsere Kindheit und Jugend ein, obwohl sich vieles verändert hatte. Es war für uns nicht nur interessant, den Seseke-Emscher-Streifen des Ruhrreviers aus einer neuen Perspektive kennen zu lernen, sondern auch bei Unterhaltungen während der Wanderung vom Leiter des Emscherparkprojekts Professor Karl Ganser Näheres über dieses, sein Projekt zu erfahren. Als wir am Abend des dritten Tages oben auf der Bottroper Halde angelangt waren, merkte ich doch an meiner Müdigkeit, dass es für mich besser wäre, auf Wanderungen von mehr als 30 Tageskilometern künftig zu verzichten. Bei dieser Tour wanderte ich übrigens über längere Strecken mit dem Bürgermeister von Kamen Manfred Erdtmann, ohne zu wissen, dass er anscheinend ein Auge auf die Schwester meiner Frau geworfen hatte. Zwei Jahre später wurde er mein Schwager. Am 31. Juli 2003 schied er – 68-jährig – aus dem Bürgermeisteramt aus.

Verleihung des Verdienstkreuzes am Bande des Verdienstordens der Bundesrepublik Deutschland

Am 25. Mai 2001 überreichte mir der Oberbürgermeister der Stadt Bochum, Herr Ernst Otto Stüber, das mir vom Bundespräsidenten am 15. Februar 2001 verliehene Verdienstkreuz am Bande des Verdienstordens der Bundesrepublik Deutschland. Außer engsten Familienmitgliedern – meine Tochter Katharina war zur Ordensverleihung eigens mit ihrem Ehemann und ihrem zwei Monate alten Sohn aus München angereist –, dem Oberbürgermeister und Herrn Kittstein von der Stadtverwaltung nahmen teil

der Rektor der Technischen Fachhochschule Georg Agricola Prof. Dr. Klaus Diekmann,

der Altrektor der Fachhochschule Bergbau Professor Wolfgang Höhne,

der Vorsitzende des Ringes Deutscher Bergingenieure RDB Heinz Marbach,

der Vorsitzende des Bezirksvereins Wanne-Eickel im RDB Helmut Böhnke,

der Vorsitzende des Bochumer VDI-Bezirksvereins Dr. Siegfried Müller,

der Vorsitzende des Westfälischen VDI-Bezirksvereins Dr. Peter J. Voigt,

der Vorsitzende des Fördervereins bergbauhistorischer Stätten Ltd. BD Dr. Aloys Berg,

der Hochschulbeauftragte der Industrie- und Handelskammer zu Bochum Dr. Merz

sowie aus Kamen der Antragsteller Herr Horst Wedell und

mein Freund aus Kindertagen Günter Wagner.

Verleihung des Verdienstkreuzes am Bande des Verdienstordens

Bild 21: Überreichung des Verdienstkreuzes am Bande des Verdienstordens der Bundesrepublik Deutschland an Ernst Beier durch den Bochumer Oberbürgermeister Ernst-Otto Stüber (2001)

Nach der Feierstunde im Bochumer Rathaus aßen wir gemeinsam – der Oberbürgermeister ließ sich allerdings entschuldigen – im Stammhaus Fiege zu Mittag und verbrachten danach bei bestem Wetter in unserem Garten im Rahmen der Familie einen fröhlichen Nachmittag.

Vier Zeitschriften und mehrere Zeitungen berichteten über meine Ehrung, unter anderem mit den Überschriften „Beier ein Pionier der Biotechnologie", „Orden für den Pionier der Biotechnologie", „Orden für Pionierleistung", „Orden für Prof. Beier – BioTech-Pionier", „Mittler zwischen Natur und Technik". Außer von Freunden, Kollegen und Verwandten bekam ich freundliche Schreiben vom Direktor des VDI und vom Bürgermeister meiner Heimatstadt Kamen.

Veröffentlichungen

Von meinen 72 Veröffentlichungen erschienen 63 in deutscher und 9 in englischer Sprache; 33 Aufsätze befassen sich mit meinen wissenschaftlichen Arbeiten, in 17 Aufsätzen beschrieb ich technische Anlagen oder nahm zu aktuellen Umweltfragen Stellung und in 13 Aufsätzen ging ich auf die Ausbildung von Ingenieuren, die Fachhochschule Bergbau und den Verein Deutscher Ingenieure ein. Einige Beiträge veröffentlichte ich nicht in Zeitschriften, sondern in amerikanischen Lehrbüchern. Darüber hinaus erarbeitete ich drei Umweltlexika, gab zwei Bücher über die historische Entwicklung des Ruhrgebiets heraus und schrieb ein Buch über meine Kindheit und Jugend im Ruhrgebiet unter dem Titel „Als das Kohleöl noch floss", eines über das Wohnen in Zechensiedlungen unter dem Titel „...der kommt doch aus den Zechenhäusern" und schließlich noch eine Broschüre über einen von mir geplanten Wanderweg mit dem Titel „Bergbaurundweg Ruhr-Uni".

Die von mir in englischer Sprache gehaltenen Vorträge und schriftlich veröffentlichen Berichte übertrug Herr Bernhard Schmolke dankenswerterweise für mich aus dem Deutschen ins Englische.

Die Veröffentlichungen Im Einzelnen:

1. Beschreibung einer Anlage zur Kohleverflüssigung nach Fischer-Tropsch (mit F. Kampmann)
   Begrenzte Auflage für Mitarbeiter von Kohlenveredelungsanlagen, Hochschulen und Bibliotheken, 1944, 104 Seiten

2. Koksvergasung in Generatoren
   In: Bergbau-Rundschau 4 (1952) Nr. 7, S. 345 - 350

3. Erkennung der vollständigen Absättigung von Phenolatlaugen durch kolorimetrische Verfahren
   In: Bergbau-Rundschau 5 (1953) Nr. 12, S. 678 - 680

4. Umstellung einer Destillationsanlage von Frischdampf- auf Abdampfbetrieb
   In: Bergbau-Rundschau 5 (1953) Nr. 12, S. 680 - 681

5. Das Reinigen von technischen Gasen
   In: Bergbau-Rundschau 5 (1953) Nr. 3, S. 139 - 145

6. Verkoken von Steinkohlen (mit G. Morck)
   In: Bergbau-Rundschau 6 (1954) Nr. 5, S. 233 - 240

7. Das Entfernen von Phenolen aus Abwässern von Kokereien und ähnlichen Anlagen
In: Bergbau-Rundschau 6 (1954) Nr. 6, S. 295 - 303

8. Die Kohle als Ausgangsprodukt für die Darstellung der technisch wichtigsten Gase
In: Bergbau-Rundschau 7 (1955) Nr. 10, S. 552 - 560

9. Das Phenol und seine wachsende Bedeutung als Ausgangsprodukt für die chemische Industrie
In: Bergbau-Rundschau 8 (1956) Nr. 2, S. 80 - 83

10. Neue Erkenntnisse über den Reaktionsmechanismus bei der Vergasung von Kohlenstoff
In: Bergbau-Rundschau 8 (1956) Nr. 6, S. 298 - 300

11. Atomenergie
In: Bergbau 7 (1956) Nr. 10, S. 204 - 209

12. Energiegewinnung aus Atomen
In: Bergbau 7 (1956) Nr. 11, S. 234 - 238

13. Ein kolorimetrisches Verfahren zur Überwachung von Entphenolungsanlagen
In: Das Gas- und Wasserfach 98 (1957) Nr. 11, S. 262 - 265

14. Über die Gewinnung und Eigenschaften von Bitumen und Huminsäuren aus petrographisch definierten Braunkohlen (als Mitarbeiter von C. Kröger).
In: Braunkohle, Wärme und Energie 10 (195) Nr. 9/10, S. 193 - 205

15. Die Oxidation von Steinkohle an Luft
Mitteilungen der Westfälischen Berggewerkschaftskasse, Heft 22, 1962, 105 Seiten

16. Die Verwitterung von Steinkohlen (mit C. Kröger)
In: Brennstoffchemie 43 (1962) Nr. 11, S. 328 - 335

17. Die Verwitterung der Steinkohle
In: Bergbau 15 (1964) Nr. 8, S. 256 - 262

18. „Ein bisher unbekannter Faktor für die Selbstentzündung von Kohlen" (Erwiderung)
In: Bergbau 9 (1968) Nr. 3, S. 66 - 71

19. Katalysierung der Kohlenoxydation durch Eisenverbindungen
In: Bergbau 21 (1970) Nr. 4, S. 81 - 88

20. Kohleforschung (Bericht über eine EG-Tagung am 9. und 10.12.1970 in Luxemburg)
    In: Bergbau 22 (1971) Nr. 4, S. 84 - 87

21. Die Entstehung des Kohlenmonoxids bei der Verwitterung von Kohlen und seine Umwandlung durch Mikroorganismen
    In: Bergbau 22 (1971) Nr. 9, S. 224 - 227

22. Einfluß von Eisensalzen und Mikroorganismen auf die Oxydation von Kohle und Pyrit
    In: Bergbau 23 (1972) Nr. 3, S. 58 - 65

23. Einfluß von Feuchtigkeit, Eisensalzen und Mikroorganismen auf die atmosphärische Oxydation von Kohle und Pyrit
    In: Glückauf-Forschungshefte 34 (1973) Nr. 1, S. 24 - 32

24. Austausch von Erdöl durch Kohle
    In: Bergbau 25 (1974) Nr. 2, S. 25 - 32

25. Emission von Schwefelverbindungen und Maßnahmen zu ihrer Verminderung
    In: Bergbau 26 (1975) Nr. 3, S. 54 - 59 und Bergbau 26 (1975) Nr. 4, S. 87 - 90

26. Entstehung und Abbau von Kohlenmonoxid in der Natur
    In: Staub - Reinhaltung der Luft 36 (1976) Nr. 9, S. 366 - 371

27. Gefährdung des Menschen durch Kohlenmonoxid-Emissionen
    In: Bergbau 27 (1976) Nr. 11, S. 453 - 457

28. Entpyritisierung von Steinkohle mit Hilfe von Bakterien (mit M. Golomb)
    In: Bergbau 28 (1977) Nr. 10, S. 419 - 422

29. Von der Bochumer Bergschule zur Fachhochschule Bergbau
    In: Glückauf 115 (1979) Nr. 10, S. 480 - 487

30. Entfernung von Eisensalzen aus Grubenwässern unter Einsatz von Bakterien (mit F.J. Menge, C. Rinder und H. Menges)
    In: Bergbau 30 (1979) Nr. 12, S. 699 - 702

31. Ausbildung von Ingenieuren, insbesondere für den Bergbau an der Ruhr
    In: „Conference SEFI 1980", UNESCO, Paris 10. - 12.9.1980, S. 310 - 318

32. Die Entwicklung des Ingenieurstudiums an den Schulen der Westfälischen Berggewerkschaftskasse
In: Bergbau 32 (1981) Nr. 2, S. 81 - 84

33. Eisen(II)-salzoxidation in Grubenwässern mit Bakterien (mit U. Soboll und G. Rinder)
In: Das Gas- und Wasserfach (Wasser/Abwasser) 122 (1981) Nr. 4, S. 163 - 168

34. Kohleveredlung
In: Bergbau 32 (1981) Nr. 10, S. 628 - 630

35. Oxidation von Steinkohlen und anderen Stoffen an Luft
In: Bergbau 32 (1981) Nr. 11, S. 689 - 693

36. Entschwefelungsverfahren für kohlengefeuerte Kraftwerke
In: Glückauf-Forschungshefte 42 (1981) Nr. 6, S. 275 - 280

37. Unerwünschte und gezielte Oxidation von Pyrit, insbesondere Steinkohlenpyrit
In: Proceedings „Internationale kohlenwissenschaftliche Tagung", Düsseldorf 7. - 9.9.1981, S. 786 - 791

38. Unerwünschte und gezielte Oxidation von Pyrit, insbesondere von Pyrit in der Kohle
In: Glückauf-Forschungshefte 43 (1982) Nr. 4, S. 132 - 134

39. Bergbau und Ausbildung für den Bergbau in Oberschlesien und an der Ruhr
In: Bergbau 34: (1983) Nr. 3, S. 124 - 126

40. Mikrobiologische Entpyritisierung von Kohlen in Suspension (mit G. Rinder)
In: Erdöl + Kohle - Erdgas - Petrochemie 36 (1983) Nr. 4, S. 170 - 174

41. Gas Exchange of Black Coal and Other Substances when Stored for Decades in Contact with Air
In: Proceedings „1983 International Conference on Coal Science „ Pittsburgh, Pennsylvania, USA, 15. - 19.8.1983

42. Die Fachhochschule Bergbau. Von der Gründung bis zum Inkrafttreten ihrer zweiten Verfassung
In: Bergbau 35 (1984) Nr. 9, S. 404 - 414

43. Historische Entwicklung der Ingenieurausbildung in den Schulen des Bergbaus
In: Glückauf 120 (1984) Nr. 24, S. 1623 - 1627

44. Gasaustausch von Steinkohlen und anderen Stoffen bei jahrzehntelanger Lagerung an Luft
    In: Erdöl + Kohle - Erdgas - Petrochemie 38 (1985) Nr. 3, S. 127 - 129

45. Removal of Pyrite from Coal Using Bacteria
    In: Proceedings „The First International Conference on Processing and Utilization of High Sulfur Coals", 13. - 17.10.1985, Columbus, Ohio, USA; erschienen bei Elsevier in Coal Science and Technologie 9 (1985), S. 653 - 672

46. Die historische Entwicklung des Ruhrgebiets und seiner Städte Sprockhövel, Hattingen, Witten, Bochum, Herne und Castrop-Rauxel unter besonderer Berücksichtigung des Bergbaus (Hrsg.) (1986)

47. Pyrite decomposition and structural alterations of hard coal due to microbe-assisted pyrite removal
    In: Proceedings „DOE/NEL-Workshop on the Biological Treatment of Coals", Washington DC, 08. - 10.07.1987, S. 389 - 424

48. Chemische und physikalische Analytik als Grundlage der Umweltpflege
    In: Mitteilungen der Westfälischen Bergewerkschaftskasse, H. 57, Oktober 1987, S. 77 - 80

49. Microbial Pyrite Removal from Hard Coal
    In: Resources, Conservation und Recycling, 1 (1988) S. 233 - 250

50. Die historische Entwicklung des Ruhrgebiets und seiner Städte Sprockhövel, Hattingen, Witten, Bochum, Herne, Castrop-Rauxel und Recklinghausen unter besonderer Berücksichtigung des Bergbaus
    Bochum, Studienverlag Dr. N. Brockmeyer, 1988, 167 Seiten

51. Oxidation of the organic matter of hard coal by natural and plant water
    In: Proceedings „1989 International conference on coal science", Tokyo 23. - 27.10.1989, Vol II, S. 951 - 954

52. Untersuchungen über die Eignung unterschiedlicher Kohlen zur mikrobiellen Entpyritisierung (mit A. Guntermann, M. Beyer und J. Klein)
    In: Aufbereitungstechnik 31 (1990), S. 29 - 37

53. Verhalten von Hydraulikflüssigkeiten bei Bränden (mit A. Althaus)
    In: Glückauf-Forschungshefte 51 (1990) Nr. 4, S. 163 - 172

54. Microbe-Assisted Pyrite Removal from Hard Coal with Due Consideration of Ensuing Alterations of the Organic Coal Substance
In: Donald L. Wise: Bioprocessing and Biotreatment of Coal. Marcel Dekker, New York 1990, S. 549 - 567

55. Über die Bewertung der Ergebnisse von Umweltuntersuchungen
In: Bergbau 42 (1991) Nr. 2, S. 77 - 79

56. Formation and transformation of carbonmonoxide when storing organic substances
In: Proceedings „1991 International Conference on Coal Science", 16. - 20.9.1991 University of Newcastle-upon-Tyne, United Kingdom, S. 223 - 226

57. Umweltwörterbuch
Isernhagen 1991, Verlag Hühn und Partner, 288 Seiten

58. 100 Jahre Bochumer VDI-Bezirksverein
In: Festzeitschrift „100 Jahre Bochumer Bezirksverein im Verein Deutscher Ingenieure, 1891 - 1991", Bochum 1991, S. 22 - 24

59. Die Entwicklung der Ingenieurausbildung und ihrer rechtlichen Grundlagen in den letzten 100 Jahren
In: Festzeitschrift „100 Jahre Bochumer Bezirksverein im Verein Deutscher Ingenieure 1891 - 1991", Bochum 1991, S. 22 - 24

60. Das bergbauliche Schulsystem (in Bochum)
In: Festzeitschrift „100 Jahre Bochumer Bezirksverein im Verein Deutscher Ingenieure 1891 - 1991", Bochum 1991, S. 26 - 34

61. Changes of Coal Characteristics when storing Coal in Air
In: Proceedings „International Conference on Coal Science", September 12 - 17, 1993, Banff, Alberta, Canada, S. 363 - 366

62. Long-term studies on the oxidation of coal and other substances in air.
In: Fuel 73 (1994) Nr. 7, S. 1179 - 1183

63. Umweltlexikon für Ingenieure und Techniker
Weinheim; New York; Basel; Cambridge; Tokyo: VCH, 1994, 392 Seiten

64. Franz Leyendecker - Zum 100. Geburtstag
In: Bergbau 48 (1997) Nr. 11, S. 529 - 530

65. „Als das Kohleöl noch floss - Kindheit und Jugend im Ruhrgebiet (1933 - 1948)"
Bochum: MultiLingua Verlag, 1999-2004, 204 Seiten

66. Zur Oxidation von Steinkohlen und Pyrit an Luft
    In: Glückauf-Forschungshefte 61 (2000), Nr.3, S. 88 -97

67. Die Gefährdung richtig abschätzen
    In: Ingenieurforum Westfalen-Ruhr (2001) Nr.2, S.14,15

66. „"...der kommt doch aus den Zechenhäusern!" – 100 Jahre Wohnen und Leben in Zechensiedlungen (1888 – 1988)"
    Bochum: MultiLingua 2002, 141 Seiten

67. Heinrich Stratmann 14.9.1923 – 9.7.2002 (Nachruf)
    In: Ingenieurforum Westfalen-Ruhr (2002), Nr.3, S. XV

68. Umweltlexikon
    Bochum: Ponte Press Verlag 2002, 335 Seiten

69. Bergbaurundweg „Ruhr-Uni"
    Bochum: Ponte Press Verlag 2003, mit Karte 35 Seiten

70. Zum Gedenken an die Oberschlesische Bergschule und ihren letzten Absolventen
    In: Bergbau 54 (2003), Nr. 11, S. 523 - 52458

Schlussbemerkungen

Der vorliegende Bericht umfasst mein Berufsleben in „abhängigen Arbeitsverhältnissen" von der Aufnahme meines Bergschulstudiums bis zu meinem Übergang in den Ruhestand, auf den Tag genau 50 Jahre nach meinem Eintritt in eine Lehre. Auch nach der Pensionierung war ich noch beruflich tätig, allerdings gemäß der Terminologie des Finanzamtes nicht mehr in einem abhängigen Arbeitsverhältnis, sondern als Selbstständiger, vor allem als Autor. Meine ehrenamtlichen Tätigkeiten nahmen nach meiner Pensionierung noch zu. Bei deren Darstellung - vor allem für den Verein Deutscher Ingenieure VDI - habe ich nicht unterschieden, ob ich die Arbeiten vor oder nach meiner Pensionierung durchführte.

In diesem Band wollte ich ein möglichst vollständiges Bild meiner Tätigkeit in Selbstverwaltungsorganen und über die Entwicklung der mir anvertrauten Institutionen zeichnen. Daraus ergibt sich, dass er nüchterne Aufzählungen enthält. Der nicht an diesen Einzelheiten interessierte Leser erkennt diese am Schriftbild und kann sie überschlagen.

Das letzte Bild zeigt mich bei meinem liebsten Hobby: beim Wandern.

Bild 22: Ernst Beier auf einer Wanderung mit seiner Frau in Oberetsch (1994)

Zeitzeugen – Zeitdokumente

Herausgegeben von Martin Woesler

ISSN 1436-0861

Bd. 9

Franz J. Schrage, **Umzingelung des Ruhrgebiets - Fahnenfluchten**, Bochum: Europäischer Universitätsverlag 2004, ca. 300 S., ISBN 3-932329-33-3, EUR 14,90

Bd. 8

Ernst Beier, **Vom Bergschüler zum Bergschulleiter**, Bochum: Europäischer Universitätsverlag 2004, 264 S., ISBN 3-932329-32-5, EUR 14,90

Bd. 7

Widad Goussous, **Mensch 2. Klasse? Erfahrungen einer ausländischen Studentin arabischer Herkunft in Deutschland**, Bochum: Europäischer Universitätsverlag 2004, 228 S., ISBN 3-89966-121-4, EUR 14,90

Bd. 6

Hans Lichtenbäumer, **Tagebuch 1943 - 1947, Reichsarbeitsdienst, Krieg und Kriegsgefangenschaft**, Ursula Lodde-Lichtenbäumer (Hrsg.), red. bearb. von Eva Haas-Ernzerhoff, Bochum: Europäischer Universitätsverlag ³2004, xiii, 330 S., 46 Abb., ISBN 3-932329-18-X, EUR 35,28

Bd. 5

Heinz Maluga, Kriegsgefangener der Amerikaner. Das Schicksal eines jungen Bochumers, Martin Woesler (Hrsg.), Bochum: Europäischer Universitätsverlag ³2004, 125 S., ISBN 3-932329-20-1, EUR 13,90

Bd. 4
Ernst Beier, "...der kommt doch aus den Zechenhäusern!" 100 Jahre Wohnen und Leben in Zechensiedlungen (1988 - 1988), Bochum: Europäischer Universitätsverlag ³2004, 141 S., ISBN 3-932329-17-1, EUR 13,90

Bd. 3
Ernst Beier, **Als das Kohleöl noch floss – Kindheit und Jugend im Ruhrgebiet**, Bochum: Europäischer Universitätsverlag ³2004, 207 S., ISBN 3-932329-09-0, 14,90 EUR

Bd. 2
Maria Kaufung, **Die Glocken läuten noch**, Bochum: Europäischer Universitätsverlag ³2004, 88 S., ISBN 3-932329-07-4, EUR 10,20

Bd. 1
Hanni Neuhäuser, **Bomben auf Bochum, Evakuierung, Flucht und ein Wiedersehen nach 50 Jahren**, Bochum: Europäischer Universitätsverlag ³2004, 70 S., ISBN 3-932329-03-1, EUR 10,20

Bestellungen

Ruhr-Universität Bochum, Postfach „Bochumer Universitätsverlag", 44780 Bochum, Tel. 0234 701360, Fax 701230.